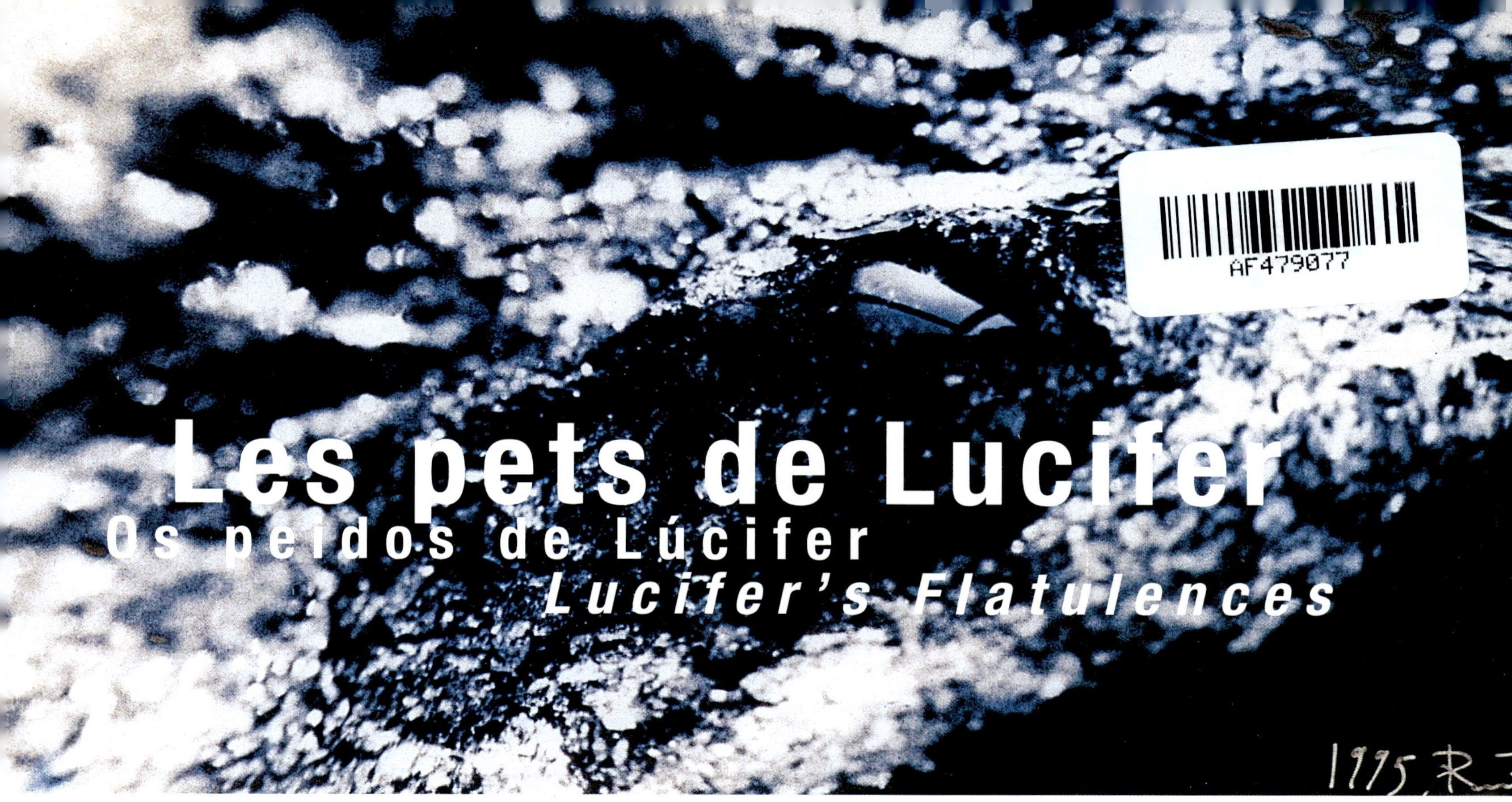

Les pets de Lucifer

Os peidos de Lúcifer

Lucifer's Flatulences

O Jardim encantado © Photo Rui Tavares

As bombas não destroem as cidades, as balas não matam os povos, as epidemias não destroçam os homens, muito simplesmente porque a vida não pode reduzir-se à morte e porque se, todos os dias, amigos e parentes caem em torno de nós, sob as balas de aço ou de um vírus, a sociedade inteira, como um corpo vivo, faz com que por instantes se creia na imortalidade.
Nunca morrerei, enquanto me amares. E a cultura não pode ser senão isso mesmo : a imortalidade de cada um. Daquele que, solitário, rabisca um desenho nos muros da prisão, ou de um outro que canta perante seis mil pessoas. Se todo um povo – em nome de uma espiritualidade ou de uma filosofia, em nome da sua própria cultura, livremente, sem ter que evocar limitações económicas, físicas e climáticas – decidisse não engordar, a sua magreza seria tão respeitável como a ordem ventripotente de um economismo criminogénico de valores essenciais. Nunca mais um obeso farto poderá dizer que é preciso ter a barriga cheia para falar de cultura. A cultura não é a cereja que enfeitas o bolo viscoso da suficiência, à imagem da Ópera Garnier no centro de Paris ou do Palácio do Povo no centro de Ouaga. A cultura não é mais que a essência da própria vida. E se as bombas continuam a cair em Angola, e se a miséria abafa os malgaches ou os zairenses, será mais uma razão para mostrar a vida daqueles que podem morrer, que multiplicam as razões para viver e para sobreviver, que lançam ao mundo a primeira das razões e das paixões do viver.
O crime dos políticos mundiais e das sociedades saciadas é o de deixar os valores da modernidade a serem constituídos apenas pelos bandos de parasitas deixados a um extremo e outro pelos parasitas do pensamento todo orientado para a racionalização económica da nossa capacidade de consumir ou de sobreviver.
Se entre o conjunto das expressões artísticas angolanas algumas há que não evocam a guerra, é porque a guerra não existe em Angola, ou antes : é porque a guerra não poderá matar este primeiro exercício da vida que é o gesto e o grito.

Tradução Zé Lima

Bombs do not destroy cities, people are not killed by bullets and populations are not decimated by epidemics and disease - for the simple reason that life can never be limited by death. If each day, friends and family fall prey to bullets or a virus, the living body of society provides a fleeting impression immortality for those remain.
As long as you love me, I will never die. The effect of culture is perhaps similar: the impression of immortality, from the solitary prisoner scratching a drawing on a wall of his cell to the singer performing before a crowd of thousands. If, for spiritual or philosophical reasons inherent to its own culture, an entire nation decided to refuse obesity - out of free choice and unconstrained by economic, physical or climatic considerations - its war against fat would be just as respectable as today's destruction of essential human values by a top-heavy, overweight and pathologically destructive economic system. In such a world, the overfed and self-satisfied could no longer insist that culture depends on having a full stomach, for culture is everything except the cherry atop such gleaming cakes of self-satisfaction as the Paris Opera House or the «Palace of the People» in the center of Ouaga. Culture is the very essence of life itself. If bombs still fall on Angola, or if the misery of poverty continues to crush the inhabitants of Madagascar or Zaire, it is an additional reason for expressing the lives of those who are dying: lives which offer a multiplicity of reasons for living and surviving, even as they defy an indifferent world by the passion of their existence.
The real crime of global politics and self-satisfied societies is to allow the gradual formulation of contemporary values by sociopaths and gangsters, while at the other extreme, an intellectual Mafia promotes the economic rationalisation of our capacity to consume and ultimately, to even survive as a species.
If among all of the artistic output of Angola, there exist works which are not evocative of war, it is the proof that war does not exist in Angola, and above all, that war cannot destroy that essential reflex of life constituted by authenticity: creative action and the cry of revolt.

Translation Jonathan Kundra

Les bombes ne détruisent pas les villes, les balles ne tuent pas les peuples, les épidémies et les maladies ne ravagent pas les hommes, tout simplement parce que la vie ne peut être réduite à la mort et que si, chaque jour, amis et parents tombent autour de soi, sous les balles d'acier ou de virus, la société toute entière comme un corps vivant, fait croire un instant à l'immortalité.
Je ne mourrai jamais, tant que tu m'aimeras. Et la culture n'est peut être que cela : l'immortalité de chacun. Celui, solitaire, qui griffonne un dessin sur les murs de sa prison, ou cet autre qui chante devant 6000 personnes. Si un peuple tout entier décidait au nom d'une spiritualité ou d'une philosophie, au nom de sa propre culture, de ne pas grossir, librement, sans avoir à évoquer des contraintes économiques, physiques et climatiques, sa maigreur serait tout aussi respectable que l'ordre ventripotent d'un économisme criminogène des valeurs essentielles. Aucun obèse repu ne pourra plus jamais dire qu'il faut que le ventre soit plein pour parler culture. La culture n'est pas la cerise sur le gâteau glaireux de la suffisance, à l'image de l'Opéra Garnier au centre de Paris ou le Palais du Peuple au centre de Ouaga. La culture n'est que l'essence même de la vie. Et si les bombes continuent de tomber en Angola, et si la misère étouffe les malgaches ou les zaïrois, c'est une raison de plus de montrer la vie de ceux qui peuvent mourir, qui multiplient les raisons de vivre et de survivre, qui lancent au monde la première des raisons et des passions de vivre.
Le crime des politiques mondiaux et des sociétés repues est de laisser les valeurs de la modernité se constituer par les seuls bandes de voyous laissés-pour-compte à une extrême et à l'autre par les voyous de la pensée toute orientée vers la rationalisation économique de notre capacité à consommer ou à survivre.
Si parmi toutes les expressions artistiques angolaises, certaines n'évoquent pas la guerre, c'est que la guerre n'existe pas en Angola ou plutôt que la guerre ne tuera pas ce premier exercice de la vie qu'est le geste et le cri.

Jean Loup Pivin

Luanda

A Luanda, algures em Angola.
As facetas de uma cidade complexa, amante possessiva e tentacular, que se oferece, se retrai e de quem, hoje, após 34 anos de lutas fratricidas, só o vento canta ainda o esplendor e a sua beleza fanada.

Velha Senhora de 400 anos,
orgulhosa e esquiva,
Luanda lança desafios, provoca os indecisos,
brinca ao esconde-esconde, inebria-se com o ruído do mundo
e arrasta penosamente uma enfermidade secular : a sua Memória.
Uma Memória fragmentada, em estado de sítio,
a oscilar constantemente entre a revolta e a submissão
na tentativa de negar a passagem do tempo.

À TOA

Algures na Baixa,
entre dois passos de dança aleatórios e avinhados,
um louco, antigo intelectual tombado no absurdo,
invoca o testemunho do céu e lança profecias macabras
a uma velha moradia hoje em escombros
que acolhe no seu seio famílias ignoradas.
Falha de tempo, falha de dinheiro,
a Memória hesita entre o esquecimento e a reabilitação.

Esqueletos de edifícios, construções paralisadas em 1975,
são tomadas de assalto pelos fugitivos da guerra
que reproduzem em pleno centro uma aldeia vertical.
Quilómetros de roupa pendem das cantarias,
testemunhos enfurecidos de uma independência mal digerida.

Nos pubs, nos bares,
trocam-se ressentimentos por um nada de evasão,
pactua-se contrafeito com os coveiros de outrora.
Na falta de consenso,
a cada um as suas referências, a cada um as suas preferências :
Kinshasa, Joanesburgo, Lisboa, USA.
A Memória vencida escolheu o seu campo.
A lavagem impõe-se, a palavra é rasa, o não-dito omnipresente.

À noite,
propícia a todos os fantasmas,
Luanda finalmente aliviada
dos engarrafamentos
do ruído
do sol
das suas recordações
sonha com um mundo melhor.
Nação Negra ?
Nação Creoula ?
Brancos, Negros, Mulatos, Mestiços em todos os tons,
a língua, ondulante ou polida, é portuguesa.
Brancos, Negros, Mulatos, Mestiços em todos os tons,
a sensualidade, franca e provocante, é angolana.
E os corpos que se afloram, se enlaçam e se confundem
nas boîtes ao ar livre saturadas de
samba-kizomba-disco-kuduro-rock-zouk
tentam transcender a imagem limpa e incerta
de uma nação arco-íris.
A lavagem impõe-se, a palavra é acariciadora, a esperança obsessiva.

Aproxima-se o dia
ladra um cão
o louco cala-se
e Luanda desperta
sob o olhar enternecido da lua,
testemunha impotente dos juramentos desesperados.

Tradução Zé Lima

Luanda, somewhere in Angola.
The many facets of a complex town, a possessive, sprawling lover playing hard to get, with no-one but the wind to sing the splendour of its faded beauty after 34 years of fratricidal conflict.

400 years old
proud and elusive,
Luanda challenges, assails the undecided,
plays hide-and-seek, gets drunk on the sounds of the world,
lumbered with an age-old weakness: its Memory.
A fragmented memory, under siege,
forever wavering between revolt and submission
while trying to ignore the passing of time.

AT RANDOM

Somewhere in the lower town,
between two aimless, intoxicated dance steps,
a madman, an intellectual who has toppled into the absurd,
invokes the heavens and yells macabre prophecies
at a ruined old residence
that welcomes forgotten families.
For wont of time and money,
Memory falters between oblivion and rehabilitation.

Skeletal buildings, unchanged since 1975,
are stormed by survivors of war
reproducing a vertical village in the centre of town.
Rows of laundry hang from the breeze blocks,
furious witnesses of a badly digested independence.

In pubs and bars,
the people trade their resentment for a moment's escape,
unwillingly compromising with the gravediggers of old.
There is no consensus,
so each his own reference, each his own preference:
Kinshasa, Johannesburg, Lisbon, USA.
Conquered Memory has taken sides.
Cleansing has smoothed out words in the realm of the unsaid.

Come nightfall,
that entices fantasies,
Luanda, finally relieved
of the traffic jams
the noise
the sun
and its memories
dreams of a better world.
Negro Nation?
Creole Nation?
Blacks, Whites, Half, Quarter and Eighth-castes,
the language, flowing or refined, is Portuguese.
Blacks, Whites, Half, Quarter and Eighth-castes
the sensuality, provocative and flaunted, is Angolan.
And the bodies that touch, intertwine and mingle
in the open-air clubs saturated with
samba-kizomba-disco-kuduro-rock-zouk
try to transcend the clean, uncertain image
of a rainbow nation.
Cleansing has made words affectionate and hope obsessive.

The day draws near
a dog barks
the madman pipes down
and Luanda awakens
under the kindly gaze of the moon,
powerless witness to desperate promises.

Translation Gail de Courcy-Ireland

Luanda, quelque part en Angola.
Les facettes d'une ville complexe, amante possessive et tentaculaire, qui s'offre, se dérobe et dont aujourd'hui, après 34 ans de luttes fratricides, seul le vent chante encore la splendeur de sa beauté fanée.

Vieille Dame de 400 ans,
orgueilleuse et insaisissable,
Luanda lance des défis, agresse les indécis,
joue à cache-cache, s'enivre des bruits du monde
et traîne péniblement une infirmité séculaire : sa Mémoire.
Une Mémoire fragmentée, en état de siège,
qui oscille constamment entre révolte et soumission
en tentant de nier le passage du temps.

En vrac

Quelque part dans la ville basse,
entre deux pas de danse aléatoires et avinés,
un fou, ancien intellectuel basculé dans l'absurde,
prend le ciel à témoin et lance des prophéties macabres
à une vieille demeure aujourd'hui déglinguée
qui accueille en son sein des familles oubliées.
Faute de temps, faute d'argent,
la Mémoire hésite entre oubli et réhabilitation.

Des squelettes de buildings, constructions figées en 1975,
sont pris d'assaut par des rescapés de guerre
qui reproduisent en plein centre un village vertical.
Des Km de linge pendent au parpaings,
témoins furieux d'une indépendance mal digérée.

Dans les pubs, dans les bars,
on troque ses ressentiments contre un brin d'évasion,
on pactise malgré soi avec les fossoyeurs d'antan.
Faute de consensus,
à chacun ses références, à chacun ses préférences :
Kinshasa, Johannesburg, Lisbonne, USA.
La Mémoire vaincu a choisi son camp.
Nettoyage oblige, la parole est lisse, le non-dit omniprésent.

À la nuit,
propice à tous les fantasmes,
Luanda enfin soulagée
des embouteillages
du bruit
du soleil
de ses souvenirs
rêve d'un monde meilleur.
Nation Nègre ?
Nation Créole ?
Blancs, Noirs, Métis, Quarterons, Octavions,
la langue, ondulante ou châtiée, est portugaise.
Blancs, Noirs, Métis, Quarterons, Octavions,
la sensualité, provocante et affichée, est angolaise.
Et les corps qui se frôlent, s'enlacent et se confondent
dans des boîtes en plein air saturées de
samba-kizomba-disco-kuduro-rock-zouk
tentent de transcender l'image propre et incertaine
d'une nation arc-en-ciel.
Nettoyage oblige, la parole est câline, l'espoir obsédant.

Le jour approche
un chien aboie
le fou se tait
et Luanda s'éveille
sous l'œil bienveillant de la lune,
témoin impuissant des serments désespérés.

N'Goné Fall

Palácio de Ferro © Photo Rui Tavares

Geografia / Geography / **Géographie**

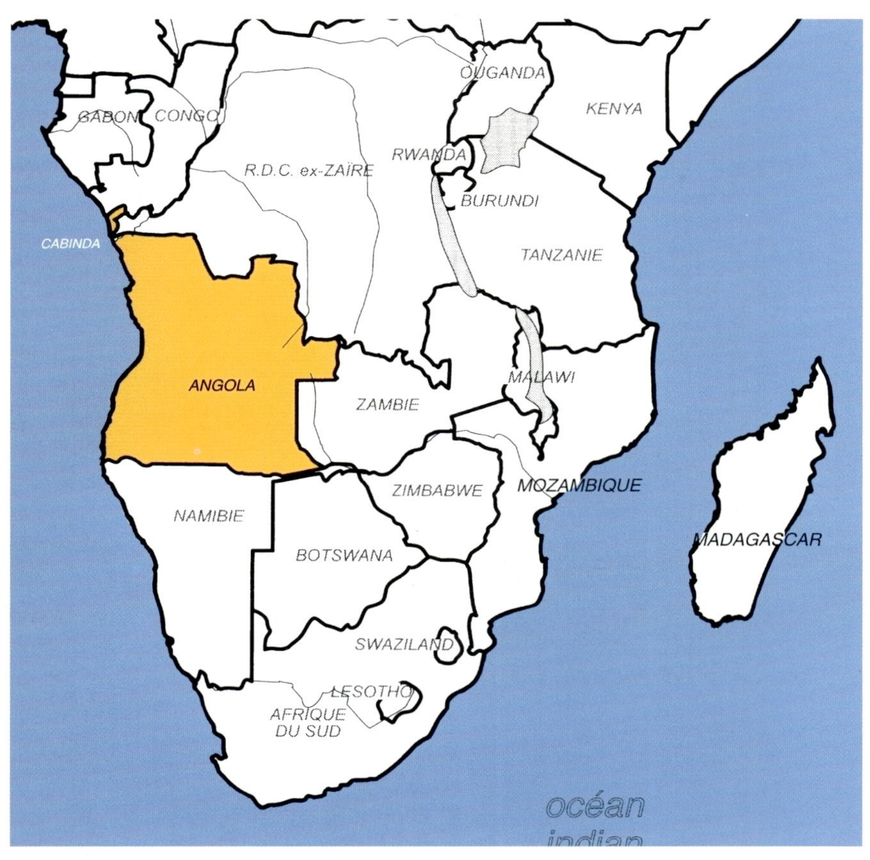

Superfície : 1 246 700 Km2 (incluindo Cabinda)
Capital : Luanda; mais de 3 milhões de habitantes
Língua oficial : português
População : 11 milhões de habitantes
Angola está dividida em dezoito províncias administrativas

Surface area : 1 246 700 km2 (including Cabinda)
Capital : Luanda: over 3 million inhabitants
Official Language : Portuguese
Population : 11 million
Angola is divided into eight administrative provinces

Superficie : 1 246 700 Km2 (y compris le Cabinda)
Capitale : Luanda ; plus de 3 millions d'habitants
Langue officielle : Portugais
Population : 11 millions d'habitants
L'Angola est divisée en dix huit provinces administratives

História / History / **Histoire**

Século XIII : Reino do Congo, capital Mbanza (São Salvador)
1482 : Descoberta do território por Diogo Cão
1575 : Fundação de Luanda (São Paulo de Loanda)
1665 : O Reino do Congo perde a independência
Fins do século XIX : Angola torna-se uma província de Portugal
1956 : Fundação do MPLA (Movimento Popular de Libertação de Angola)
4 de Fevereiro de 1961 : Início da guerra de independência, contra Portugal
1966 : Fundação da UNITA (União Nacional pela Independência Total de Angola)
11 de Novembro de 1975 : Proclamação da independência. Agostinho Neto, chefe do MPLA, é Presidente da República
Dezembro de 1975 : Guerra civil entre o MPLA e a UNITA
1991 : Assinatura dos acordos de paz entre o Governo (MPLA) e a UNITA. A ONU controla o cessar-fogo
1992 : Eleições presidenciais e legislativas. A UNITA contesta os resultados. Eduardo dos Santos, candidato do MPLA, torna-se Presidente da República. Recomeçam os confrontos armados
1994 : Assinatura dos acordos de Lusaka que põem termo à guerra civil e prevêem a desmilitarização total da UNITA
1998 : A história continua

13th century : Kingdom of the Kongo, capital Mbanza (São Salvador)
1482 : Territory discovered by Diogo Cão
1575 : Founding of Luanda (São Paulo de Loanda)
1665 : The Kingdom of the Kongo loses its independence
Late 19th century : Angola becomes a province of Portugal
1956 : Founding of the MPLA (Angola Popular Liberation Movement)
February 4th 1961: Start of the war of independence against Portugal
1966: Founding of the UNITA (National Union for Total Independence of Angola)
November 11th 1975 : Declaration of Independence Agostinho Neto, leader of the MPLA, is President of the Republic
December 1975 : Civil war between the MPLA and the UNITA
1991: Peace agreements signed between the government (MPLA) and the UNITA. The United Nations Organisation supervises the cease-fire
1992 : Presidential and general elections. The UNITA contests the results. Eduardo dos Santos, MPLA candidate, becomes President of the Republic The fighting starts up again
1994 : Signing of the Lusaka agreements that put an end to civil war and plan total demilitarisation of the UNITA
1998: History continues

XIIIe siècle : Royaume du Kongo, capitale Mbanza (São Salvador)
1482 : Découverte du territoire par Diogo Cão
1575 : Fondation de Luanda (São Paulo de Loanda)
1665 : Le royaume du Kongo perd son indépendance
Fin XIXe siècle : L'Angola devient une province du Portugal
1956 : Fondation du MPLA (Mouvement Populaire de Libération de l'Angola)
4 février 1961 : Début de la guerre d'indépendance contre le Portugal
1966 : Fondation de l'UNITA (Union National pour l'Indépendance Totale de l'Angola)
11 novembre 1975 : Proclamation de l'indépendance. Agostinho Neto, chef du MPLA, est Président de la République
Décembre 1975 : Guerre civile entre le MPLA et l'UNITA
1991 : Signatures des accords de paix entre le gouvernement (MPLA) et l'UNITA. L'ONU surveille le cessez-le-feu
1992 : Élections présidentielles et législatives. L'UNITA conteste les résultats. Eduardo dos Santos, candidat du MPLA, devient Président de la République Les affrontements reprennent
1994 : Signature des accords de Lusaka qui mettent fin à la guerre civile et prévoient la démilitarisation totale de l'UNITA
1998 : L'histoire continue

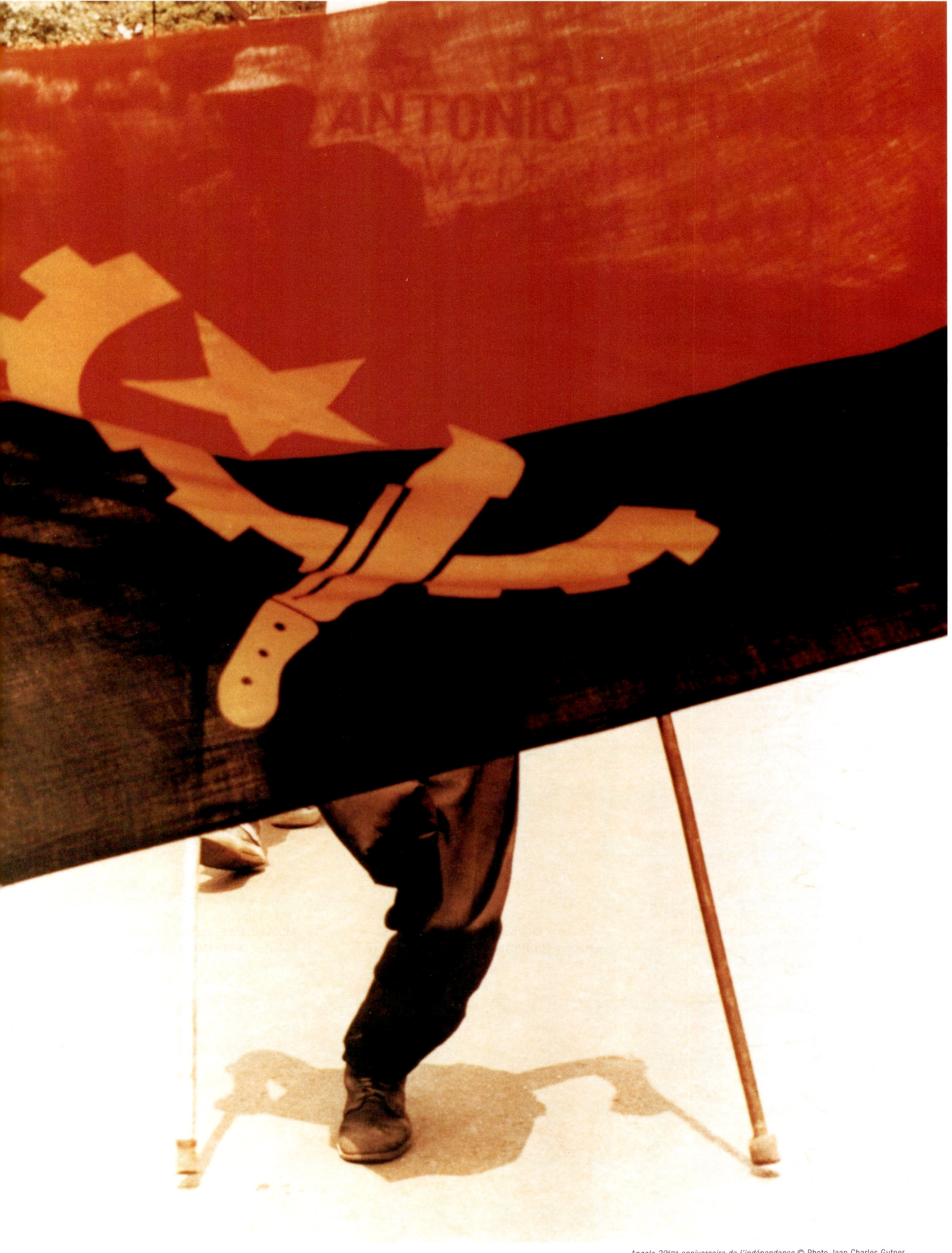

Angola 20ème anniversaire de l'indépendance © Photo Jean Charles Gutner

António Ole

L'oracle et le fossoyeur

O ORÁCULO E O COVEIRO

THE ORACLE AND THE GRAVEDIGGER

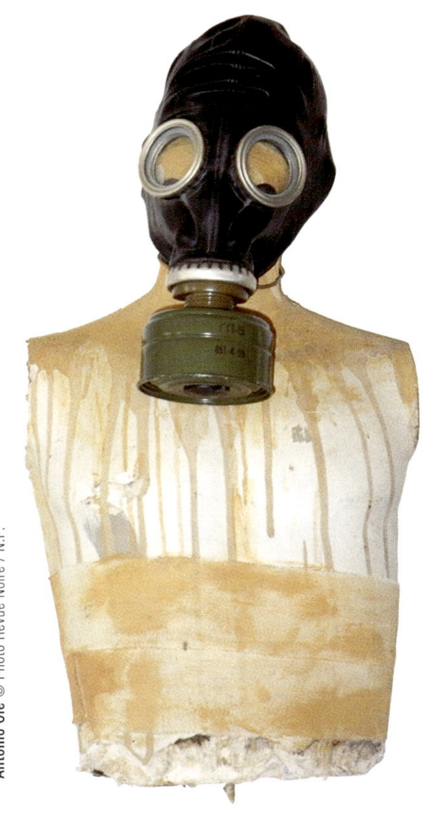
António Ole © Photo Revue Noire / N.F.

António Ole, das advertências subtis a instalações perturbantes, colocou-se mau grado seu numa situação de distanciamento em relação à família artística da capital. Autodidacta, pinta desde os 16 anos de idade e navega hoje em dia entre variados meios de expressão : pintura, escultura, vídeo, fotografia. Profundamente marcado pela trajectória movimentada do seu país, inspira-se nas reminiscências da história e da realidade angolanas : a colonização, a guerra civil, a subalimentação, a explosão demográfica da capital e as suas fracturas sociais. Artista solitário, dirige-se a um vasto público, que ele confronta com a realidade amarga da sua cidade e com a imponderabilidade da vida. Em 1994, realiza uma exposição intitulada *Margem da Zona Limite* « para acabar com a má consciência apocalíptica desta macrocefalia intolerável (Luanda) que absorbe tudo como uma grande boca bulímica ». Em salas enormes, antigos mapas coloniais colados em grandes telas pintadas, antigos retratos anónimos, extractos de filmes, utensílios ferrugentos, manequins amordaçados com máscaras de gás — reflexo de catástrofes iminentes —, testemunham uma aventura comum abortada, onde o passado, presente e futuro se defrontam. Pequenas esculturas e objectos heteróclitos contam cada qual uma história dramática antes de se fundirem num concerto de protestos mudos. Por trás do mal estar que se exala destas instalações, esconde-se um homem sereno e sensível, que assume a postura de guardião >

With his subtle warnings and disturbing installations, António Ole has unwillingly placed a gap between himself and the artistic family of Luanda. He is an autodidactic and his been painting since he was 16. Today he shifts between several expressions: painting, sculpture, video and photography. Deeply marked by his country's eventful past, he is inspired by Angolan historical recollections and reality: colonisation, the civil war, malnutrition, the demographic explosion in the capital and social rifts. He is a solitary artist addressing a large public, confronting them with the bitter reality of his town and the imponderable aspects of life. In 1994 he had an exhibition entitled *Margem da Zona Limite* « to put an end to the apocalyptic bad conscience of this intolerable huge head (Luanda) that absorbs everything like a vast, bulimic mouth ». Huge rooms full of old colonial maps stuck to large painted canvases, old anonymous portraits, film excerpts, rusted utensils, dummies gagged with gas masks - the reflection of imminent catastrophes - >>

António Ole, de mises en garde subtiles en installations troublantes, s'est placé malgré lui en décalage avec la famille artistique de la capitale. Autodidacte, il peint dès l'âge de 16 ans et navigue aujourd'hui entre plusieurs expressions : la peinture, la sculpture, la vidéo et la photographie. Profondément marqué par la trajectoire mouvementée de son pays, il s'inspire de réminiscences de l'histoire et de la réalité angolaises : la colonisation, la guerre civile, la sous alimentation, l'explosion démographique de la capitale et les fissures sociales. Artiste solitaire, il s'adresse à un large public qu'il confronte à la réalité amère de sa ville et à l'impondérable de la vie. En 1994 il réalise une exposition intitulée *Margem da Zona Limite* « pour en finir avec la mauvaise conscience apocalyptique de cette macrocéphalie intolérable (Luanda) qui absorbe tout comme une grande bouche boulimique ». Dans de vastes salles, des anciennes cartes coloniales collées sur de grandes toiles peintes, de vieux portraits anonymes, des extraits de films, des ustensiles rouillés, des mannequins baillonnés avec des masques à gaz – reflet de catastrophes imminentes –, témoignent d'une aventure commune avortée où passé, présent et futur s'affrontent. Des petites sculptures et des objets hétéroclites racontent chacun une histoire dramatique avant de se fondre dans un concert de protestation muette. Derrière le malaise qui se dégage de ces installations, se cache un homme serein et sensible, qui se place en garde-fou d'une société à la dérive. Un combat lent et obstiné avec sa ville qui étouffe toute volonté de fixer les limites d'un parcours « suicidaire ». António Ole extrait et étale au grand jour la légèreté et l'angoisse qui se disputent le devant de la scène luandaise. Demain, c'est le destin d'une série de balises tragiques qui se désagrègent face à l'amnésie de la capitale et qu'il reconstitue patiemment. Aujourd'hui. Il travaille depuis deux ans sur un projet dont le point de départ est la ville de Benguela, sur le site d'un >>>

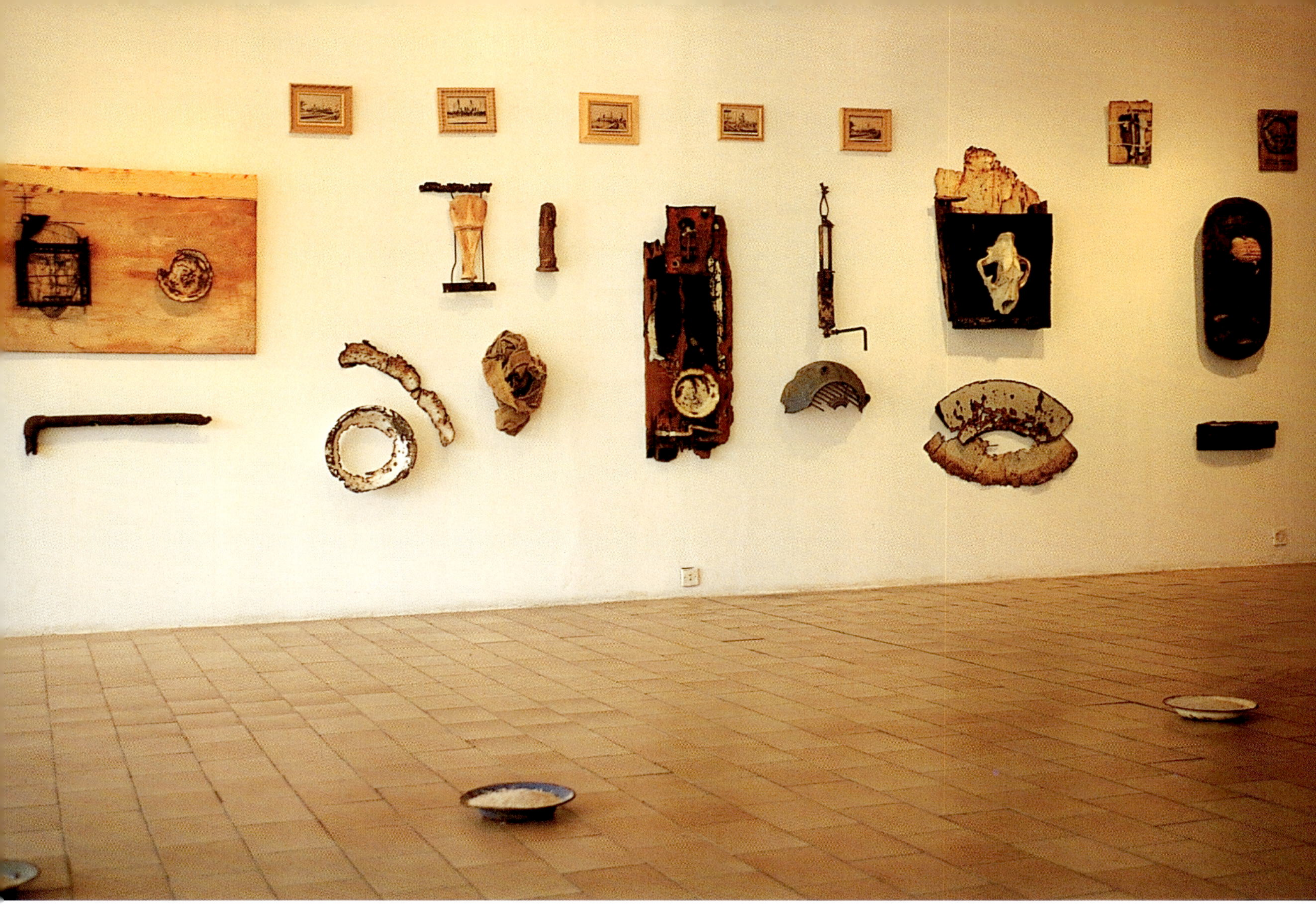

António Ole © Photo Ananias Dago

> de uma sociedade à deriva. Um combate lento e obstinado com a sua cidade que abafa qualquer vontade de fixar os limites de um percurso « suicida ». António Ole extrai e exibe à luz do dia a ligeireza e a angústia que se desagregam face à amnésia da capital, que ele reconstitui pacientemente. Hoje. Trabalha há dois anos num projecto cujo ponto de partida é a cidade de Benguela, no local de um antigo mercado de escravos, transformado em edifício da alfândega, hoje em ruínas. O tema é « rota dos escravos, rota do comércio », onde mais uma vez a História serve de móbil a uma reabilitação da memória angolana.

Diplomado pelo American Film Institute, nos EUA, António Ole realizou numerosos documentários sobre Angola a partir de 1978 e volta-se naturalmente para a fotografia. As suas imagens de uma luz suave captam o ambiente misterioso das ruínas de antigos palácios, de retratos de provincianos de olhar embaraçado, traços de água e de sal no solo gretado. Realiza igualmente fotomontagens de cores saturadas, a que chama « acidentes de percurso ». E a nostalgia que se evola destas fotografias testemunha a ternura de um homem pelo seu coveiro (Luanda) que tenta enterrá-lo vivo.

Tradução Zé Lima

>> bear witness to an aborted common adventure where the past, present and future clash. Small sculptures and odd objects each tell a dramatic story before merging into a silent chorus of protest. Behind the unease emanating from these installations hides a calm, sensitive man who stands as a safeguard for a society gone adrift. A long, stubborn struggle with his town, which stifles the will to fix the limits of a « suicidal » path. António Ole extracts the lightness and anxiety fighting for centre-stage in Luandan life and displays them for all to see. The future is the fate of a series of tragic beacons disintegrating in the face of the capital's amnesia that he is painstakingly reconstructing. Today. He has been working on a project for two years that starts in the town of Benguela on the site of a former slave market, now a ruined customs building. The theme is « slave route, trade route », again using History to revive Angolan memory.

Graduate of the American Film Institute in the US, António Ole directed several documentaries on Angola from 1978 onwards and has naturally turned to photography. Softly-lit images capture the mysterious atmosphere of ruined palaces, portraits of provincials with unsettling gazes, traces of water and salt on the sun-cracked earth. He creates elegant photo-montages with saturated colours which he calls « accidental hitches ». The nostalgia in these photos reveals a man's tenderness for the gravedigger (Luanda) who is trying to bury him alive.

Translation Gail de Courcy-Ireland

>>> ancien marché aux esclaves devenu immeuble de la douane, aujourd'hui en ruine. Le thème est « route des esclaves, route du commerce » où une fois de plus l'Histoire sert de mobile à une réhabilitation de la mémoire angolaise.

Diplômé de l'American Film Institute aux USA, António Ole a réalisé de nombreux documentaires sur l'Angola à partir de 1978 et se tourne naturellement vers la photographie. Des images à la lumière douce captent l'ambiance mystèrieuse de ruines d'anciens palais, de portraits de provinciaux au regard déroutant, des traces de l'eau et du sel sur la terre craquelée. Il réalise également des photomontages aux couleurs saturées qu'il nomme « accidents de parcours ». Et la nostalgie que dégagent ces clichés, témoigne de la tendresse d'un homme envers son fossoyeur (Luanda) qui cherche à l'enterrer vivant.

N.F.

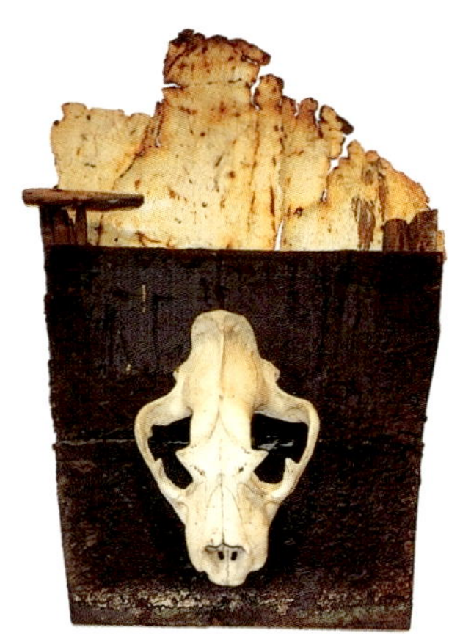

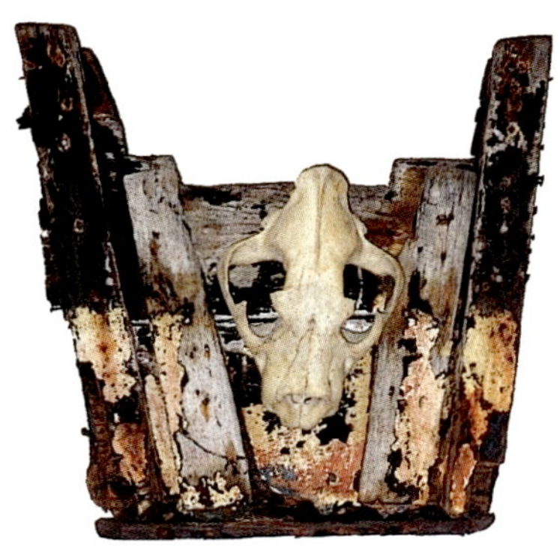

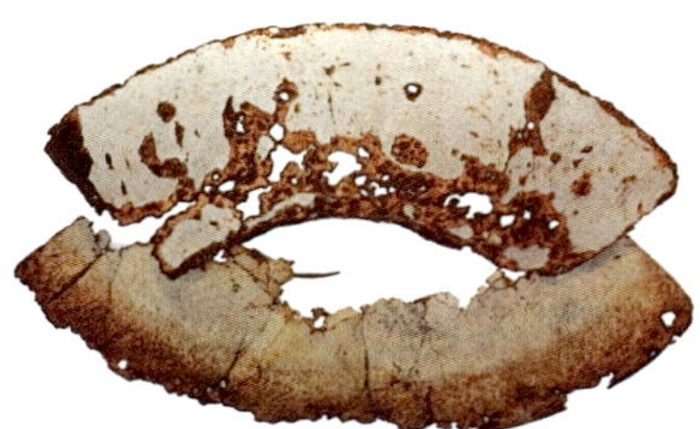

António Ole © Photo Ananias Dago

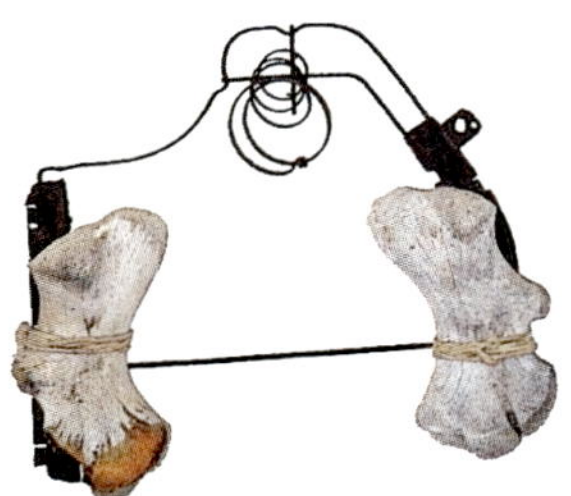

António Ole © Photo Ananias Dago

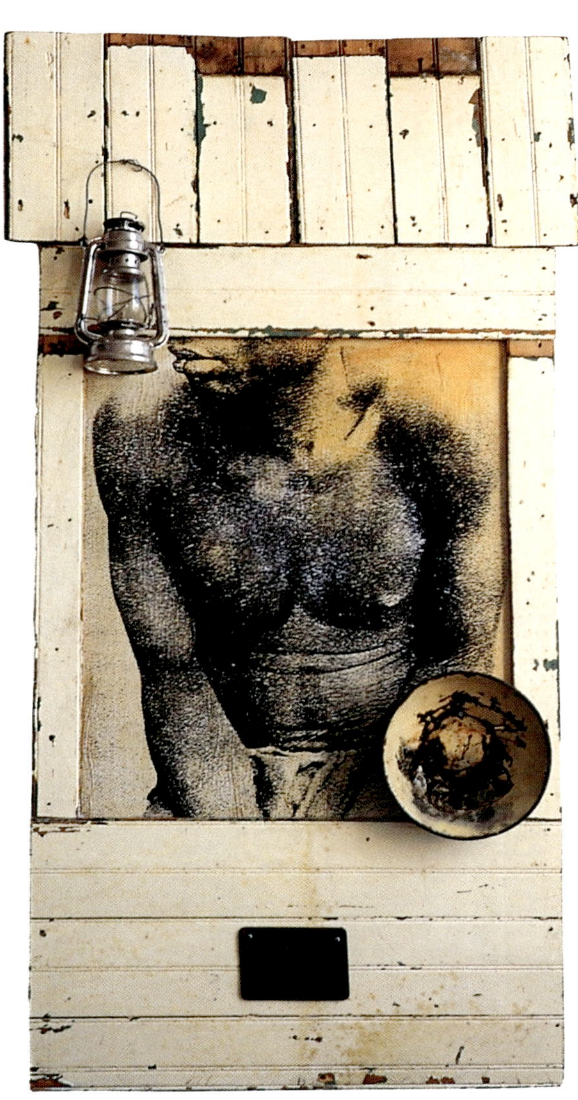

António Ole © Photo Revue Noire / N.F.

António Ole nasceu em 1951 em Luanda, onde vive e trabalha. Expôs em Luanda, Lisboa, Los Angeles, Nova Iorque, Londres, Copenhaga, Berlim, Jerusalém, Estocolmo, Harare, Glasgow, Grahamstown, Rio de Janeiro, Bienal de Havana (1986, 1988 e 1997), Bienal de Joanesburgo (1995 e 1997), Bienal de São Paulo (1987), Bienal de Dakar (1998).

António Ole was born in 1951 in Luanda, Angola, where he lives and works. He has exhibited in Luanda, Los Angeles, New York, London, Copenhagen, Berlin, Jerusalem, Stockholm, Harare, Glasgow, Grahamstown, Rio de Janeiro, the Havana Biennial (1986, 1988 and 1997) the Johannesburg Biennial (1995 and 1997) the São Paulo Biennial (1987) and the Dakar Biennial (1998).

António Ole est né en 1951 à Luanda, Angola où il vit et travaille. Il a exposé à Luanda, Lisbonne, Los Angeles, New York, Londres, Copenhague, Berlin, Jérusalem, Stockholm, Harare, Glasgow, Grahamstown, Rio de Janeiro, Biennale de la Havane (1986, 1988 et 1997), Biennale de Johannesburg (1995 et 1997), Biennale de São Paulo (1987), Biennale de Dakar (1998).

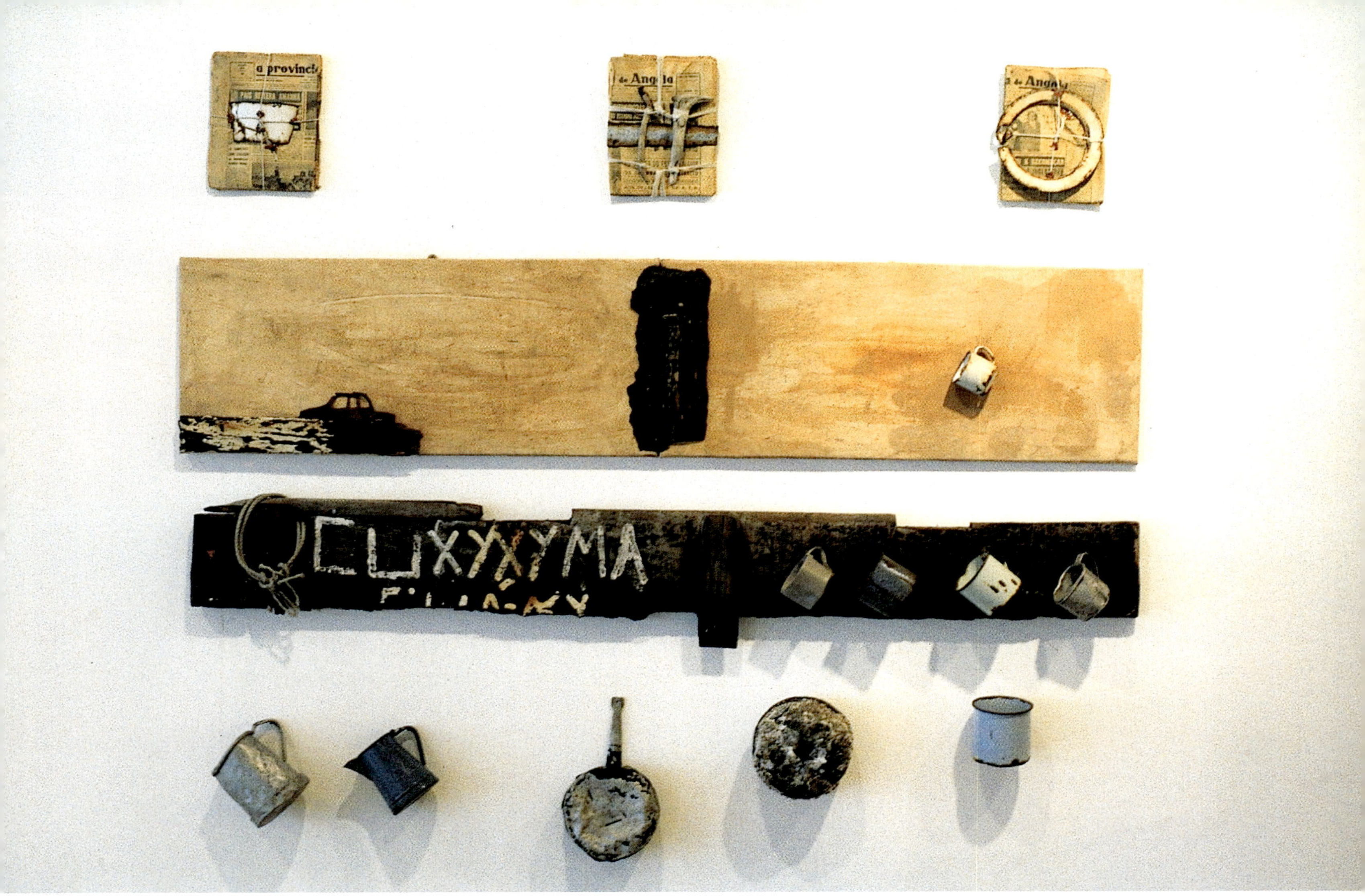

António Ole © Photo Ananias Dago

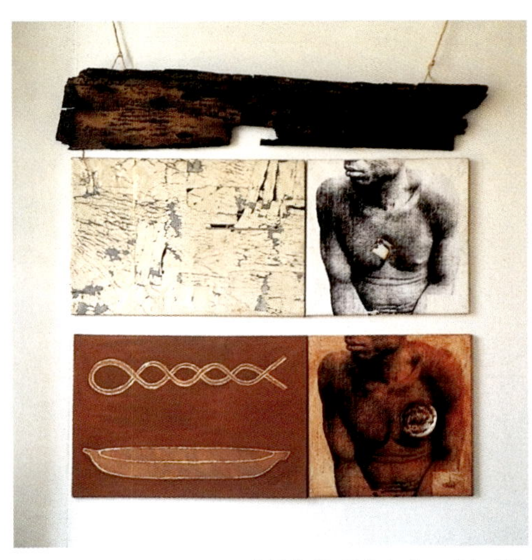

António Ole © Photo Revue Noire N.F.

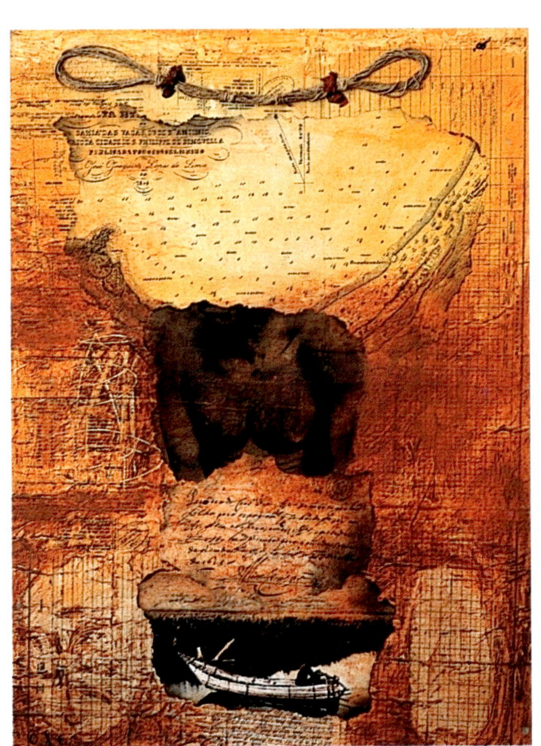

António Ole © Photo Revue Noire / N.F.

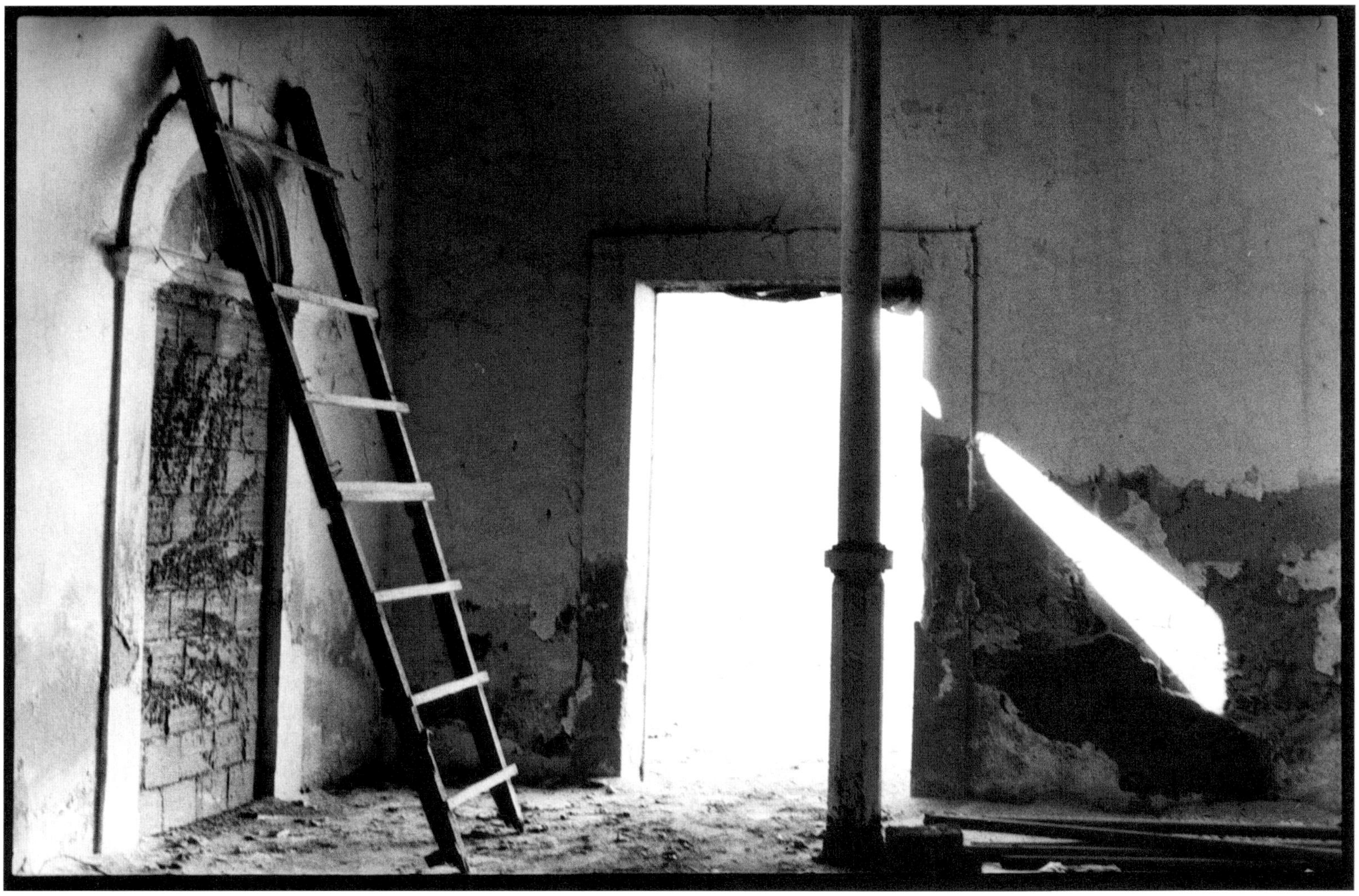

© Photo António Ole

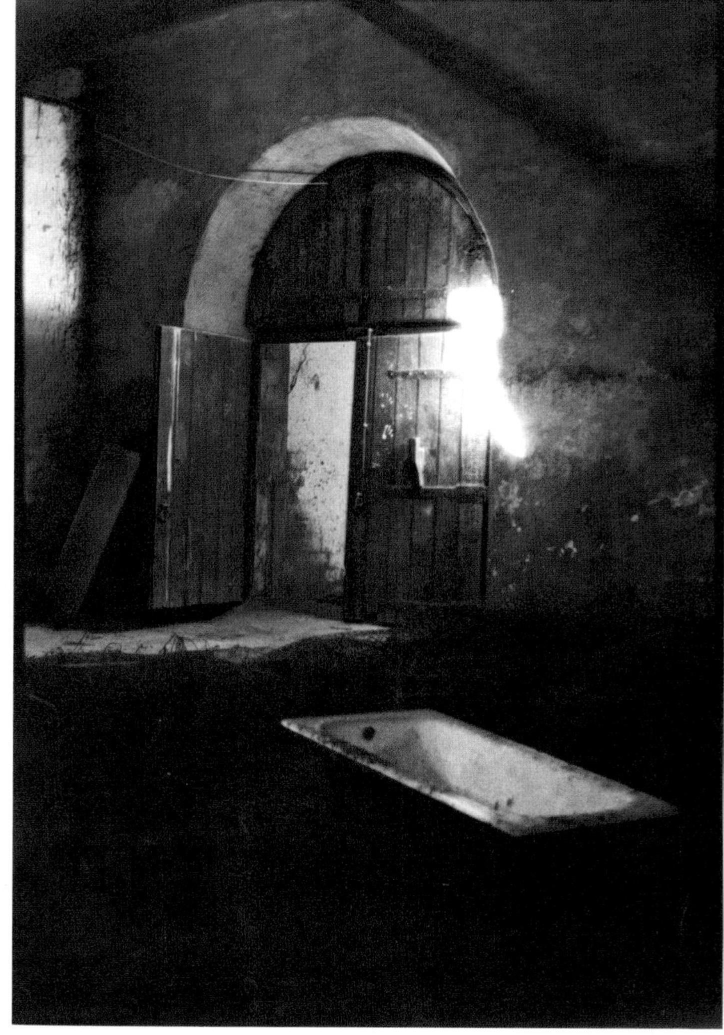

© Photo António Ole

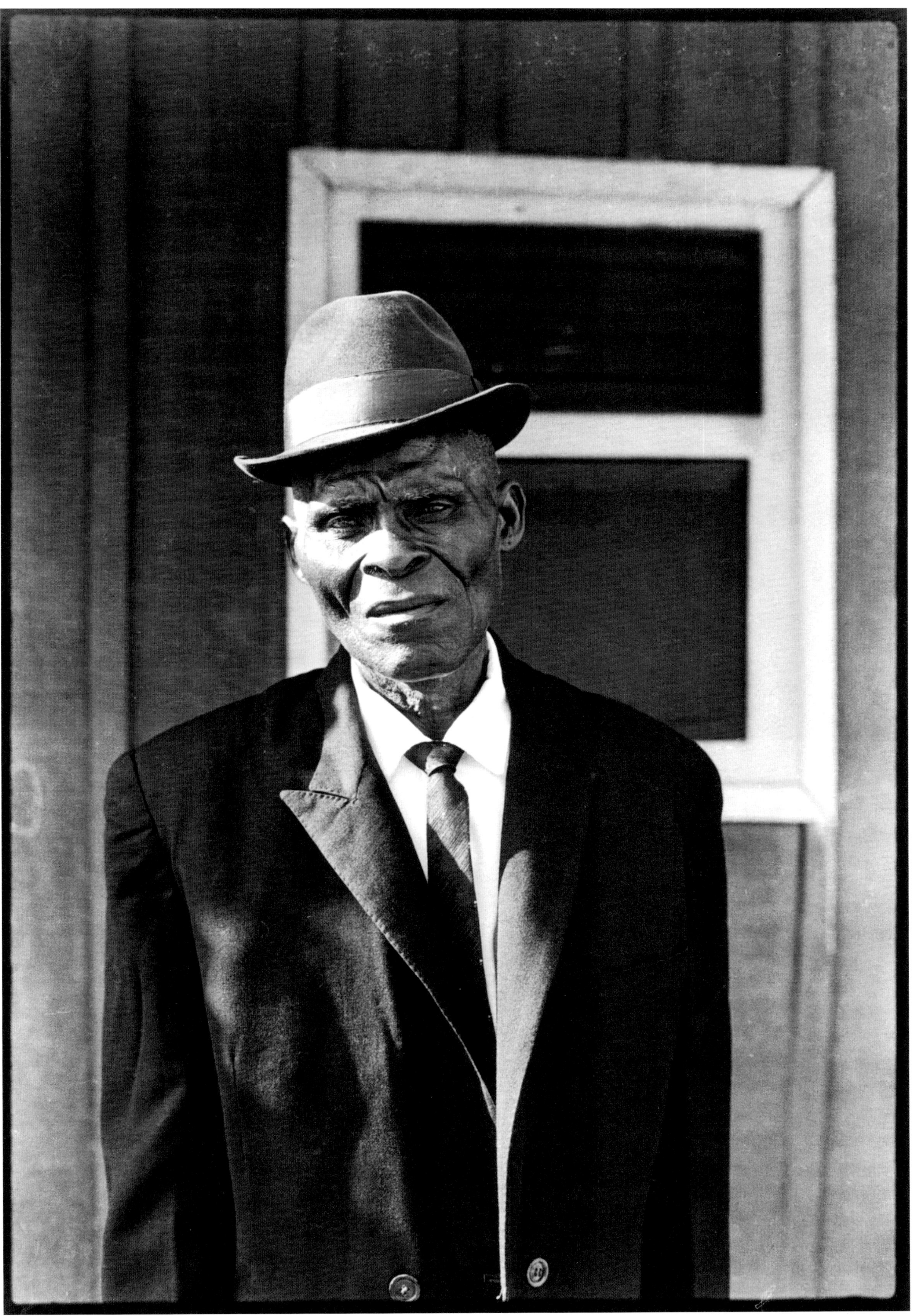

Ce n'est pas parce que le ciel est voilé que les étoiles sont mortes

NÃO É POR O CÉU ESTAR VELADO QUE AS ESTRELAS DEIXAM DE BRILHAR

JUST BECAUSE THE SKY IS CLOUDY DOESN'T MEAN THE STARS ARE DEAD

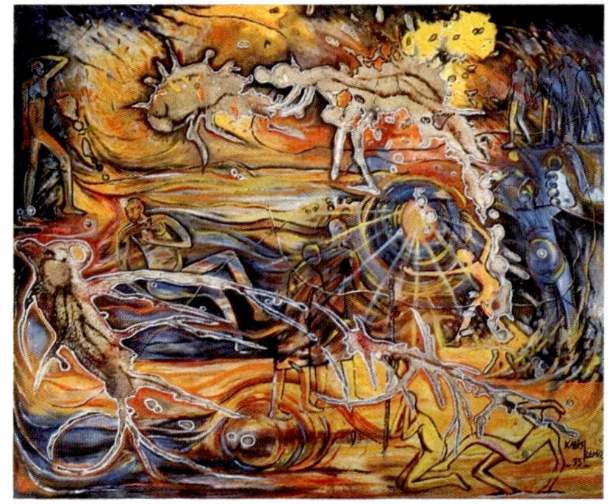

Kabisi Remos © Photo Revue Noire / N.F.

Kabisi Remos

Praça Rainha Ginga na Baixa de Luanda. Uma velha construção colonial, de que a bem dizer nada mais resta a não ser o invólucro. Uma placa quadrada indica discretamente a função do local : UNAP, União Nacional dos Artistas Plásticos. Fundada em 1977, dois anos após a euforia da independência com o seu cortejo de reivindicações, de afirmação e da certeza de um futuro glorioso, a associação tinha como principal objectivo a promoção dos artistas angolanos. O Estado socialista, inspirado no modelo soviético, desempenhava o seu papel de protector, mas também de orientador dos temas. As encomendas choviam e a arte de propaganda cantava a grandeza do poder, a riqueza de um país pluriétnico e o duro labor dos « camaradas » nas províncias. Camponeses, soldados, patriotas e mártires foram imortalizados por artistas entusiastas, convictos da sua pertença a um futuro comum. Os refractários ao diktat estatal tomaram o caminho do exílio ou do silêncio. Passados que são vinte anos, os artistas perderam o seu tutor benevolente : os petrodólares destronaram o realismo socialista. Patriotas e mártires regressaram ao panteão dos esquecidos da História. A sede da UNAP, pólo de referência das artes plásticas, está a precisar de ser rebocada. A magnífica escadaria de madeira conduz a gabinetes fantasma abertos dois dias por semana ou a ateliers de artistas. >

Rainha Ginga Square in the lower part of town. An old, faded colonial building. A square sign discreetly announces that this is the UNAP, The National Union of Plastic Artists. Founded in 1977, two years after the euphoria of independence towing demands, assertion and the certainty of a glorious future in its wake, the association's main aim was to promote Angolan artists. Inspired by the Soviet model, the socialist state adopted the role of protector and regulator. Commissions were plentiful and propaganda art celebrated the glory of power, the wealth of a multi-ethnic country and the hard labour of the « comrades » in the provinces. Peasants, soldiers, patriots and martyrs were immortalised by enthusiastic artists convinced they all belonged to the same future. Rebels of state dictates went into exile or kept silent. Twenty years later, the artists have lost their benevolent guardian : petrodollars have ousted socialist realism. Patriots and martyrs have joined the hall of fame of people forgotten by History. Flagship of plastic arts, the UNAP headquarters badly need a facelift. The magnificent wooden staircase leads to artists' studios and ghost offices open two mornings a week. >>

Place Rainha Ginga dans la ville basse. Une vieille bâtisse coloniale dont il ne reste quasiment que l'enveloppe. Une enseigne carrée indique discrètement la fonction du lieu : UNAP, Union Nationale des Artistes Plasticiens. Fondée en 1977, deux années après l'euphorie de l'indépendance avec son cortège de revendications, d'affirmation et de certitude d'un avenir glorieux, l'association avait pour principal objectif la promotion des artistes angolais. L'état socialiste, inspiré du modèle soviétique, jouait son rôle de protecteur mais aussi de régulateur des thèmes. Les commandes pleuvaient et l'art de propagande célébrait la grandeur du pouvoir, la richesse d'un pays pluriethnique et le dur labeur des « camarades » dans les provinces. Paysans, soldats, patriotes et martyrs furent immortalisés par des artistes enthousiastes, convaincus de leur appartenance à un même futur. Les réfractaires au diktat étatique prirent le chemin de l'exil ou du silence. Vingt ans plus tard, les artistes ont perdu leur tuteur bienveillant : les pétrodollars ont détrôné le réalisme socialiste. Patriotes et martyrs ont rejoint le panthéon des oubliés de l'Histoire. Le siège de l'UNAP, pôle phare des arts plastiques, souffre d'une carence de ravalement. Le magnifique escalier en bois mène à des bureaux fantômes ouverts deux matinées par semaine à des ateliers d'artiste. >>>

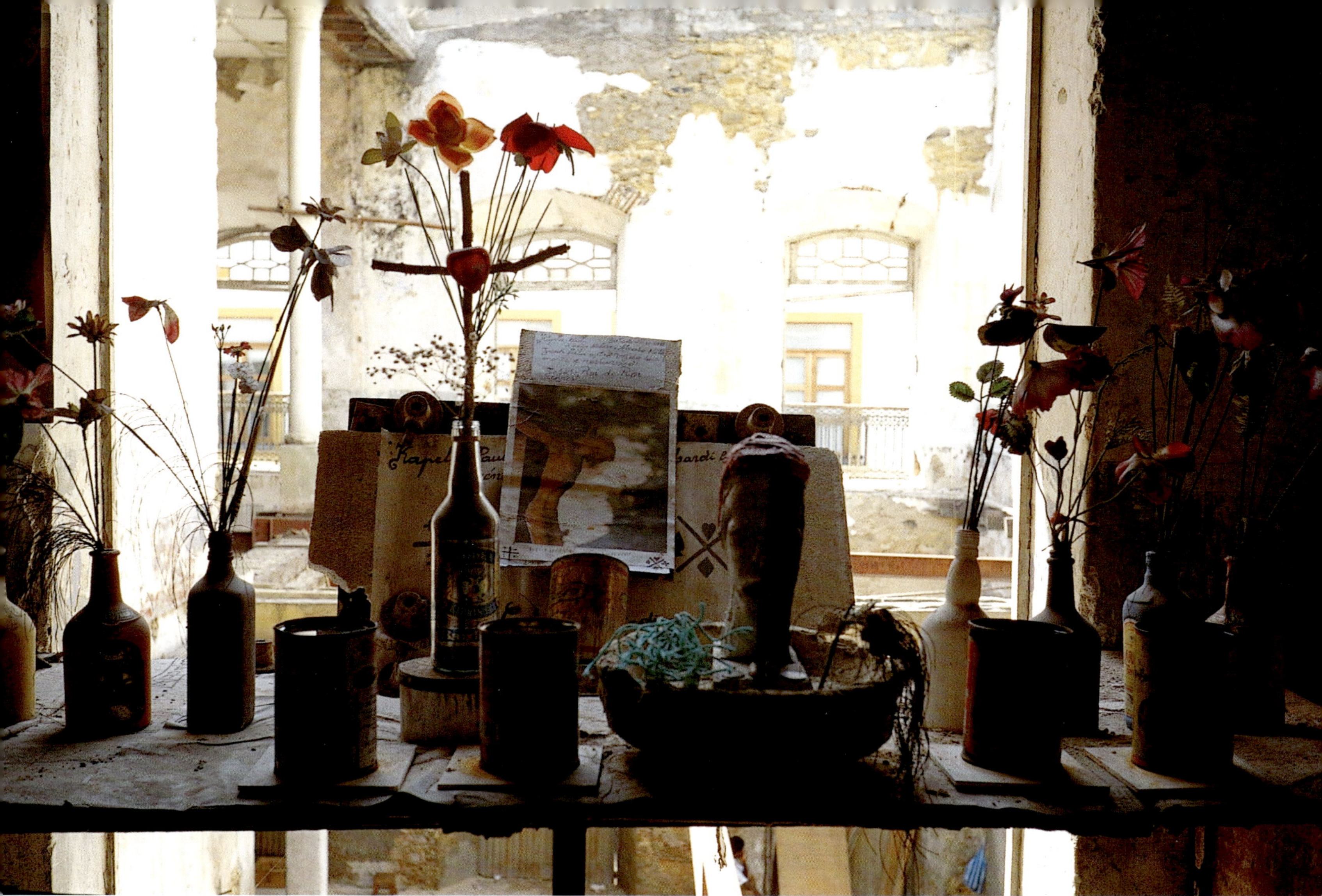

Paulo Capela © Photo Revue Noire / N.F.

Paulo Capela

> Um dédalo de corredores sombrios e de pátios, onde alguns geradores encalhados em poças de água suja cospem baforadas de ar quente numa cacofonia ronronante, conduz ao atelier de Paulo Capela. Uma ampla sala com mesas baixas atulhadas de livros, de crucifixos, de extractos do Antigo e do Novo Testamento, de velas, de ramos de flores, de apontamentos, de recortes de jornais, de caricas de garrafas, de postais e de imagens de santos. Tudo recoberto por um plástico. Paulo Capela, autodidacta, nascido em 1947 em Ouiz, em Angola, começa a pintar em 1960. Católico fervoroso, passa horas a decifrar a Bíblia e instala as suas « conversas com o Espírito Santo » encostadas às paredes ou mesmo no meio da sala : encenações místicas em torno de Cristo, dos textos sagrados e das figuras culturais angolanas. Um sincretismo insólito onde os deuses do Livro coabitam com esculturas antigas, o retrato do primeiro presidente de Angola e com a bandeira americana. O retrato de Lenine contempla um slogan publicitário impresso num papel amarelecido. Che Guevara emparelha com >

>>> Un dédale de couloirs sombres et de patios, où des générateurs échoués sur des flaques d'eau usées crachent de l'air brûlant dans une cacophonie de ronronnements, mène à l'atelier de Paulo Capela. Une vaste salle avec des tables basses encombrées de livres, de croix, d'extraits de textes de l'Ancien et du Nouveau Testament, de bougies, de bouquets de fleurs, de notes, de coupures de journaux, de capsules de bouteilles, de cartes postales et d'icônes. Le tout recouvert d'un film plastique. Paulo Capela, autodidacte né en 1947 à Ouiz, Angola, débute en 1960 par la peinture. Catholique fervent, il passe des heures à décrypter la Bible et installe ses « conversation avec l'Esprit Saint » contre les murs ou en plein milieu de la salle. Des mises en scène mystiques autour du Christ, des textes sacrés et des acteurs culturels angolais. Un syncrétisme insolite où les dieux du Livre cohabitent avec des sculptures anciennes, le portrait du premier président de l'Angola avec le drapeau des USA. Un slogan publicitaire imprimé sur une feuille de papier jaunie fait face au portrait de Lénine. Che Guevara toise trois canettes de Coca-Cola. Tout est en radicale contradiction. « Comme la ville » murmure Capela sans aucune ironie. Car ses autels pri- >>>

>> A maze of dark corridors and patios, where generators stranded in puddles of waste water noisily belch out hot air, leads to Paulo Capela's studio. A huge room full of coffee tables covered in books, crosses, excerpts from the Old and New Testaments, candles, bunches of flowers, notes, newspaper cuttings, bottle caps, postcards and icons, all covered in plastic film. Paulo Capela, an autodidact born in Ouiz, Angola in 1947, started painting in 1960. He is a fervent Catholic who spends hours deciphering the Bible and installs his « conversations with the Holy Spirit » - mystical works around Christ, holy texts and Angolan cultural players - up against the wall or bang in the middle of the room. An unusual syncretism where the gods of the Book live alongside ancient sculptures, the portrait of the Angolan >>

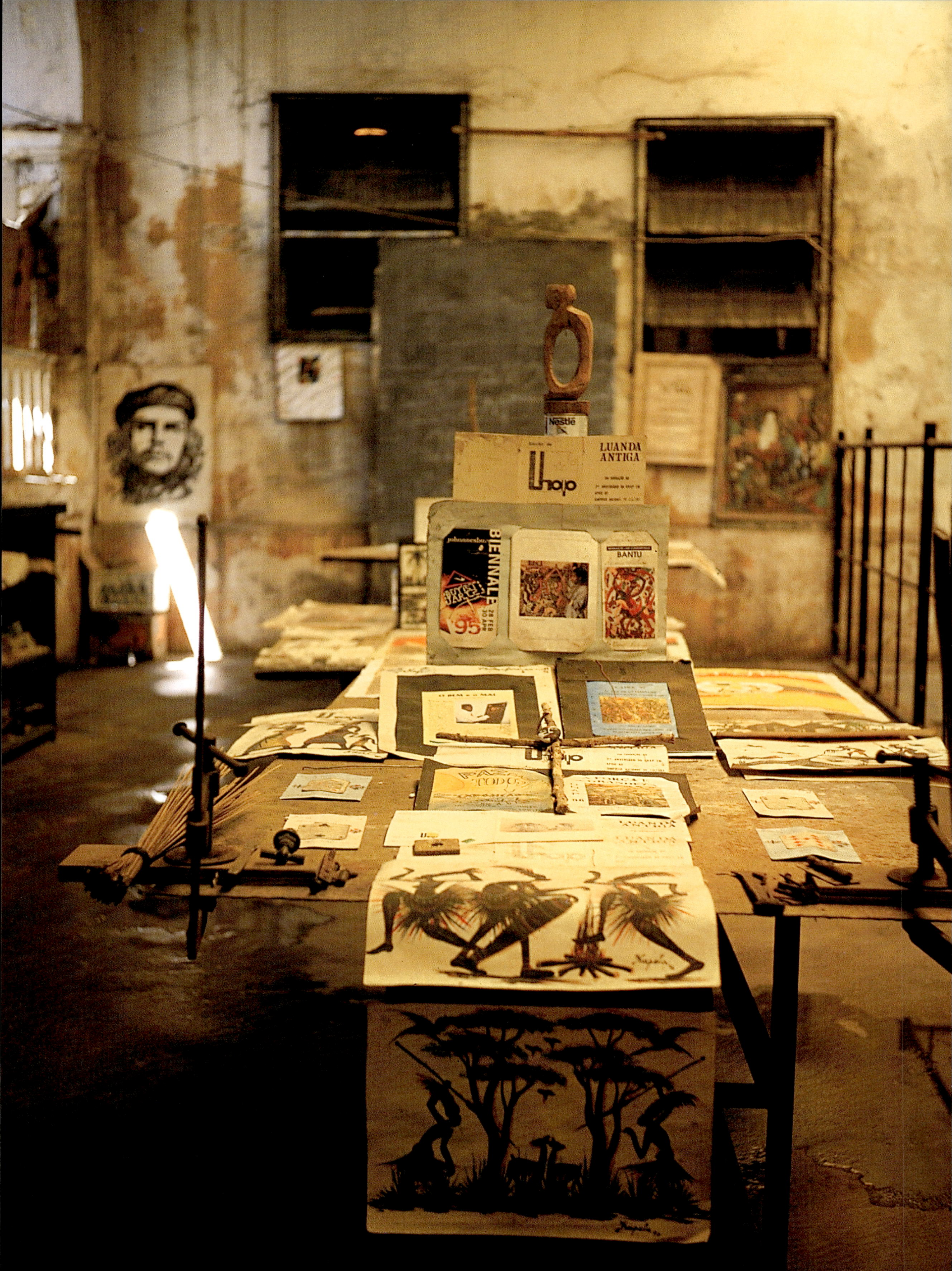
Nestlé
LUANDA
ANTIGA
BIENNALE
95
BANTU

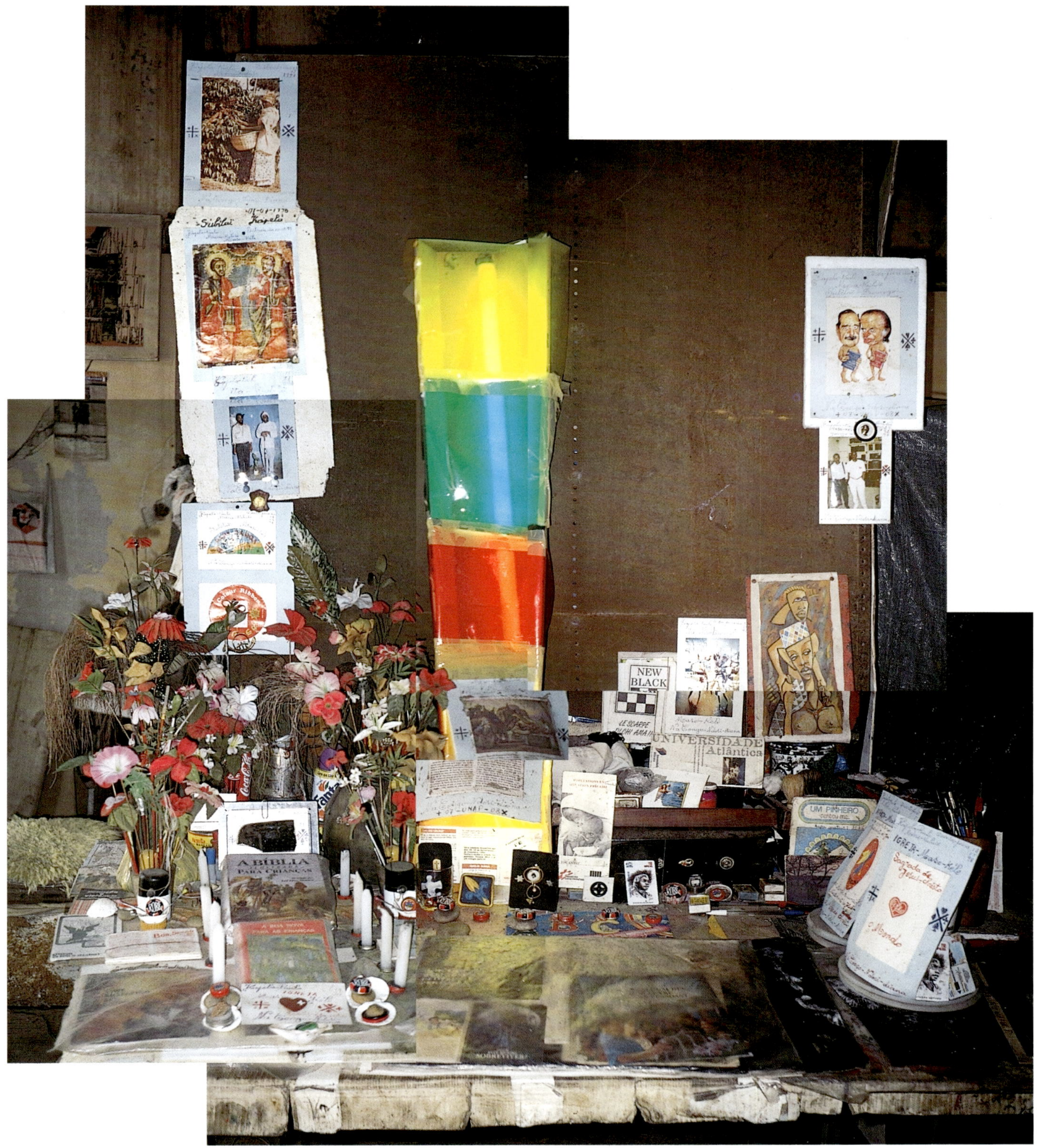

Paulo Capela © Photo Revue Noire / N.F.

> três latas de Coca-Cola. Tudo envolto em radical contradição. « Como a cidade », murmura Capela sem qualquer ironia. Pois que os seus altares privados desempenham antes de mais uma função simbólica. O seu universo íntimo ignora qualquer corrente estética. « Não é arte pela arte, é o meu jardim secreto. Uma representação ideal do mundo ». Num canto um pouco mais afastado, algumas folhas de chapa disfarçam pudicamente as traves onde em tempos assentava o soalho e que conduzem ao quarto. No chão, um colchão coberto pela bandeira de Angola. Em cima, delicadamente poisada, uma catana. Interrogamo-nos se o homem dorme aqui ou se a cama também faz parte deste estranho atelier-santuário. >

>> prime minister and the American flag. An advertising slogan printed on a piece of yellowing paper faces the portrait of Lenin. Che Guevara glares at three cans of Coca Cola. Everything is a radical contradiction. « Like the town », murmurs Capela without a trace of irony. His private altars have a primarily symbolic function. His intimate world scorns aesthetic trends. « It isn't art for art's sake, it's my secret garden. An ideal representation of the world ». Nearby, pieces of sheet metal modestly conceal the beams that used to hold up the floor to his room. There is a mattress on the floor covered in the Angolan flag. An axe hangs delicately above it. It's hard to know whether Capela sleeps here or whether this bed is also part of this strange studio-sanctuary. >>

>>> vés, ont avant tout une fonction symbolique. Son univers intime fait fi de tout courant esthétique. « Ce n'est pas de l'art pour l'art, c'est mon jardin secret. Une représentation idéale du monde ». Plus loin, des plaques de tôle masquent pudiquement les poutres qui soutenaient jadis le plancher et conduisent à sa chambre. À même le sol, un matelas recouvert du drapeau de l'Angola. Délicatement posé dessus une machette. On se demande si l'homme y dort ou si ce lit fait aussi partie de cet étrange atelier-sanctuaire. >>>

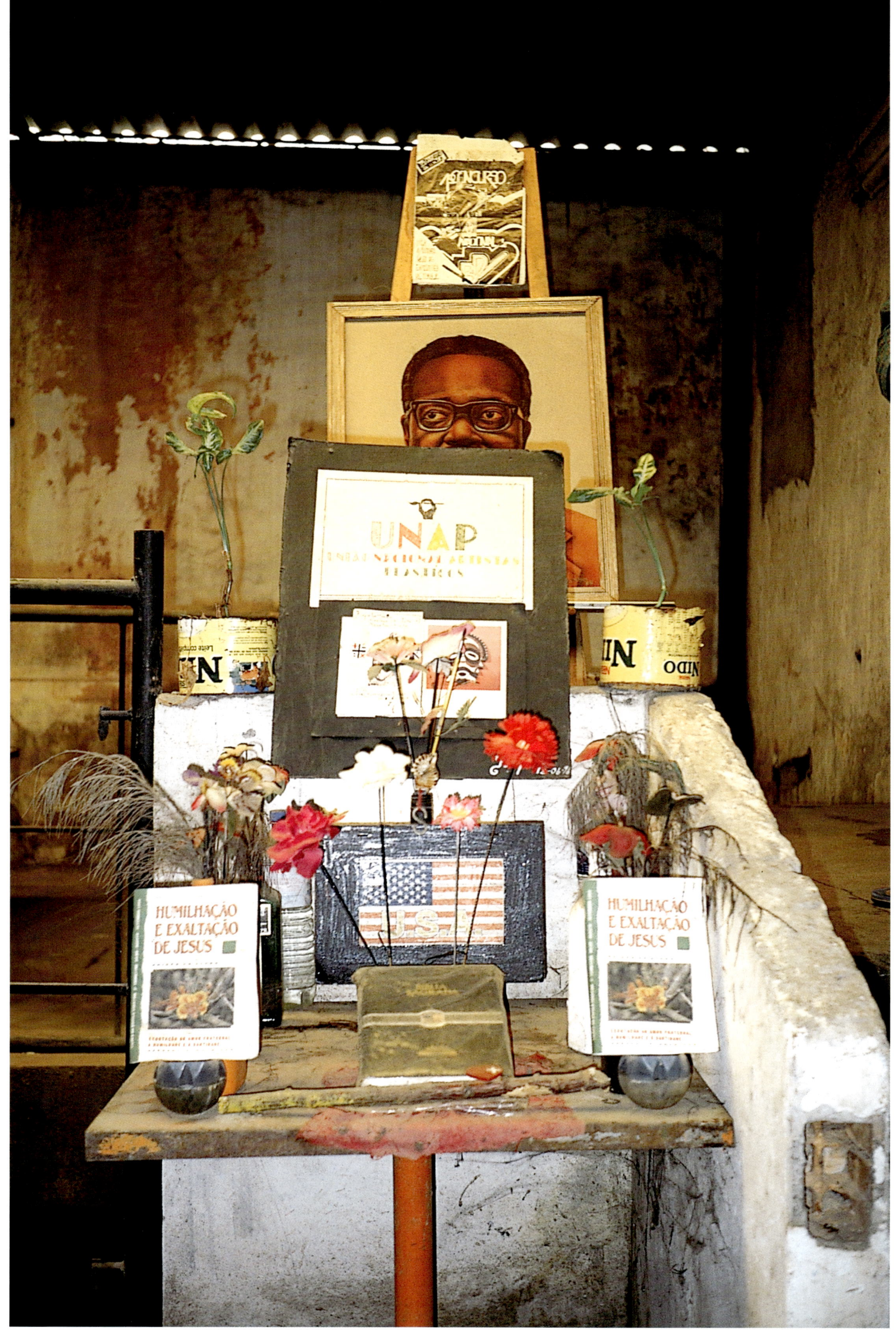

Paulo Capela © Photo Revue Noire / N.F.

Viteix

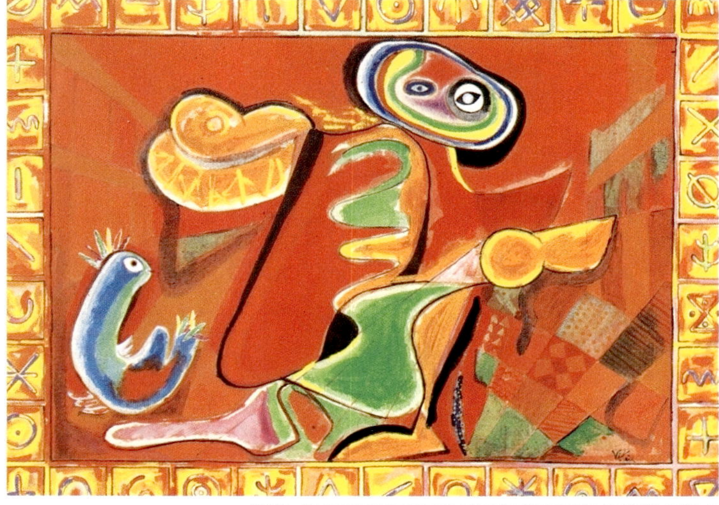

Viteix, *Personagem mascarado sobre fundo vermelho surgindo do fundo de uma rua*, 1984, 130 x 97 cm © Photo D.R.

> Os locais de exposição são raros em Luanda. A galeria da UNAP está fechada e a sua reabertura não está na ordem do dia. Mesmo ao lado, Tirso Amaral abriu a galeria Humbiumbi, em 1986. O que se destinara a ser o seu atelier depressa se tornou num espaço alternativo, contraponto da estatização dos meios de expressão artísticos. Ponto de encontro dos artistas plásticos, músicos e amigos, a galeria transforma-se a partir das quatro e meia da tarde num QG onde o chefe da casa, anticonvencional tranquilo, dirige debates intermináveis sobre o papel dos artistas, o futuro da arte contemporânea em Angola ou a pilhagem do património artístico dos museus. Outro local, outro ambiente. Isabel Baptista abriu há poucos anos a galeria Cenarius. Uma velha casa de família centenária restaurada com inteligência faz o papel de espaço de exposição e de bar. De um humor corrosivo, a pintora fala mais facilmente de algumas histórias anedóticas (por exemplo, o caso de uma tela do século XIX que se transformou em máscara no Carnaval de 1997) do que do seu trabalho artístico. Madrinha de coração dos miúdos da rua, Isabel Baptista realizou com eles um fresco num muro da cidade. « Foi um gesto espontâneo. As pessoas nunca estão em contacto com a arte : como se fosse uma ideia importada ! Poucos angolanos são capazes de citar os precursores da pintura contemporânea angolana. »
Vitex é um dos pioneiros dos pintores contemporâneos que recusou qualquer submissão ao poder. Nascido em 1940 em Luanda, faz parte daquela geração de intelectuais e de artistas que se opôs aos valores culturais coloniais e que procurou a via de uma nova expressão artística. A partir dos anos 60, o estilo romântico europeu cede o lugar a uma pintura composta de signos e de símbolos, com referências às pinturas rupestres e aos muros pintados das populações Chokwe de Angola. Diplomado pela École des Beaux Arts de Paris, Vitex volta para Luanda à data da independência, onde assume o cargo de responsável do departamento de artes plásticas. Leva a cabo uma campanha de sensibilização e de iniciação à pintura nas escolas, participa na iniciativa da fundação da UNAP e defende uma tese de doutoramento sobre os problemas da estética na arte angolana. Será este o seu ponto de partida para a reapropriação de uma identidade cultural nacional. Morreu em Maio de 1995. >

>> There are very few exhibition sites in Luanda. The UNAP gallery is closed and there are no plans to re-open it. Tirso Amaral opened the Humbiumbi gallery just next door in 1986. What was originally supposed to be his studio soon turned into an alternative space to counterpoint state control of artist expression. A meeting place for artists, musicians and friends, the gallery turns into an HQ at 4.30 pm when the host starts leading endless debates on the role of artists, the future of contemporary art in Angola or the pillage of the artistic heritage in the country's museums. Different place, different atmosphere. Isabella Baptista opened the Cenarius gallery a few years ago. An old, intelligently done up 19th century family house acts as an exhibition space and a bar. Isabella Baptista is an artist with a caustic sense of humour who is much happier recounting anecdotes (like how a 19th century painting turned into a mask for the 1997 carnival) than talking about her work. Warm-hearted godmother for the children on the streets, she painted a fresco with them on a wall in Luanda. « It was a spontaneous gesture. People never have any contact with art, you'd think it was an imported notion! Few Angolans can name the precursors of Angolan art ».
Vitex is one of the pioneering contemporary artists who refused any allegiance with the powers that were. Born in Luanda in 1940, he belongs to the generation of artists and intellectuals opposed to colonial cultural values who looked for a new artistic expression. In the 60's, the romantic European style made way for painting that was composed of signs and symbols in reference to the cave paintings and murals of the Chokwe populations in Angola. After graduating from the Beaux Arts in Paris, Vitex went back to Luanda at the time of independence to be in charge of the plastic arts department. He started an awareness campaign to spread initiation to painting in schools, was behind the founding of the UNAP and wrote a Doctorate thesis on the problems of aesthetics in Angolan art. This started off the reappropriation of a national cultural identity. He died in May 1995. >>

>>> Les lieux d'expositions sont rares à Luanda. La galerie de l'UNAP est fermée et sa réouverture n'est pas à l'ordre du jour. Juste à côté, Tirso Amaral a ouvert la galerie Humbiumbi en 1986. Ce qui devait être son atelier se transforme très vite en espace alternatif, en contrepoint de l'étatisation des expressions artistiques. Lieu de rendez-vous des plasticiens, des musiciens et des amis, la galerie se transforme dès 16h30 en QG où le maître des lieux, anti conventionnel serein, dirige des débats interminables sur le rôle des artistes, le devenir de l'art contemporain en Angola ou le pillage du patrimoine artistique des musées. Autre lieu, autre ambiance. Isabelle Baptista a ouvert la galerie Cenarius il y a quelques années. Une vieille maison familiale centenaire retapée avec intelligence fait office d'espace d'exposition et de bar. Peintre à l'humour corrosif, elle parle plus volontiers d'histoires anecdotiques (par exemple comment une toile du 19è se transforme en masque pour le carnaval de 1997) que de son travail de plasticienne. Marraine de cœur des enfants de la rue, elle a réalisé avec eux une fresque sur un mur de la ville. « C'était un geste spontané. Les gens ne sont jamais en contact avec l'art : comme si c'était une notion importée ! Peu d'angolais sont capables de citer les précurseurs de la peinture contemporaine angolaise ».
Vitex est l'un de ces pionniers peintres contemporains qui a refusé toute allégeance au pouvoir. Né en 1940 à Luanda, il fait partie de cette génération d'intellectuels et d'artistes qui s'est opposée aux valeurs culturelles coloniales et qui a cherché la voie d'une expression artistique nouvelle. Dès les années 60, le style romantique européen fait place à une peinture composée de signes et de symboles, en référence aux peintures rupestres et aux murs peints des populations Chokwe de l'Angola. Diplômé de l'école des Beaux Arts de Paris, Vitex rentre à Luanda à l'indépendance où il aura en charge le département des arts plastiques. Il mettra en place une campagne de sensibilisation et d'initiation à la peinture dans les écoles, sera à l'initiative de la fondation de l'UNAP et soutiendra une thèse de doctorat sur les problèmes de l'esthétique dans l'art angolais. Ce sera le point de départ de la réapropriation d'une identité culturelle nationale. Il est décédé en mai 1995. >>>

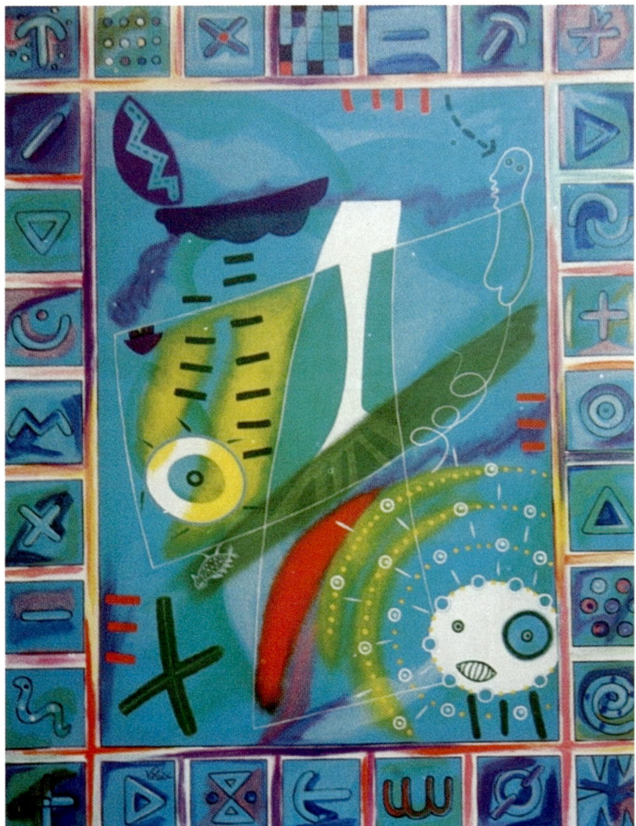

Viteix © Photo D.R.

> Foi neste ambiente de dinamismo cultural lançado por Vitex que em 1989 surgiu o Instituto de Formação Artística e Cultural – INFAC – com a missão de ajudar o Governo na elaboração e realização da política cultural. Cursos de artes plásticas, de música e de dança, estudos sobre os elementos da cultura angolana, atelier de fotografia, seminários. Os meios são limitados, os contactos com o mundo exterior fracos e, após o desmantelamento do império soviético, as bolsas para Cuba ou para a Europa de Leste foram suprimidas. O Congo Democrático deixou de receber alunos e a influência do seu estilo esborou-se. SLA, Lukulu Zola Ndonga, Mpanda Vita e Massongui fazem parte do grupo de artistas que passaram pela Academia de Belas Artes de Kinshasa. Na ENAP (Escola Nacional de Artes Plásticas), começam a surgir seguidores destes escultores apesar de uma presença em filigrana num meio artístico bastante frágil : os compradores e amadores de arte não aparecem e, a não ser o prémio ENSA-Arte, as ocasiões de encontros e de confrontos de estilos e de ideias são raras, as referências artísticas reinventam-se ao sabor das exposições, sendo que a imprensa especializada internacional nunca chega a Luanda. >

>> The INFAC (Institute for Artistic and Cultural Training) was created in this context of the cultural dynamism established by Vitex, to help the government establish and implement its cultural policy. Art classes, music and dance classes, surveys on the elements of Angolan culture, photography workshop, seminars. It has limited funds, little contact with the outside world and the grants for Cuba or Eastern Europe stopped with the dismantling of the Soviet block. Democratic Congo doesn't take on students any more and its stylistic influence is fading. SLA, Lukulu Zola Ndonga, Mpanda Vita and Massongui were among the artists who transited via the Kinshasa Fine Arts Academy. These sculptors are sometimes emulated at the ENAP (Nation Plastic Arts School), despite their shadowy presence on a fragile artistic scene : art buyers and lovers are rare, apart from the ENSA-Arte prize the opportunities to meet and confront styles and ideas are scarce, artistic references are reinvented with every exhibition and the international specialised press never reaches Luanda. >>

>>> C'est dans ce dynamisme culturel mis en place avec Vitex que l'Institut de Formation Artistique et Culturelle – INFAC – voit le jour en 1989 pour aider le gouvernement dans la conception et la réalisation de sa politique culturelle. Cours d'arts plastiques, de musique et de danse, enquêtes sur les éléments de la culture angolaise, atelier de photographie, séminaires. Les moyens sont limités, les contacts avec le monde extérieur faibles et depuis la dislocation du bloc soviétique, les bourses pour Cuba ou l'Europe de l'Est ont été supprimées. Le Congo Démocratique ne reçoit plus d'élèves et l'influence de son style s'effrite. SLA, Lukulu Zola Ndonga, Mpanda Vita et Massongui font partie de ces artistes qui ont transité par l'Académie des Beaux Arts de Kinshasa. Sculpteurs, ils font des émules au sein de l'ENAP (École Nationale des Arts Plastiques) malgré une présence en filigrane sur une scène artistique assez fragile : les acheteurs et amateurs d'art se font attendre, hormis le prix ENSA-Arte les occasions de rencontres et de confrontations des styles et des idées sont rares, les repères artistiques se réinventent au gré des expositions et la presse spécialisée internationale n'arrive jamais à Luanda. >>>

Lukulu Zola Ndonga

Lukulu Zola Ndonga, nascido em 1952, é diplomado pela Academia de Belas Artes de Kinshasa. Em 1991 regressa a Luanda, onde ensina na Escola Nacional de Belas Artes.

Lukulu Zola Ndonga, was born in 1952. He is a graduate of the Kinshas Fine Arts Academy. He moved back to Luanda in 1991 to teach at the ENAP.

Lukulu Zola Ndonga, né en 1952 est diplômé de l'Académie des Beaux Arts de Kinshasa. En 1991 il rentre à Luanda où il enseigne à l'École Nationale des Arts Plastiques.

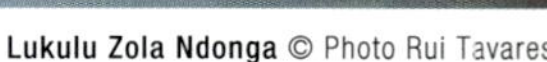

Lukulu Zola Ndonga © Photo Rui Tavares

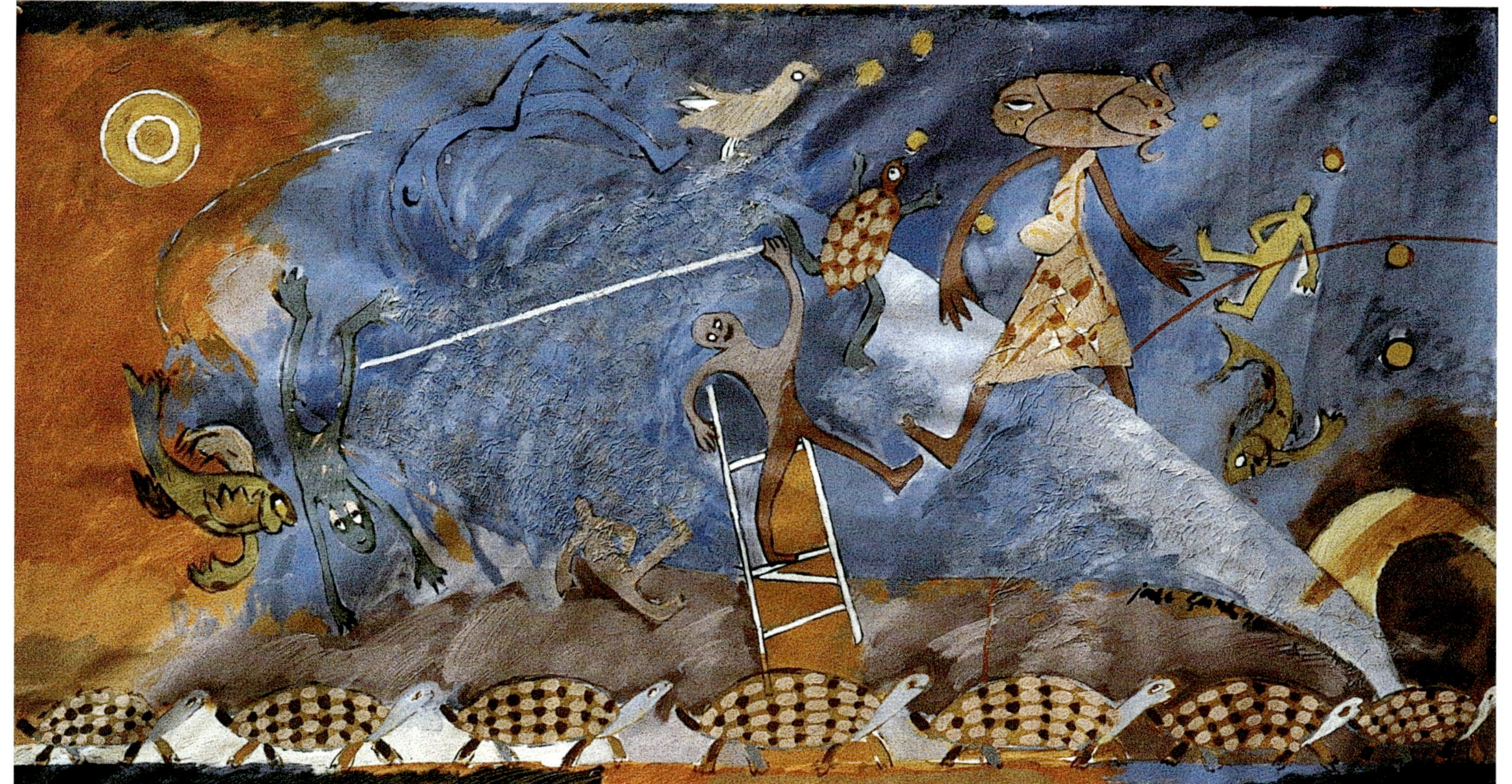

Jorge Gumbe © Photo Rui Tavares

Jorge Gumbe

Jorge Gumbe nasceu em 1959. Diplomado pela Escola Nacional das Artes de Havana (Cuba) e pelo Instituto Politécnico de Viana do Castelo (Portugal), é professor e responsável pedagógico do INFAC, em Luanda.

Jorge Gumbe was born in 1959. Graduate of the National Arts School in Havanna, Cuba and the Viana de Castelo Polytechnic Institute in Portugal, he is a teacher and pedagogical manager at the INFAC in Luanda.

Jorge Gumbe est né en 1959. Diplômé de l'École Nationale des Arts de la Havane à Cuba et de l'Institut Polytechnique de Viana de Castelo au Portugal, il est professeur et responsable pédagogique de l'INFAC à Luanda.

> Neste contexto pouco estimulante, o artista angolano surge aos olhos dos seus concidadãos como um embaixador heróico em órbita, pairando sobre uma massa compacta de nuvens sombrias. Evoca com pudor as suas dificuldades, com medo de transformar os seus sentimentos em afectação de burgueses decadentes. À margem dos debates por vezes estéreis sobre a especificidade da arte contemporânea africana, insensível às modas que inundam o mercado (recuperação, instalações), o artista plástico angolano agarra-se aos valores certos que foram o cavalo de batalha dos pioneiros. Jorge Gumbe e Francisco Van-Dúnem desenvolvem o seu trabalho em torno do estudo e da decifração da mitologia angolana, Telmo Vaz Pereira dedica-se à reinterpretação dos signos das pinturas rupestres do Sul de Angola. E Rui de Matos, entre duas esculturas monumentais, enlaça estilhaços de obus com arames e cordas. Como quem brinca. À espera que os jovens dêem um grande pontapé nesta desordem consensual. >

>> In this unstimulating context, Angolans see their artists as heroic ambassadors orbiting above a thick mass of dark clouds. Angolan artists talk modestly about their difficulties for fear their state of mind will turn into bourgeois, decadent airs and graces. They live on the fringes of the sometimes sterile debates on the specificity of African contemporary art, unaware of the trends flooding the market (salvage, installations). Angolan artists cling on to the trusted values championed by the pioneers. Jorge Gumbe and Francisco Van-Dúnem are researching and deciphering Angolan mythology, Telmo Vaz Pereira is working on reinterpreting the signs of the cave paintings in southern Angola. And when he's not working on monumental sculptures, Rui de Matos winds rope and wire around shrapnel shells. For the fun of it. Meanwhile, the young generation are disrupting this clutter and consensus. >>

>>> **Dans ce contexte peu stimulant, l'artiste angolais apparaît aux yeux de ses concitoyens comme un ambassadeur héroïque en orbite au-dessus d'une masse compacte de nuages sombres. Il évoque avec pudeur ses difficultés, de peur de transformer ses états d'âme en coquetteries de bourgeois décadent. En marge des débats parfois stériles sur la spécificité de l'art contemporain d'Afrique, insensible aux modes qui inondent le marché (récupération, installations), le plasticien angolais se raccroche aux valeurs sûres qui furent le cheval de bataille des pionniers. Jorge Gumbe et Francisco Van-Dúnem travaillent sur la recherche et le décryptage de la mythologie angolaise, Telmo Vaz Pereira sur la réinterprétation des signes des peintures rupestres du sud de l'Angola. Et Rui de Matos, entre deux sculptures monumentales, enlace des éclats d'obus de fils de fer et de cordes. Pour le fun. En attendant que les jeunes mettent un grand coup de pied dans ce désordre consensuel.** >>>

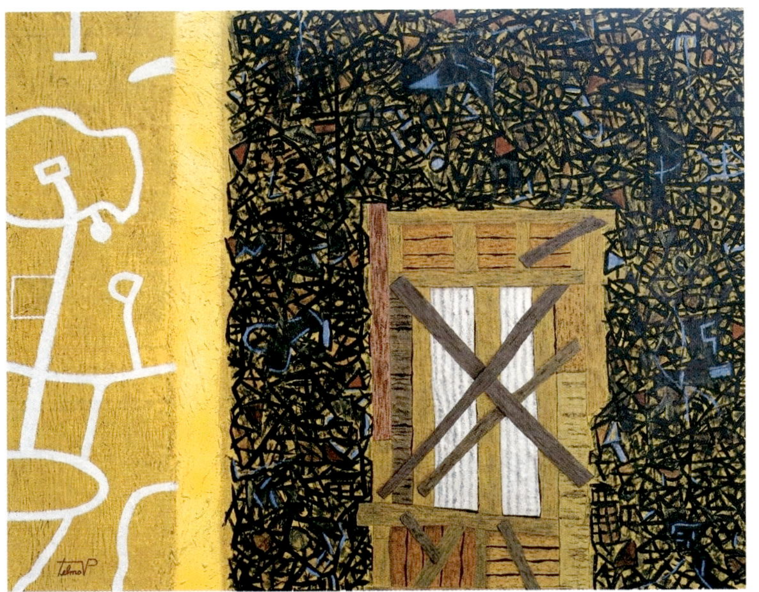

Telmo Vaz Peirera © Photo Joaquim Afonso

Telmo Vaz Peirera

Telmo Vaz Pereira nasceu em 1949 em Luanda. Autodidacta, pinta desde os 12 anos. Vive em Luanda.

Telmo Vaz Pereira was born in 1949 in Luanda. He is an autodidact and has been painting for 12 years. He lives in Luanda.

Francisco Van-Dúnem est né en 1959 en Angola. Il a suivi une formation artistique à Cuba. Il enseigne à l'École Nationale des Arts Plastiques de Luanda.

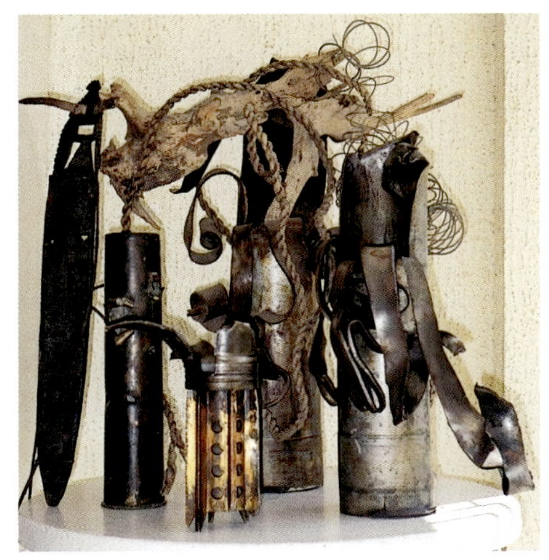

Rui de Matos © Photo Revue Noire / N.F.

Rui De Matos

Francisco Van-Dúnem

Francisco Van-Dúnem nasceu em 1959 em Angola. Frequentou uma formação artística em Cuba. Ensina na Escola Nacional de Artes Plásticas de Luanda.

Francisco Van-Dúnem was born in 1959 in Angola. He went to art school in Cuba and now teaches at the ENAP in Luanda.

Telmo Vaz Pereira est né en 1949 à Luanda. Autodidacte, il peint depuis 12 ans. Il vit à Luanda.

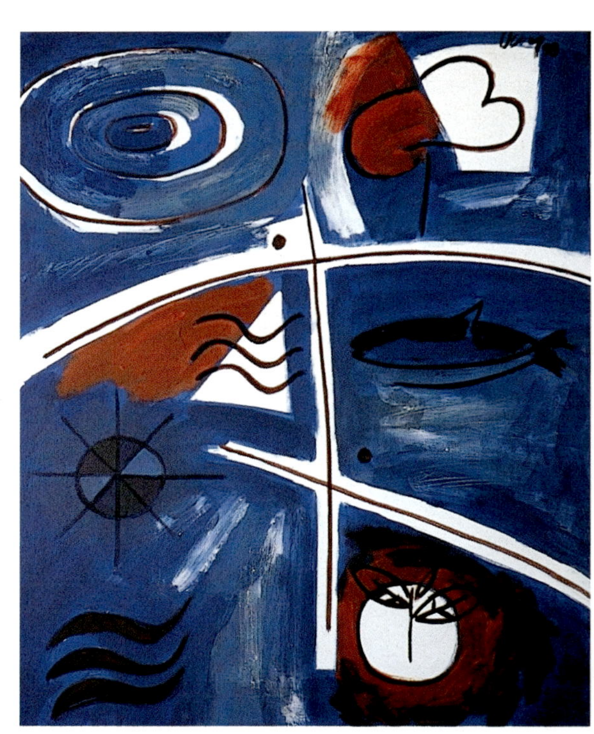

Francisco Van-Dúnem © Photo Revue Noire / N.F.

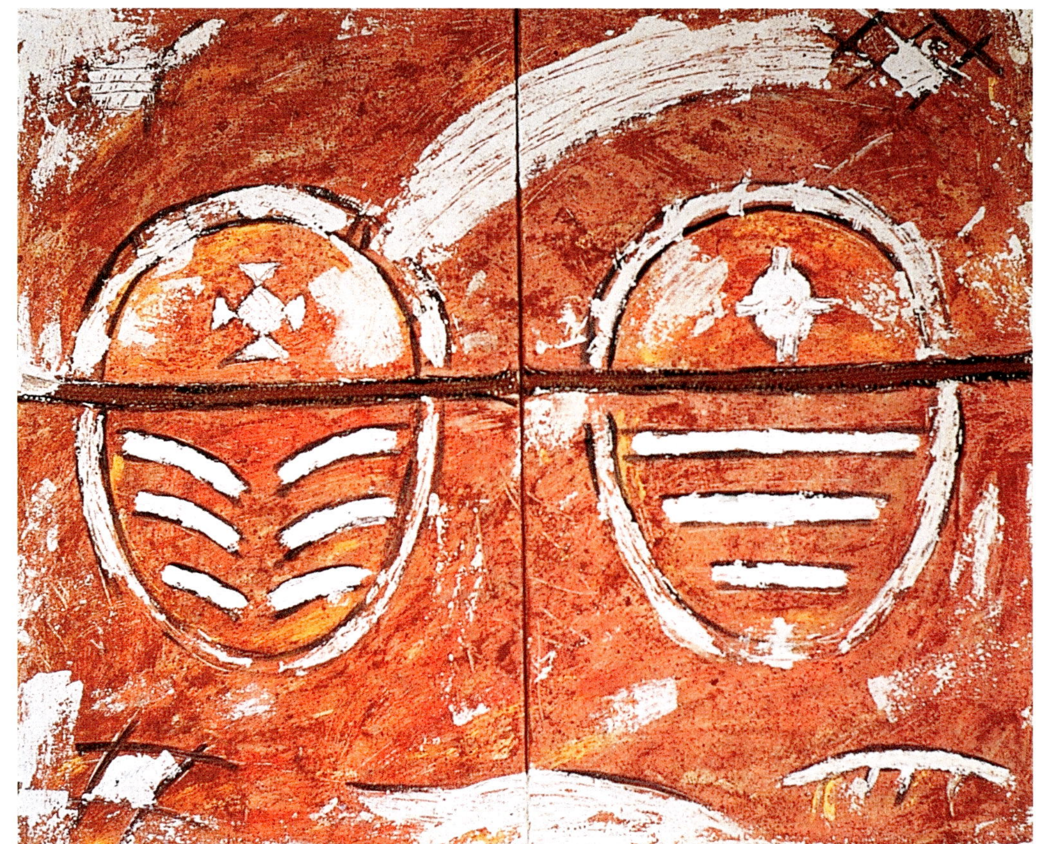

Domingos Barcas, *União*, dyptique © Photo Revue Noire / N.F.

Domingos Barcas, nascido em 1968 em Benguela, é diplomado pela ENAP.

Domingos Barcas was born in 1968 and is a graduate of the ENAP.

Domingos Barcas, né en 1968 à Benguela est diplômé de l'ENAP.

Domingos Barcas

> Os que hão-de revezar esta geração têm em média 20 anos. Diplomados da ENAP, é uma geração artística totalmente « made in Luanda ». Conhecem Vitex, respeitam os professores e ignoram a marcha do tempo. Isolados, tentam encontrar a solo a sua via, sonhando conquistar o mundo, agarrando-se às palavras, ao preço de por vezes se perderem em discursos alambicados : naïf, conceptual, realismo, figurativo, abstracto... Confiantes, contam com o privilégio da sua juventude e fustigam violentamente a apetência da comunidade estrangeira por Benfica – uma feira ao ar livre onde, entre duas fiadas de frangos assados, é possível encontrar uma confusão de velhos cachimbos, máscaras, veludos kasaï roubados em Kinshasa ou nas cidades do Norte, bugigangas de malaquite, marfim e madeira, mas sobretudo quilómetros de quadros realizados pelos refugiados de Kinshasa bastante simpáticos ou pelos regressados (refugiados angolanos no Congo Democrático de regresso ao país). *Não há nada que te interesse ? De que cor é a tua sala ? Cor de rosa, azul, amarela ? Posso pintar um com cinco pessoas, se quiseres. Volta daqui a três dias, faço-te um preço jeitoso.* Aqui, como noutros lados, a arte « de aeroporto » faz estragos, para grande mal dos artistas locais. >

>> The average age of the newcomers is 20. Graduates of the ENAP, this artistic generation is entirely « made in Luanda ». They know Vitex, respect their teachers and ignore the march of time. Isolated, they are trying to find their way alone. They dream of conquering the world and cling on to words, even if that means getting lost in abstruse talk: naive, conceptual, realism, figurative, abstract... Confident and full of the joys of youth, they vigorously condemn the foreign community's fondness for Benefica : an open air market where, amongst the roasting chickens, you can find old pipes, masks, Kasaï velvet rescued from Kinshasa or the northern towns, trinkets made of malachite, wood and ivory and rows and rows of paintings by very friendly Kinshasa refugees and *regressados* (Angolan refugees from Democratic Congo now back in Angola) *You don't like anything? What colour's your front room? Pink, blue, yellow? I can paint five people in if you like. Come back in three days, I'll give you a good price.* Here, as elsewhere, « airport » art is all the rage, much to the local artists' displeasure. >>

>>> La relève a en moyenne 20 ans. Diplômés de l'ENAP, c'est la génération artistique totalement « made in Luanda ». Ils connaissent Vitex, respectent leurs professeurs et ignorent la marche du temps. Isolés, ils tentent en solo de trouver leur voie, rêvent de conquérir le monde et se raccrochent aux mots, quitte à s'égarer parfois dans des discours alambiqués : naïf, conceptuel, réalisme, figuratif, abstrait... Confiants, ils ont l'apanage de leur jeunesse et fustigent violemment l'appétence de la communauté étrangère pour Benfica : un marché à ciel ouvert où, entre deux rangées de poulets rôtis, on peut trouver pêle-mêle de vieilles pipes, des masques, des velours Kasaï dérobés à Kinshasa ou dans les villes du Nord, des babioles en malachite, ivoire et bois mais surtout des kilomètres de tableaux réalisés par des réfugiés kinois fort sympathiques ou par des regressados (réfugiés angolais au Congo Démocratique de retour en Angola). *Rien ne te plaît ? Il est de quelle couleur ton salon ? Rose, bleu, jaune ? Je peux mettre cinq personnages si tu veux. Repasse dans trois jours, je te ferai un bon prix.* Ici comme ailleurs, l'art « d'aéroport » fait des ravages au grand dam des artistes locaux. >>>

Fineza Sebastião Teta

Fist, nascido em 1977, é diplomado pela ENAP.
Fist was born in 1977 and is a graduate of the ENAP.
Fineza Sebastião Teta (Fist), née en 1977 est diplômée de l'ENAP.

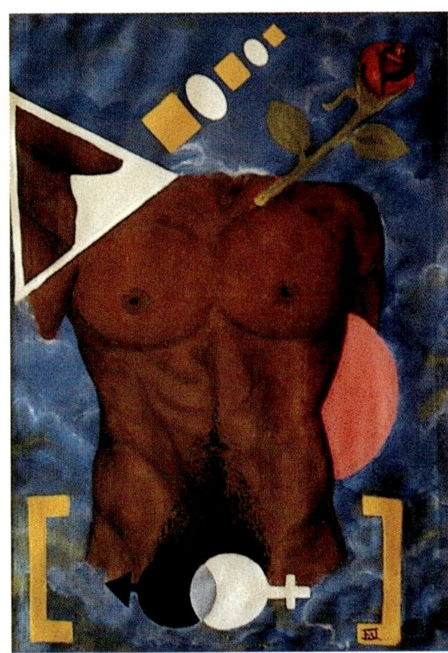

Fist, *Joven* © Photo Revue Noire / N.F.

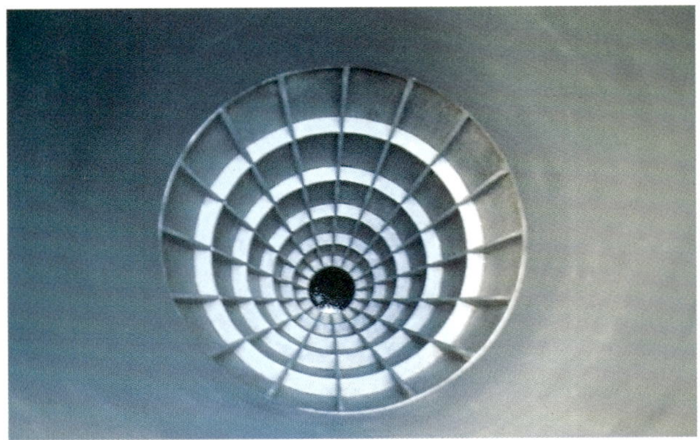

Carlos Isaac, *If the sky wasn't blue* © Photo D.R.

Carlos *Isaac*

Carlos Isaac nasceu em 1972 em Malanje, Angola. Diplomado pelo ARCO-Centro de Artes Visuais, em Lisboa, vive em Amsterdão.

Carlos Isaac was born in 1972 in Malange, Angola. Graduate of the ARCO-Center for Visual Arts in Lisbon, he now lives in Amsterdam.

Carlos Isaac est né en 1972 à Malange, Angola. Diplômé de ARCO-Center for Visual Arts à Lisbonne, il vit à Amsterdam.

> O artista plástico angolano a viver na Europa está evidentemente acima desta confusão. Fez os seus estudos em Paris, Amsterdão, Berlim, Bruxelas ou Lisboa. Conhece as novas coqueluches e as tendências do dia. Tal como todos os seus congéneres africanos, é em contrapartida vítima de um outro mal : a imagem do continente no Ocidente. A África continua a ser o seu pesadelo. Com acesso à informação, os média devolvem-lhe a imagem desagradável de um continente à deriva, ao mesmo tempo que acorda nele o maravilhoso sentimento de possuir um património artístico rico e variado. Arquitecto do sonho, reapropria-se dos fragmentos esparsos desta cultura ignorada e arvora-se em guardião consciencioso da sua salvaguarda. Porque conheceu os horrores da guerra e da destruição, considera que a revalorização da sua herança cultural constitui um acto vital. Questão de consciência ou de redenção. A sua criação é a sua bóia de salvação. O exílio transforma-se num espelho onde frequentemente se perde e a mãe pátria perdida renasce nas suas mãos nostálgicas. E então, involuntariamente, pelo tempo de uma exposição, ele É a África. Mas o Ocidente e as suas miragens habitam-no. Está simultaneamente aqui e algures, o seu sentido do dever embotou-se com o correr do tempo e a sua sensibilidade operou uma mutação insidiosa em fase com o mundo. Artista, mas Africano. Acossado pela dúvida, alvo de incompreensão, opta por soluções às vezes ambíguas, refugia-se num mutismo angustiante e a mesma frase imutável cai como um cutelo : eu sou a minha arte, ela fala por mim. Intuitivo, oscilando entre a dupla-pertença e a não-pertença, evolui à vontade entre o mundo da arte, do qual domina a engrenagem. Viaja, descobre, expõe e exprime-se, mesmo que Luanda ignore o seu nome. Luzeiros solitários confinados a uma galáxia de futuro incerto, tal é o quinhão destes artistas angolanos, de entre os quais Fernando Alvim é sem dúvida o nómada mais conhecido.

Tradução Zé Lima

>> Angolan artists living in Europe are of course above all this confusion. They have studied in Paris, Amsterdam, Berlin, Brussels or Lisbon. They know the new stars and the latest trends. Like all their fellow African artists, they are sometimes victim to a different evil : the image of Africa in the West. They have access to information. The unpleasant image of a continent adrift transmitted by the media stirs up the sentiment that they possess a rich and varied artistic heritage. Dream-makers, they reappropriate the scattered fragments of this unrecognised culture and position themselves as its conscientious protectors. They have lived through the horrors of war and destruction and therefore believe it is vital to revalorise their cultural heritage. It's a matter of conscience, or salvation. Creation is their lifebelt. Exile becomes a mirror in which they frequently lose their way, and the lost motherland is reborn under their nostalgic hands. So when they exhibit, they ARE Africa, despite themselves. But they are inhabited by the West and its mirages. They are both here and there, their sense of duty has dulled with time and their sensitivity has worked an insidious mutation in sync with the world. Artists, but African. Haunted by doubt, relatively misunderstood, they opt for sometimes ambiguous solutions, take refuge in stressful silence and their immutable sentence falls like a guillotine : *I am my art, it speaks for me.* Intuitive, wavering between dual belonging and non-belonging, they evolve smoothly in the art world. They travel, discover, exhibit and flourish, even though Luanda doesn't know their names. Fernando Alvim is doubtless the most famous nomadic representative of these Angolan artists, destined to be solitary fireflies confined in a galaxy with an uncertain future.

Translation Gail de Courcy-Ireland

>>> Le plasticien angolais installé en Europe est, bien entendu, au-dessus de cette confusion. Il a fait ses études à Paris, Amsterdam, Berlin, Bruxelles ou Lisbonne. Il connaît les nouvelles coqueluches et les tendances du jour. Comme tous ses congénères africains, il est par contre victime d'un autre mal : l'image du continent en Occident. Sa bête noire reste l'Afrique. Il a accès à l'information et les médias lui renvoient l'image désagréable d'un continent à la dérive tout en réveillant chez lui le merveilleux sentiment de posséder un patrimoine artistique riche et varié. Architecte du rêve, il se réapproprie les fragments épars de cette culture méconnue et se place en gardien consciencieux de sa sauvegarde. Parce qu'il a connu les affres de la guerre et de la destruction, il estime que la revalorisation de son héritage culturel est un acte vital. Question de conscience, ou de salut. Sa création est sa bouée. L'exil devient un miroir où il s'égare souvent et la mère patrie perdue renaît sous ses mains nostalgiques. Alors malgré lui, le temps d'une exposition, il EST l'Afrique. Mais l'Occident et ses mirages l'habitent. Il est à la fois ici et ailleurs, son sens du devoir s'est émoussé au fil du temps et sa sensibilité a opéré une mutation insidieuse en phase avec le monde. Artiste, mais Africain. Traqué par le doute, assez mal compris, il opte pour des solutions parfois ambiguës, se réfugie dans un mutisme angoissant et la sentence immuable tombe comme un couperet : je suis mon art, il parle pour moi. Intuitif, oscillant entre la double appartenance et la non-appartenance, il évolue à l'aise dans le monde de l'art dont il maîtrise les rouages. Il voyage, découvre, expose et s'épanouit même si Luanda ignore son nom. Lucioles solitaires confinées dans une galaxie à l'avenir incertain, tel est le lot de ces artistes angolais dont Fernando Alvim est sans doute le nomade le plus célèbre.

N.F.

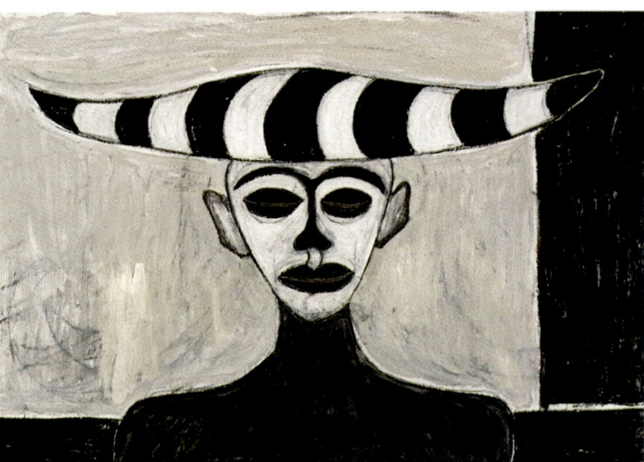

Maria Manuella Sambo © D.R.

Maria Manuella *Sambo*

Maria Manuela Sambo nasceu em 1964 em Luanda. Vive em Cottbus, na Alemanha.
Maria Manuela Sambo was born in 1964 in Luanda. She lives in Cottbus, Germany.
Maria Manuela Sambo est née en 1964 à Luanda. Elle vit à Cottbus, Allemagne.

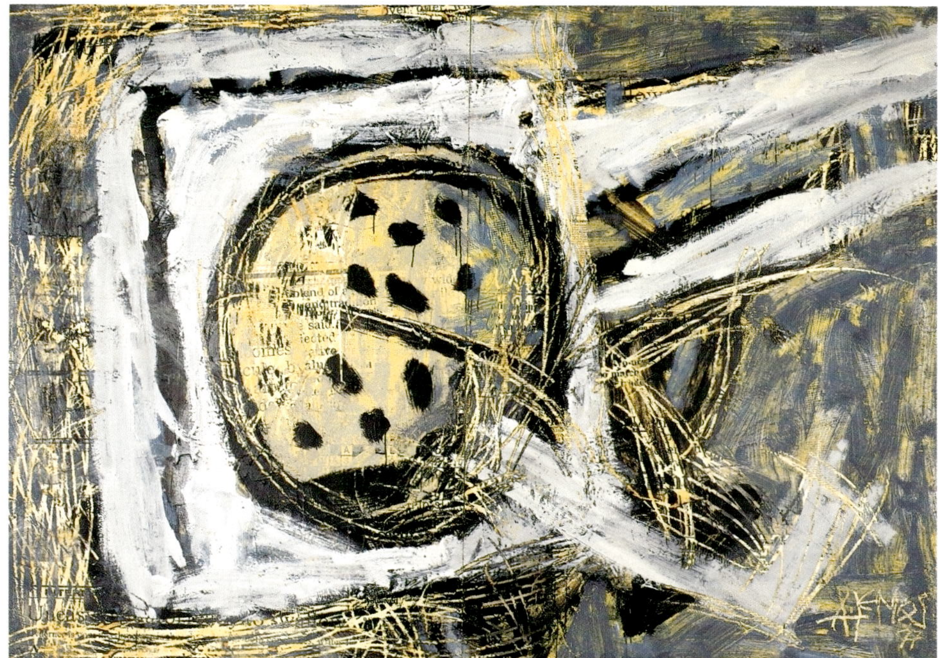

Amorim Lemos, *The Kitchen suite*, 240 x 180 cm © D.R.

Amorim Lemos

Carlos Amorim Lemos nasceu em 1960 em Angola. Diplomado pelo Taller Experimental de Arte, na Venezuela, vive em Bruxelas (Bélgica).

« Todo homem é uma ficção de si. Todo homem se constrói num contar-se... O território da arte é abundante de cidadelas e templo cujo grau de brilho ou de ruína depende do fervor e do poder dos que os sustentam e defendem. O nómada artista deambula na extensão – a variedade das formas de arte – e na profundidade – as Histórias da arte. Acampa, pilha, deforma e serve-se do que lhe interessa para dizer o que considera que deve ser dito, num determinado aqui e agora. Para o nómada, o mundo está repleto de pontos de partida. »
Amorim Lemos, Bruxelas 1998.

Carlos Amorim Lemos was born in 1960 in Angola. Graduate of the Taller Experimental de Arte in Venezuela, he lives in Brussels.
« All men are fictions of themselves. All men construct themselves by recounting themselves... The territory of art is full of citadels and temples that sparkle or fall into ruin depending on the fervour and power of those who support and defend them. The nomadic artist roams in extension - the variety of art forms - and depth - the Histories of art. He camps, pillages, distorts and uses what interests him to say what he thinks should be said here and now. For nomads, the world abounds in departure points. »
Amorim Lemos, Brussels 1998.

Carlos Amorim Lemos est né en 1960 en Angola. Diplômé de Taller Experimental de Arte au Venezuela, il vit à Bruxelles, Belgique.
« Tout homme est une fiction de lui-même. Tout homme se construit en se racontant... Le territoire de l'art abonde en citadelles et en temples dont le degré d'éclat ou de ruine dépend de la ferveur et du pouvoir de ceux qui les soutiennent et les défendent. Le nomade artiste déambule dans l'extension – la variété des formes d'art – et dans la profondeur – les Histoires de l'art. Il campe, pille, déforme et se sert de ce qui l'intéresse pour dire ce qu'il considère devant être dit ici et maintenant. Pour le nomade, le monde foisonne de points de départ. »
Amorim Lemos, Bruxelles 1998.

Miguel Petchkovsky

Michel Petchkovsky nasceu em 1956 em Angola. É diplomado pela Gerrit Rietveld Art Academy, em Amsterdãmo, onde vive desde 1987. É presidente de Mondo, African Film Makers Foundation.

Miguel Petchkovsky was born in 1956 in Angola. He is a graduate of the Gerrit Rietveld Art Academy in Amsterdam where he has been living since 1987. He is president of Mondo, African Film Makers Foundation.

Miguel Petchkovsky est né en 1956 en Angola. Il est diplômé de la Gerrit Rietveld Art Academy à Amsterdam où il vit depuis 1987. Il est président de Mondo, African Film Makers Foundation.

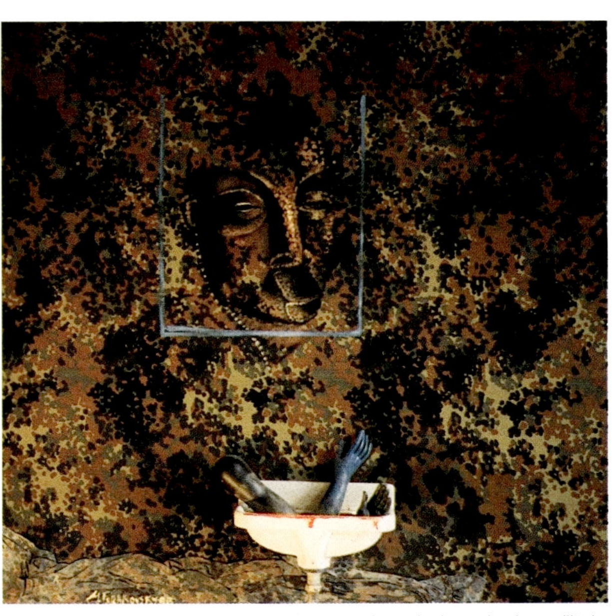

Miguel Petchkousky, *Human nature*, Lavatoire, and polyester hands on militarie camuflage, 150 x 150 cm, 1998 © Photo D.R.

Les mémoires d'
AS MEMÓRIAS DE
THE MEMORIES OF
Alvim

Um olhar é sempre uma leitura. Uma leitura da alma que atónita diante do cosmos, indaga, sonha e persecruta, o ser íntimo das coisas, o sentido da história, as avenidas misteriosas da aventura humana..
A Mãe África, no manto da qual Alvim nasceu, cresceu e buscou entender e reter a memória íntima, a Mãe África, dizia eu, é fertil de sentenças doutas.
A sabedoria dos nossos Mais-Velhos ao contemplarem a beleza da vida e a náusea do absurdo, proclamavam num pertinente provérbio em lingua Umbundu, que seque e nós citamos :
« Oluali Kaluatatamele, oluali kaluasungulukile. Viosi viatatama, omanu vavitatamisa. Viosi via sunguluka omanu vavisunguluisa. Pole oluali lua puiya. Momo nda wamba luove volui olosiko lika vifamo. Ovimboto, olonjawe, lotuvinhama tukuavo, viosi vifamo. »
Fim de citação
Em guisa de tradução :
« O mundo não é complicado, o mundo não é irracional. Tudo o que é complicado é obra dos homens e tudo o que é racional é também fruto da intervenção humana. Contudo, o mundo é complexo, porque se lançares a tua rede ao rio, não só hás de apanhar peixe mas também cobras, rãs e demais espécies inesperadas. »
Fim da tradução.
Talvez, quase a parafrasear a meditação filosofica, Alvim filho do seu tempo, do seu sangue e da sua terra, transportou-nos num universo um tanto ou quanto Kafkiano, onde não so co-habitam a cruz de cristo e a « umbanda » da Mãe da África, mas também e sobretudo a denúncia dos paradoxos da História recente de Angola onde a vida passou a ser um apêndice da morte na sua crueldade horripilante e irresponsável.
Galeria dum museu imaginário ou cemitério de múmias de culturas em decadência ?
As memórias buscam uma leitura, somente um olhar lúcido, sereno e meticuloso, dum passado vivido na sua realidade nua.
Um País é sempre melhor recordado pelos seus artistas e poetas.
As memórias íntimas de Alvim, na sua fidelidade e inocência ilustram sobremaneira a náusea, o desencanto e porque não o espanto e o assombro de quem quis acender umas velas para afastar a escuridão...
Oxalá que as memórias íntimas permaneçam mais algum tempo na ribalta para desentorpecer as amarras da bestialidade e da inércia...

Jaka Jamba, Luanda, Julho de 1997
extracto do catálogo ca exposição
« memórias íntimas marcas »

A look is always also a reading, a reading made by the soul which stands astonished before the cosmos and probes, dreams and scrutinises the intimate nature of things, the meaning of history, the mysterious avenues of the human adventure...
Mother Africa – on whose cloak Alvim was born and grew up and where he sought to understand and preserve his most intimate memories – Mother Africa, as I was saying, is rich in wise maxims.
When they observed how beautiful life was and how repellent the absurd, our Elders gave expression to their wisdom in a pertinent proverb in the Umbundu language, which goes as follow :
« Oluali Kaluatatamele, oluali kaluasungulukile. Viosi viatatama, omanu vavitatamisa. Viosi via sunguluka omanu vavisunguluisa. Pole oluali lua puiya. Momo nda wamba luove volui olosiko lika vifamo. Ovimboto, olonjawe, lotuvinhama tukuavo, viosi vifamo. »
This translates more or less as :
« The world is not complicated, the world is not irrational. Everything that is complicated is the work of men, just as everything that is rational is also the fruit of human invention. Nevertheless, the world is complex, for you throw your net into the river, you will catch not only fish but also snakes, frogs and other unexpected species. »
End of translation.
Perhaps, almost paraphrasing that philosophical thought, Alvim – a child of his time, his blood and his land – transported us to a slightly Kafkaesque universe, in which not only the cross of Christ and the « Umbanda » of the Mother Africa cohabit, but which, more importantly, also includes a denunciation of the paradoxes of recent Angolan History where life, in all its horrific, irresponsible cruelty, became a mere annexe of death.
The gallery of an imaginary museum or a cemetery of mummies belonging to other cultures in declines ?
His memories of a past experienced in all its naked reality demand to be read by a calm, lucid, meticulous eye.
A country is always best remembered by its artists and poets.
The intimate memories of Alvim, in their faithfulness and innocence, are a potent illustration of the disgust, the disenchantment, as well as the fear and awe of someone lighting candles to drive away the darkness...
Let us hope that these intimate memories linger a little longer in the spotlight and help to loosen the bonds of brute stupidity and inertia...

Jaka Jamba, July 1997. Extract from the catalogue of the exhibition « intimate memories traces ».
Translation Margaret Jull Costa

Un regard est toujours une lecture. Une lecture de l'âme qui s'étonne face au cosmos, s'enquiert, rêve et explore l'intimité des choses, le sens de l'histoire, les mystérieuses avenues de l'aventure humaine...
La Mère-Afrique et les replis de sa robe où Alvim a vu le jour, a grandi et a cherché à comprendre et retenir la mémoire intime, la Mère-Afrique, disais-je, est fertile en doctes sentences.
La sagesse de nos Plus-Agés considérant la beauté de la vie et la nausée de l'absurde, proclamait, dans un proverbe très pertinent, en langue Umbundu, dont voici la citation :
« Oluali Kaluatatamele, oluali kaluasungulukile. Viosi viatatama, omanu vavitatamisa. Viosi via sunguluka omanu vavisunguluisa. Pole oluali lua puiya. Momo nda wamba luove volui olosiko lika vifamo. Ovimboto, olonjawe, lotuvinhama tukuavo, viosi vifamo. » Fin de citation.
En guise de traduction :
« Le monde n'est pas compliqué, le monde n'est pas irrationnel. Tout ce qui est compliqué est l'oeuvre des hommes et tout ce qui est rationnel est aussi le fruit de l'intervention humaine. Néanmoins, le monde est complexe car si tu lances ton filet dans la rivière, tu ne vas pas attraper que des poissons mais aussi des serpents, des grenouilles et autres espèces inattendues. » Fin de traduction.
Peut-être, pour paraphraser ou presque la méditation philosophique, Alvim, fils de son temps, de son sang et de sa terre, nous a-t-il transporté dans un univers plus ou moins kafkaien où cohabitent non seulement la croix du Christ et « l'umbanda » de la Mère-Afrique, mais aussi et surtout la dénonciation des paradoxes de l'Histoite récente de l'Angola où la vie est devenue, dans son horripilante cruauté irresponsable, un avatar de la mort.
Galerie d'un musée imaginaire ou cimetière des momies de cultures en décadence ?
Les mémoires sont à la recherche d'une lecture, à travers un regard lucide, serein et méticuleux, d'un passé vécu dans sa réalité à l'état nu.
Un Pays est toujours mieux remémoré par ses artistes et ses poètes.
Les mémoires intimes d'Alvim, par leur fidélité et leur innocence, illustrent magistralement la nausée, la désillusion et même la stupeur et l'effroi de celui qui a voulu allumer des bougies pour éloigner les ténèbres...
Puissent les mémoires intimes se maintenir encore quelque temps à l'avant-scène pour desserrer le joug de la bestialité et de l'inertie...

extrait du catalogue de l'exposition
« marques de mémoires intimes »
Traduction André Jolly

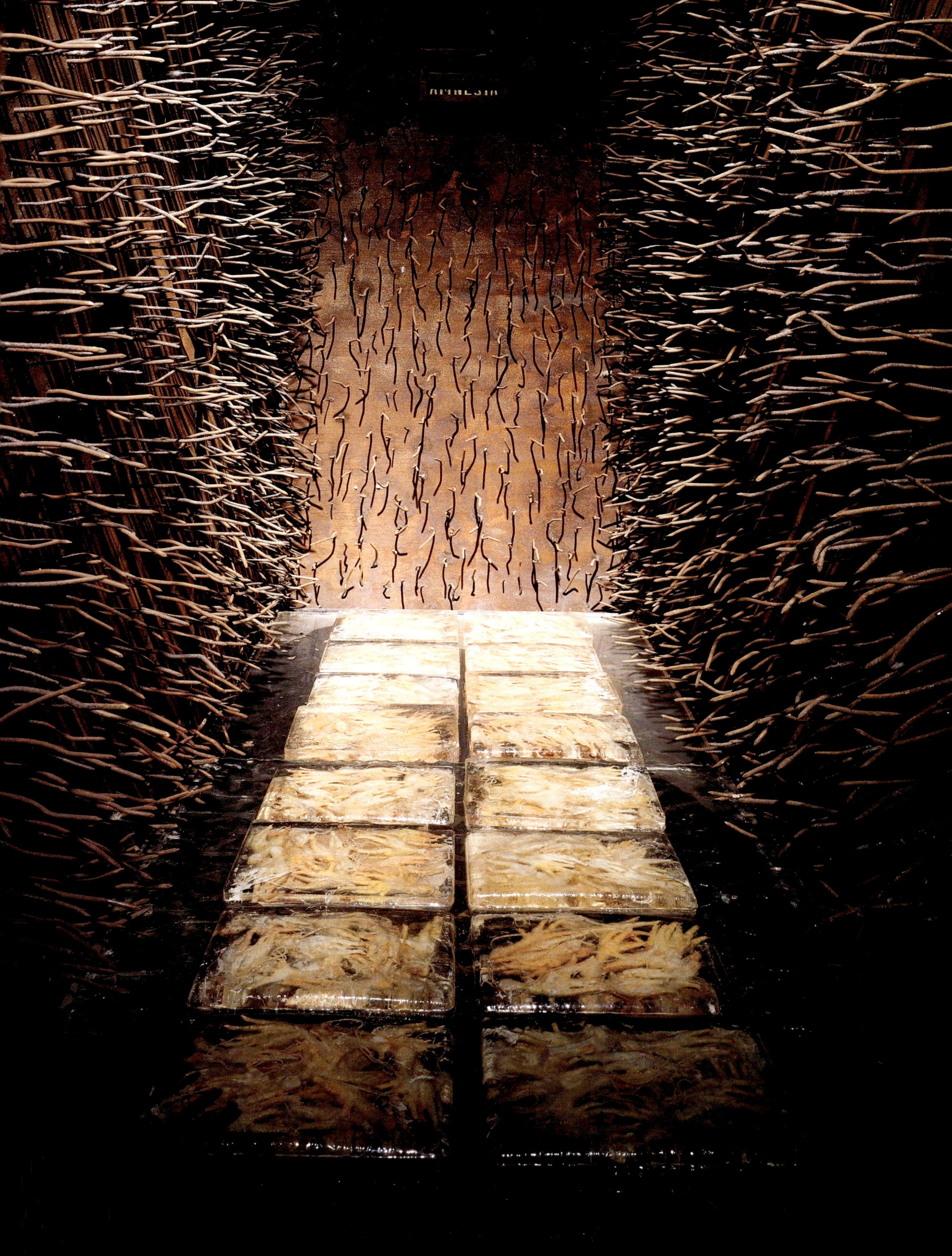
AMNESIA

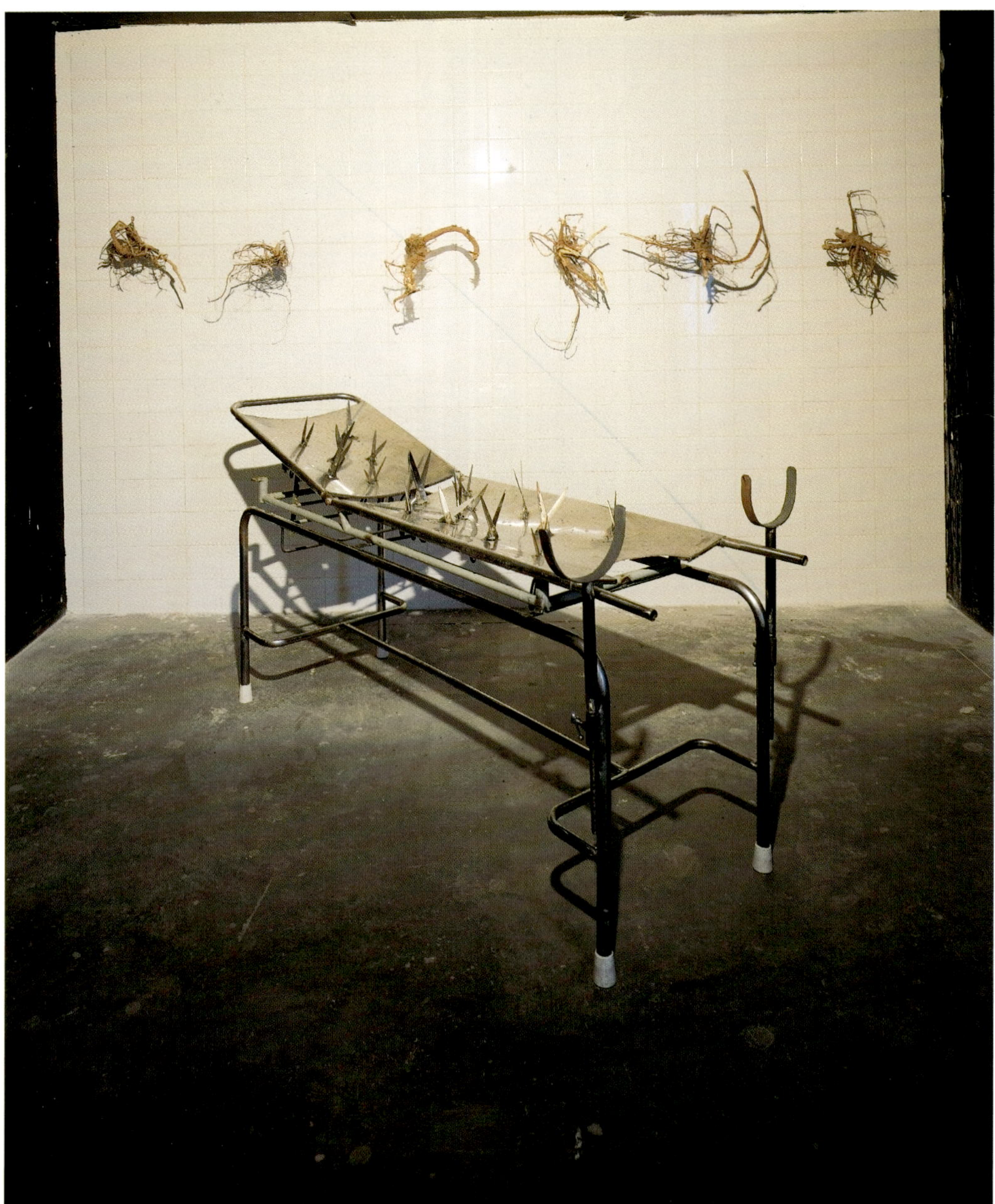

Fernando Alvim, *Leaves found lost*, 1998 © Photo Roger Wooldrige

Memórias íntimas marcas é uma exposição multimédia itinerante – iniciada por Fernando Alvim – em torno do tema da guerra angolana. Em 1997, Fernando Alvim (Angola), Carlos Garaicoa (Cuba) e Gavin Younge (África do Sul) passaram doze meses na cidade de Cuito Canaval, em Angola, teatro dos mais dramáticos confrontos entre os três países. Apresentado em 1998 na África do Sul, o projecto tornou-se mais rico com a adesão de seis novos artistas.
Angola : Fernando Alvim, Paulo Capela
Cuba : Sandra Ceballos, Carlos Garaicoa
África do Sul : Wayne Barker, Lien Botha, Moshekwa Langa, Colin Richards, Gavin Younge

Memórias íntimas marcas is a travelling multimedia exhibition, initiated by Fernando Alvim, around the theme of the Angolan war. In 1997, Fernando Alvim (Angola), Carlos Garaicoa (Cuba) and Gavin Younge (South Africa) spent 12 months in the town of Cuito Canaval in Angola, the scene of the most dramatic fighting between their three countries. Presented in 1998 in South Africa, the project has gained 6 new artists.
Angola: Fernando Alvim, Paulo Capela
Cuba: Sandra Ceballos, Carlos Garaicoa
South Africa: Wayne Barker, Lien Botha, Moshekwa Langa, Colin Richards, Gavin Younge.

Memórias íntimas marcas est une exposition multimédia itinérante – initiée par Fernando Alvim – autour du thème de la guerre angolaise. En 1997, Fernando Alvim (Angola), Carlos Garaicoa (Cuba) et Gavin Younge (Afrique du Sud) ont passé 12 mois dans la ville de Cuito Canaval en Angola, théâtre des plus dramatiques affrontements entre leurs trois pays. Présenté en 1998 en Afrique du Sud, le projet s'est enrichi de 6 nouveaux artistes.

Fernando Alvim nasceu em 1963 em Luanda, Angola. Instalado na Bélgica desde 1987, vive hoje entre Bruxelas, Joanesburgo e Luanda.
Fernando Alvim was born in Luanda, Angola in 1963. He settled in Belgium in 1987 and splits his time between Brussels, Johannesburg and Luanda.
Fernando Alvim est né en 1963 à Luanda, Angola. Installé en Belgique depuis 1987, il vit aujourd'hui entre Bruxelles, Johannesburg et Luanda.

Principais exposições / Main exhibitions / ***Principales expositions :***
1994 : Bourges, France, Bruxelles, Belgique
1995 : Biennale de Johannesburg, Afrique du Sud, Luanda, Angola, Bruxelles, Belgique
1996 : Tel Aviv, Israël, exposition itinérante Libreville, Brazzaville, Kinshasa, Maputo
1997 : Biennale de La Havane, Cuba, Luanda, Angola, Cape Town, Afrique du Sud

Itinerário / Itinerary / ***Itinérance 1998 :***
Avril : Electric Workshop, Johannesburg, Afrique du Sud
Juin : African Window Museum, Pretoria, Afrique du Sud
Juillet : Luanda, Angola
Septembre : Instituto de Arte Contemporânea – Ministério da Cultura, Lisboa, Portugal
Décembre : Unesco, Paris, France

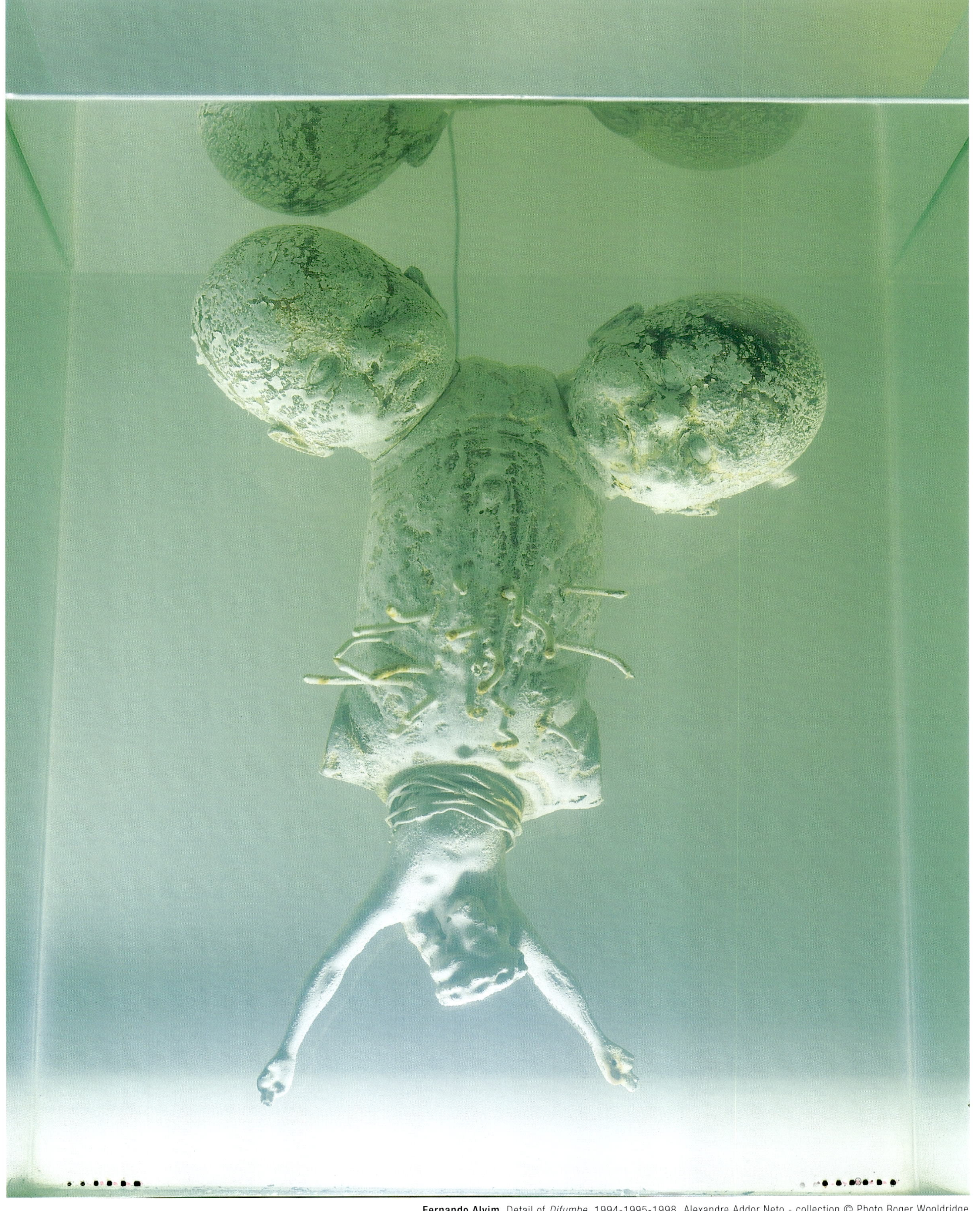

Fernando Alvim, Detail of *Difumbe*, 1994-1995-1998, Alexandre Addor Neto - collection © Photo Roger Wooldridge

Danse à Luanda

DANÇA EM LUANDA / DANCE IN LUANDA

A dança contemporânea continua a ser a menos conhecida das expressões artísticas. Exporta-se mal, e portanto conhece-se mal. Talvez por correr a lenda que a África tem a dança no corpo, nunca se viram na Europa tantos cursos de dança africana, em que um negro, ex-desempregado de olhar louco, bate furiosamente num tambor, acompanhando as gesticulações desenfreadas de um bando de groupies coradas como lagostas, esgotadas mas felizes. É sabido que a África dança desde a noite dos tempos. Os filmes etnológicos, os grupos nacionais tão populares nos anos 60 e a barafunda entusiasta mas insuportavelmente obsoleta com que os Estados africanos recebem os convidados estrangeiros, aí estão para o recordar. O folclore não come pão e é sempre simpático. Se bem que não seja fácil imaginar a reacção de Clinton se Paris o recebesse à saída do avião com meia hora de « bourrée », um concerto de música céltica e um tabuleiro de queijos da Córsega não pasteurizados. Os Encontros Coreográficos de Luanda nasceram para reparar uma injustiça secular e lavar a afronta permanente feita à imagem da dança africana. Para provar que a África sabe fazer mais que agachar-se na poeira, a perna direita encolhida na horizontal, o corpo curvado, com três plumas de cacatua enfiados no... fundo das costas.

Dançou-se em Luanda. Quatro dias de excertos de coreografias, de conferências e de debates com, à laia de girândola final, um master class dirigido por Germaine Acogny, directora artística destes segundos encontros. Os mais velhos recordarão uma Diva Acogny temível marcando o ritmo aos alunos no seu templo de Mudra Afrique, em Dakar, nos anos 70. A América negra pôde fazer a sua revolução coreográfica graças ao Harlem Renaissance em 1920 e depois com o Movimento de Direitos Cívicos em 1960, que catalizaram a tomada de consciência de uma herança cultural e a necessidade de possuir uma linguagem artística própria. Os coreógrafos Bill T. Jones e Ron Brown são os seus prolongamentos contemporâneos. >

La danse contemporaine reste la moins connue des expressions artistiques. Elle s'exporte peu, donc on la connaît peu. Peut être parce que la légende veut que l'Afrique ait la danse dans la peau, on ne compte plus en Europe le nombre de cours de danse africaine où un noir, ancien chômeur au regard de fou, tape furieusement sur un tambour pour accompagner les gesticulations débridées d'une palette de groupies rouge-écrevisse épuisées mais heureuses. Bien sûr on sait que l'Afrique danse depuis la nuit des temps. Les films ethnologiques, les troupes nationales si populaires dans les années 60 et le fatras enthousiaste mais insupportablement obsolète avec lequel les États africains reçoivent leurs hôtes étrangers sont là pour le rappeler. Le folklore ne mange pas de pain et fait toujours plaisir. Même si l'on n'ose imaginer la réaction de Clinton si Paris l'accueillait à sa descente d'avion avec 30 minutes de bourrée, un concert de musique celtique et un plateau de fromage corse non pasteurisé. Pour réparer une injustice séculaire et laver l'affront permanent fait à l'image de la danse africaine, les Rencontres Chorégraphiques de Luanda sont nées. Pour prouver que l'Afrique sait faire autre chose que s'accroupir dans la poussière, la jambe droite recroquevillée à l'horizontale, le corps arc-bouté avec trois plumes de cacatoès plantées dans le... dos.

On a dansé à Luanda. Quatre jours d'extraits de chorégraphies, de conférences et de discussions avec en bouquet final un master class dirigé par Germaine Acogny, directrice artistique de ces deuxièmes rencontres. Les anciens se souviendront d'une Diva Acogny redoutable donnant le rythme à ses élèves dans son temple de Mudra Afrique à Dakar dans les années 70. L'Amérique noire a pu faire sa révolution chorégraphique grâce au Harlem Renaissance en 1920 puis au Mouvement des Droits Civiques en 1960 qui ont catalysé la prise de conscience d'un héritage culturel et la nécessité de posséder un langage artistique propre. Les chorégraphes Bill T. Jones et Ron Brown en sont le prolongement contemporain. Malgré le travail des pionniers en Afrique, les festivals de >>>

Contemporary dance is one of today's lesser known artistic expressions. It is rarely exported therefore rarely discovered. Legend has it that Africa has dance in its bones: this may be why Europe offers countless African dance classes given by formerly unemployed, wild-eyed black guys banging away on drums to accompany the crazed movements of a bunch of red-faced groupies, exhausted but happy. Of course everyone knows that Africa has been dancing since time began. Ethnological films, national troupes that were popular in the 60's and the enthusiastic but unbearably obsolete hullabaloo with which African states welcome their foreign state visitors are here to remind us of that. Folklore is no big deal and it's always enjoyable. Though one can hardly imagine Clinton's reaction if Paris welcomed him off his plane with a 30 minute dance, a Celtic music concert and a plate of unpasteurised Corsican goat's cheese. The Choreographic Meeting in Luanda was created to make amends for an age-old injustice and erase the permanent insult to the image of African dance. To prove that Africans can do more than crouch in the dust, right leg stretched out and body braced, with three cockatoo feathers pinned to their... back. >>

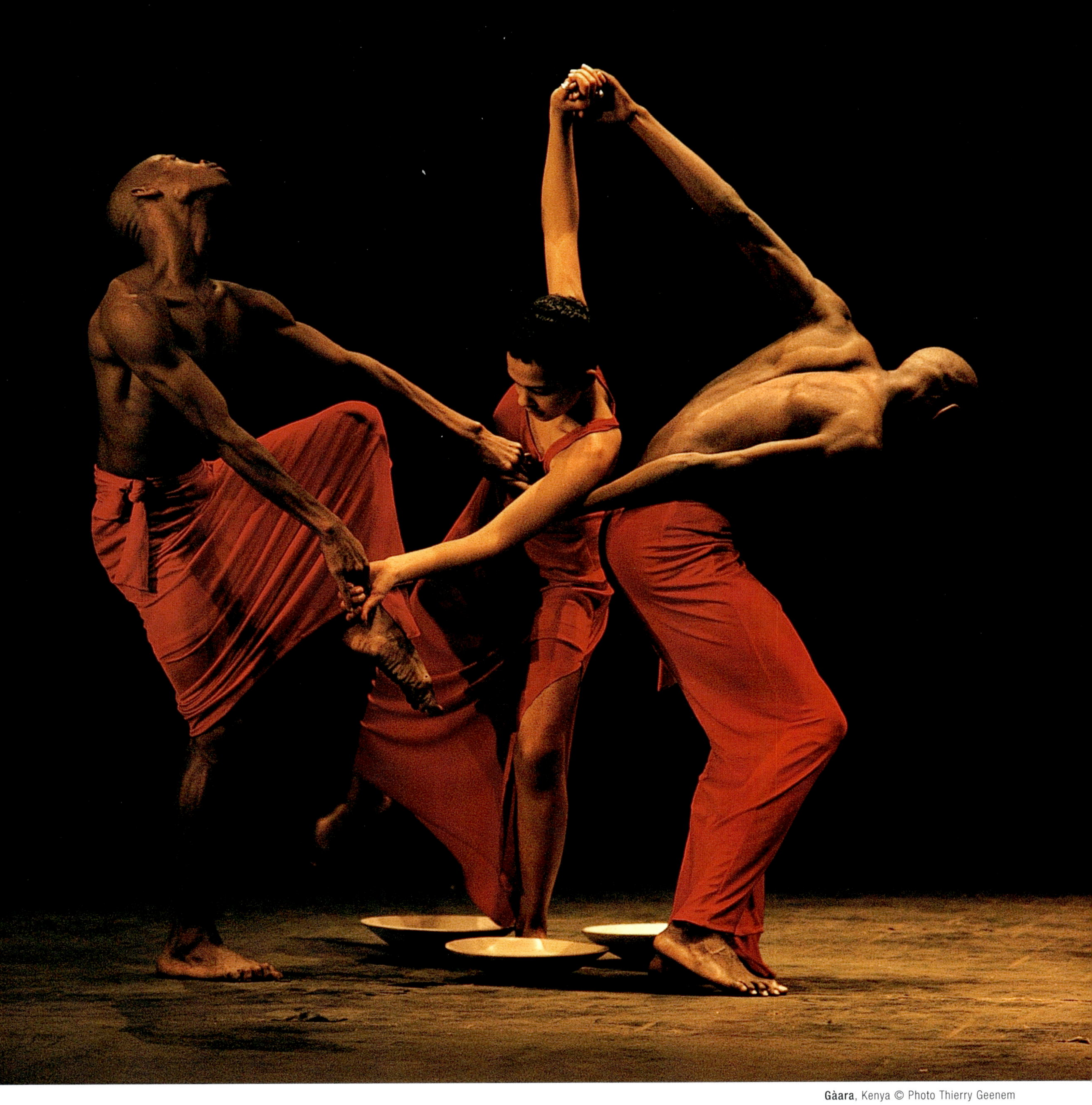

Gàara, Kenya © Photo Thierry Geenem

> Apesar do trabalho dos pioneiros em África, os festivais de dança na Europa, como Mama Africa em 1994 e Aquarela do Brasil em 1996 em Lyon, as publicações especiais* e a criação dos Encontros de Luanda em 1995, continua a faltar nos dias de hoje uma imagem forte da dança africana contemporânea.

Os estilos abundam um pouco por toda a parte. Na falta de acesso à actualidade, às diferentes tendências e às pesquisas pessoais de uns e outros, cada companhia inventa as suas próprias referências ou serve-se das dos seus antigos professores. *Angora* (Madagáscar), ao optar pelo caminho arriscado da originalidade >

>> There was dancing in Luanda. Four days of choreographic extracts, conferences and discussions, topped off by a master-class led by Germaine Acogny, art director of this second Meeting. Our older readers will remember Diva Acogny beating time for her pupils in her Mudra Africa temple in Dakar in the 70's. Black America underwent its choreographic revolution thanks to Harlem Renaissance in 1920 and the Civil Rights Movement in 1960, both of which catalysed awareness of a cultural heritage and the need to possess a personal artistic language. Choreographers Bill T. Jones and Ron Brown are the contemporary prolongation of this awareness. Despite the hard work of pioneers in Africa, dance festivals in >>

>>> danse en Europe tels que Mama Africa en 1994 et Aquarela do Brasil en 1996 à Lyon, des publications spéciales* et la création des Rencontres de Luanda en 1995, il manque encore aujourd'hui une image forte de la danse africaine contemporaine.

Les styles foisonnent un peu partout. Faute d'accès à l'actualité, aux différentes tendances et aux recherches personnelles des uns et des autres, chaque compagnie invente ses propres repères ou emprunte inconsciemment ceux de ses anciens professeurs. *Angora* (Madagascar), en optant pour le chemin hasardeux de l'originalité avec >>>

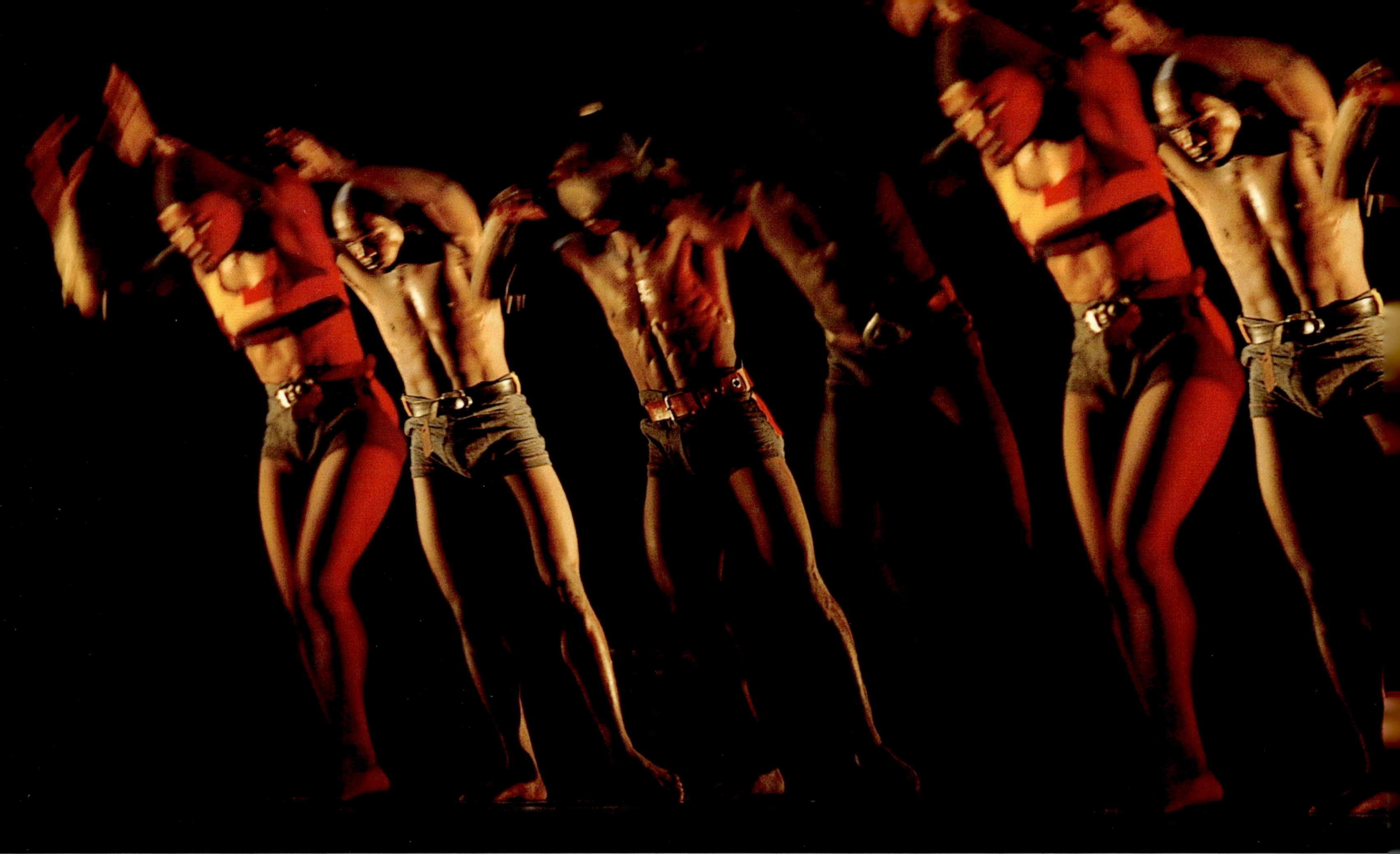

> com Diaspora, jogou a carta da dramatização a ponto de quase se esquecer de dançar. O ballet-teatro esteve presente com *Daffrah Kanh* (Burkina Faso), *Omitun Cultural Dancers* (Nigéria) e a *National Dance Company of Ghana*, que se colocaram involuntariamente à margem da competição. Ao apresentarem todos eles um género tão caro à África das independências perante um público dotado dos mais variados graus de percepção, acabaram por criar a confusão na sala. Espectáculos com uma linguagem codificada, recheados de referências culturais inacessíveis, viram voltar-se contra si a fúria do público. Mas será realmente culpa deles se não houve quem entendesse o seu projecto ? À força de não querer desagradar a ninguém, acabou por se melindrar quase toda a gente. O uso do « politically correct » que faz furor no Ocidente, semeou tempestades em Luanda. Ao evitar-se cuidadosamente o termo « contemporânea », não definindo claramente as regras de selecção e os critérios do júri, deixou-se toda a gente perdida em conjecturas. *De que dança estamos a falar* ?, exclamou exasperado o coreógrafo do Gana. A panóplia de ocidentais convidados para a circunstância traz alguma luz a este delicado problema que ninguém ousou levantar : a África dançou para o Norte, com critérios artísticos fixados pelo Norte e sobretudo com a imagem que o Norte tem da dança em África. Nada de estranhar, quando se sabe que os organizadores destes encontros e a quase totalidade do júri vêm do Norte. E afundamo-nos um pouco mais no quiproquo quando se sabe que todos os coreógrafos convidados dançam sobretudo para um público africano. Mas há que sermos reconhecidos. Os três premiados terão a oportunidade de participar no festival de Montpellier Dance >

>> Europe, like Mama Africa in 1994 and Aquarela do Brasil in Lyon in 1996, special publications* and the creation of the Luanda Meeting in 1995, African contemporary dance still lacks a strong image.

Styles abound. As they lack access to the news, different trends and personal research of other dancers, each company invents its own references or unconsciously borrows those of its former teachers. By opting for the tricky path of originality with *Diaspora*, *Angora* (Madagascar) gambled on dramatisation to the point of almost forgetting to dance. Ballet-theatre was represented by *Daffrah Kanh* (Burkina Faso), the *Omitun Cultural Dancers* (Nigeria) and *The National Dance Company of Ghana* who remained on the fringe of the competition despite themselves. They created confusion by each presenting a style much loved by the Africa of Independence to an audience with very differing degrees of perception. Performances in code language littered with inaccessible cultural references riled the public. But was it really their fault that no-one understood what they were trying to do? By trying not to upset anyone, nearly everyone was offended. The « >>

>>> *Diaspora*, a joué la carte de la dramatisation au point d'en oublier presque de danser. Le ballet-théâtre était présent avec *Daffrah Kanh* (Burkina Faso), l'*Omitun Cultural Dancers* (Nigéria) et le *National Dance Company of Ghana* qui se sont placés malgré eux en marge de la compétition. En présentant chacun un genre si cher à l'Afrique des indépendances face à un public doté de degrés de perception disparate, ils ont créé la confusion dans la salle. Des spectacles au langage codé, truffés de références culturelles inaccessibles s'attirèrent les foudres du public. Mais est-ce vraiment de leur faute si personne n'a compris le pourquoi de leur démarche ? À force de ne vouloir mécontenter personne, on a froissé presque tout le monde. L'usage du « politically correct » qui fait des ravages en Occident, a semé la tempête à Luanda. En évitant soigneusement le terme contemporain, en ne définissant pas clairement les critères de sélection et les motivations du jury, tout le monde s'est égaré en conjectures. *De quelle danse parle-t-on ?* s'est exclamé excédé le chorégraphe ghanéen. La brochette d'occidentaux invités pour la circonstance apporte la lumière à ce problème délicat que personne n'a osé soulever : l'Afrique a dansé pour le Nord, avec des critères artistiques fixés par le Nord et surtout avec l'image que le Nord se fait de l'avenir de la danse en Afrique. Quoi de plus normal puisque les organisateurs de ces rencontres et la quasi totalité du jury viennent du Nord. Et on s'enfonce un peu plus dans le quiproquo quand on sait que tous les chorégraphes invités dansent avant tout devant un public africain. Mais il faut être reconnaissant. Les trois lauréats auront la chance de participer au Festival Montpellier Dance 98 dont le directeur était membre du jury. Juge et parti ? Là aussi personne n'a voulu répondre et l'adage pragmatique *on n'est jamais mieux servi que par soi-même* est venu calmer les esprits suspicieux.

La prestation sans faute de *Salia nï Seydou* (Burkina Faso) a définitivement réconcilié tout le monde. Anciens élèves de Mathilde Monnier, ils ont fait le consen- >>>

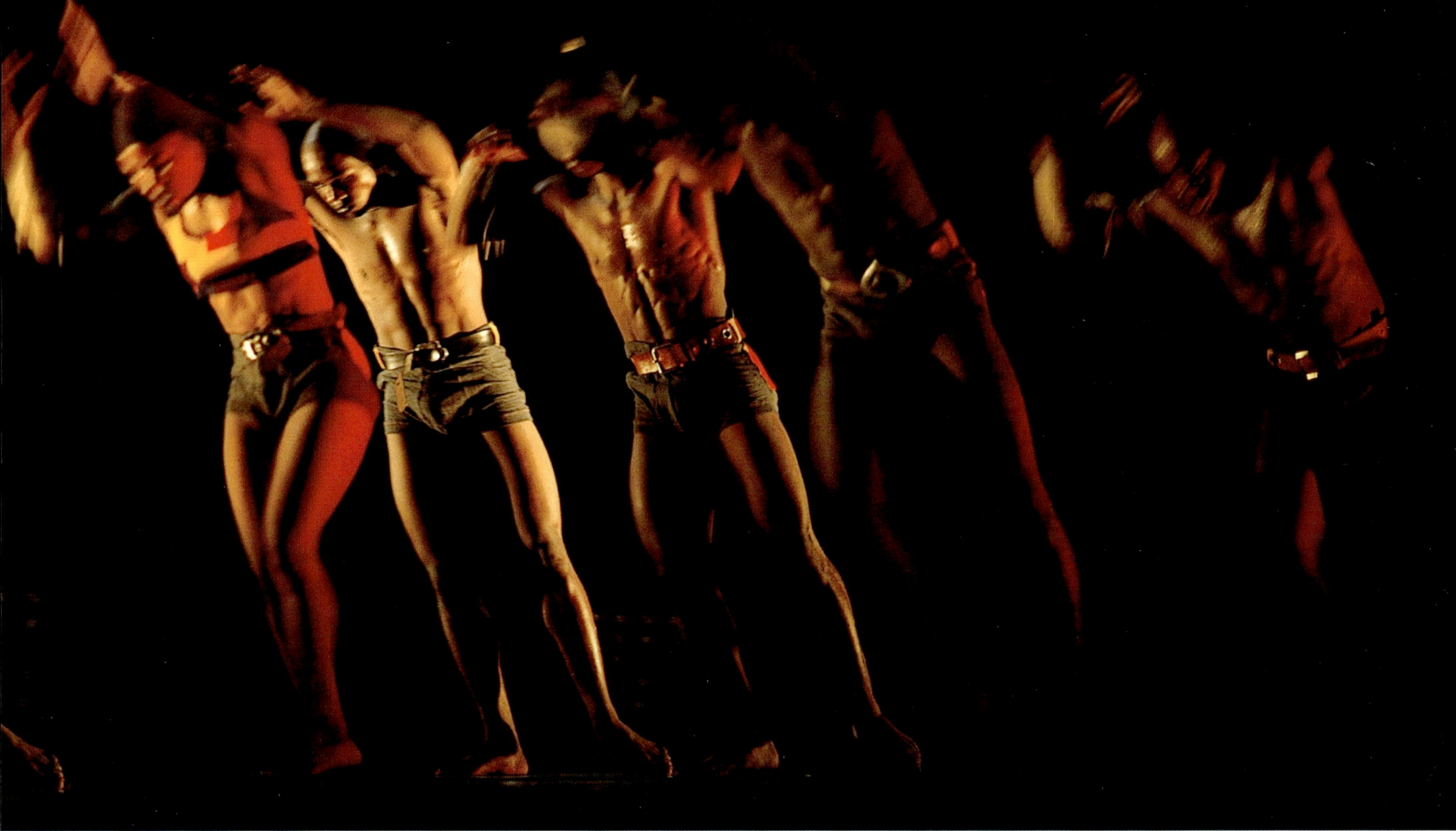

Nsoleh, Côte d'Ivoire © Photo Rui Tavares

> 98, cujo director era membro do júri. Juiz e parte ? Também neste caso não houve quem quisesse responder e o adágio pragmático « Quem quer vai, quem não quer manda » pode servir para acalmar os espíritos suspeitosos.

A prestação sem falhas de *Salia nï Seydou* (Burkina Faso) reconciliou definitivamente toda a gente. Antigos alunos de Mathilde Monnier, coube-lhes estabelecer o consenso. Já presentes nos Encontros de 95, souberam desde então encontrar o seu próprio estilo e hoje contam com uma reputação assente. A experiência de palco e a maturidade coreográfica coloca-os num lugar cimeiro. Outra professional do palco : Julie Dossavie (coreógrafa parisiense convidada) que semeou a confusão entre o público e certos bailarinos com *Go*. Uma coreografia urbana, com uma técnica segura, onde passos de dança, mimo e vídeo alternam, apoiados num tempo de um DJ emérito. *Não é nada que não se veja na Europa e nas Américas !* Ainda bem ! Pois que esta reflexão bastante primária esconde as limitações dos espectadores para poderem absorver formas artísticas diferentes. Um público surpreendente pelas suas reacções. O *Jeune Ballet d'Afrique Noire* (Costa do Marfim), qualificado como neoclássico por um membro do júri, recebeu uma ovação da sala. *Djigui ni Hami* fala do sofrimento, do isolamento e da esperança. A prestação das cinco mulheres todas de branco tem o mérito de não ser aparatosa. Elegância, sobriedade, contenção. Uma dança de interioridade com um tom de pudor. No oposto desta economia de movimentos, mas igualmente aclamado por um público entusiasta, *N'Soleh* (Costa do Marfim) com *Corps Actif*, que fala das capacidades físicas e morais de um >

>> political correctness » that has ravaged the West wreaked its havoc in Luanda. The term « contemporary » was carefully avoided and nobody clearly defined the selection criteria or the jury's motivations, so everyone got lost in hypotheses. *What kind of dance are we talking about?* exclaimed the exasperated Ghanaian choreographer. The line-up of Westerners invited for the occasion shed light on this touchy subject that nobody dared mention : Africa was dancing for the North, with artistic criteria set by the North and with the image the North has of the future of dance in Africa. Nothing unusual about that, seeing as the organisers and almost the whole jury came from the North. And the misunderstanding deepens when you know that the guest choreographers dance primarily for African audiences. But we must be grateful. The three prize-winners will be able to take part in the Montpellier Dance 98 Festival, the director of which was a member of the jury. Judging for himself ? Nobody wanted to answer that question either and the old pragmatic saying, « a job's never as well done as when you do it yourself », appeased suspicious minds.

Sali nï Seydou's faultless presentation (Burkina Faso) definitively reconciled everyone: Mathilde Monnier's former students met with unanimous approval. Already present for the first Meeting in 95, they have since found their own style and have made a name for themselves. Their stage experience and choreographic maturity have put them ahead of the ranks. Another stage professional, Julie Dossavie (a Parisian guest choreographer) perturbed the audience and some of the dancers with *Go*: a technically masterful urban choreography that alternates between dance steps, mime and video to the tempo of a >>

>>> sus. Déjà présents aux premières rencontres de 95, ils ont su depuis trouver leur propre style et leur réputation n'est plus à faire. Leur expérience de la scène et leur maturité chorégraphique les placent en tête de file. Autre professionnelle de la scène avec Julie Dossavie (chorégraphe Parisienne invitée) qui a semé le trouble parmi le public et certains danseurs avec *Go*. Une chorégraphie urbaine à la technique maîtrisée où pas-de-danse, mime et vidéo alternent, soutenus par le tempo d'un DJ émérite. *On peut voir cela en Europe ou aux Amériques !* Heureusement. Car derrière cette réflexion assez primaire, se cachent les limites des spectateurs à pouvoir absorber des formes artistiques différentes. Un public étonnant par ses réactions. Le *Jeune Ballet d'Afrique Noire* (Côte d'Ivoire), qualifié de néoclassique par un membre du jury, fut ovationné par la salle. *Djigui ni Hami* parle de la souffrance, de l'isolement et de l'espoir. La prestation des cinq femmes toutes de blanc vêtues a le mérite de ne pas être ostentatoire. Élégance, sobriété, retenue. Une danse de l'intérieur aux accents pudiques. À l'opposé de cette économie de mouvements mais tout aussi salué par un public enthousiaste, il y a *N'Soleh* (Côte d'Ivoire) avec *Corps actif* qui parle des capacités physiques et morales d'un danseur. Et comme toujours avec *N'Soleh*, la chorégraphie est très physique : les corps musclés s'élancent, se jettent au sol, se rattrapent en l'air, s'entrechoquent, s'agrippent et s'écroulent. L'effet escompté est atteint : le public est im-pres-sion-né. Alors un danseur s'assoit, regarde son corps malmené qui ne lui répond plus. Il enta- >>>

> dançarino. E como sempre acontece com *N'Soleh*, a coreografia é muito física : corpos musculosos distendem-se, lançam-se ao solo, reerguem-se ainda no ar, entrechocam-se, agarram-se e abatem-se. Consegue-se o efeito esperado : o público fica im-pres-sio-na-do. Então, um bailarino senta-se, contempla o seu corpo maltratado que já não lhe responde. Lança-se num monólogo enquanto a dúvida se instala no seu espírito... e no meu, que se interroga se *N'Soleh* poderá algum dia ir além do espectacular e aprender a dosear melhor a sua energia.

A *Companhia Nacional de Canto e Dança* (Moçambique) permitiu ao público voltar a si, optando pela via da prudência. Uma coreografia tímida, muito clássica, sem risco e sem personalidade. O mesmo erro com o *JazzArt Dance Theatre* (África do Sul), que se colocou em falso ao apresentar uma compilação de exercícios de estilo. Através de três sequências, os dois bailarinos, envergando tapa-sexos de pano cru, passaram do clássico aos « passos de dança zulu » sem transição e sem qualquer encenação. Provaram no entanto uma coisa : técnica é com eles. Plein, délié, arabesco, entrechat, salto de gazela... Nesta embrulhada de figuras eruditas, que nos deixam em dúvida se estarão verdadeiramente adaptadas à circunstância, *Gàara* trouxe-nos uma salutar lufada de ar fresco com *Cleansing*. Uma coreografia em três quadros, toda delicadeza, humor e subtileza, glosando os diversos aspectos da limpeza e da purificação : das forçosas tarefas domésticas aos códigos da etiqueta social, do ritual do renascimento às guerras de purificação étnica, o tema recorrente desenvolve-se sob todas as formas divertidas ou graves numa encenação depurada. Este conceito que se interroga acerca da fobia e da busca do estado de pureza, navega desenvoltamente entre dança, mimo e ritual. Uma linguagem dos corpos que explora com talento as obsessões nevróticas da natureza humana.

Mas o momento mais intenso destes Encontros foi a prestação das Companhias do Burkina Faso e da Costa do Marfim no Bar de Mi na noite dos resultados do concurso. Tomaram de assalto o espaço, puseram a andar os músicos angolanos e aquilo que se anunciava como uma noite compostinha depressa se transformou numa folia endiabrada para grande alegria dos presentes. Com um acompanhamento de percussões, sucederam-se as danças tradicionais, populares e de rua, confirmando as capacidades de fusão de estilos de uma zona geográfica. O sabar da África Ocidental deu origem a uma dança do mbalax (Senegal) sofisticada, de que se descobrem elementos na coreógrafa americana Jawolle Willa Jo Zollar ; o bikutsi da Costa do Marfim trocou a sua aldeia pelo palco, transitando pelas boîtes de Trechville. A América próspera alimenta-se mais vezes do que o que se pensa destas danças, de que depois o rap e coreógrafos de todos os tipos se reapropriam. Mas para além destas questiúnculas de reivindicação de paternidade de uma ou outra criação, a espontaneidade do gesto e do talento teve ali a sua expressão, calando o bico aos « especialistas », muitas vezes incapazes de fazer a distinção entre passado, presente e futuro de uma dança de que continuam a ignorar a história. E nessa noite coube à África e aos seus bailarinos a última palavra. >

>> skilled DJ. *You can see that in Europe or America!* Luckily. For this somewhat limited comment reveals the audience's limited capacity to absorb different artistic forms. And the audience had surprising reactions. The *Jeune Ballet d'Afrique Noire* (Ivory Coast), qualified as neo-classical by a member of the jury, received a standing ovation. *Djigui ni Hami* is about suffering, isolation and hope. The five white-clad women's performance had the merit of being unostentatious. Elegance, sobriety, restraint. An inner dance with a modest feel and sparse movement. Quite the opposite of this minimalistic approach, *N'Soleh* (Ivory Coast) received an equally enthusiastic response for *Corps actif*, which evokes the physical and moral capacities of a dancer. As always with *N'Soleh*, the choreography was very physical: muscular bodies leap into the air, fall to the ground, crash into, cling onto and catch each other mid-flight before collapsing on the floor. They achieved the desired effect: the public was most impressed. Then a dancer sat down and looked at his mistreated, unresponsive body before launching into a monologue and starting to doubt... He wasn't the only one : I'm beginning to wonder whether *N'Soleh* will ever manage to transcend the spectacular and learn to balance out their energy better.

The *Companhia Nacional de Canto e Dança* (Mozambique) gave the audience the chance to recover by erring on the side of caution. A very classical choreography that took no risks and had no personality. *JazzArt Dance Theatre* made the same mistake by treading dodgy ground with a compilation of exercises in style. In three scenes, the two dancers (clad in ecru G-strings) went from classical steps to Zulu dancing with no transition or proper staging. But they did prove one thing: they know all about technique. Arabesques, entrechats, spring leaps... In the midst of this medley of skilful figures which may not have been truly adapted for the occasion, *Gàara* provided a welcome breath of fresh air with *Cleansing*. A humorous, subtle choreography in three sets on the different aspects of cleansing and purification : from the unavoidable drudge of domestic chores to the codes of social etiquette, from the ritual of rebirth to the ethnic cleansing wars, the recurring theme cropped up in serious or funny form in a refined production. The concept, which questioned phobias and the quest for purity, navigated smoothly between dance, mime and ritual. A body language that explored the neurotic obsessions of human nature with great talent.

But the real highlight of the Meeting was the performance given by the Burkina Faso and Ivory Coast companies at the *bar de Mi* on the night of the competition results. They stormed in, dispatched the Angolan musicians, and turned what was supposed to be an orderly evening into a frenzied farandole, much to the public's delight. Accompanied by drums, a succession of traditional, popular and street dances confirmed the fact that a geographical zone can create a fusion of styles. The West African sabar has created a sophisticated mbalax dance (Senegal), elements of which crop up in American choreographer Jawolle Willa Jo Zollar's work. The Ivory Coast bikutsi has left the village square and hit the stage after a spell in the nightclubs of Trechville, and prosperous America often feeds off these dances, reappropriated by rappers and choreographers of all kinds. But beyond these squabbles to claim paternity for this or that creation, spontaneous gestures and talent were expressed, buttoning the mouths of the « specialists » who are often incapable of distinguishing between the past, present and future of a dance whose history they don't always fully grasp. That night, Africa and its dancers had the last word. >>

>>> me un monologue tandis que le doute s'installe dans son esprit... et dans le mien qui se demande si *N'Soleh* pourra un jour aller au delà du spectaculaire et apprendre à mieux doser son énergie.

La *Companhia Nacional de Canto e Dança* (Mozambique) a permis au public de recouvrer ses esprits en optant pour la voie de la prudence. Une chorégraphie frileuse, très classique, sans risque et sans personnalité. Même erreur avec le *JazzArt Dance Theatre* (Afrique du Sud) qui s'est placé en porte-à-faux en présentant une compilation d'exercices de styles. En trois séquences, les deux danseurs revêtus de caches sexes écrus sont passés du classique aux pas zoulou sans transition et sans mise en scène. Ils ont néanmoins prouvé une chose : la technique c'est leur affaire. Plein, délié, arabesque, entrechat, saut de biche... Dans cet imbroglio de figures savantes dont on se demande si elles sont vraiment adaptées à la circonstance, *Gàara* a apporté un vent de fraîcheur salutaire avec *Cleansing*. Une chorégraphie en trois tableaux toute en finesse, humour et subtilité sur les différents aspects du nettoyage et de la purification : de l'incontournable corvée des tâches domestiques aux codes de l'étiquette sociale, du rituel de la renaissance aux guerres de purification ethnique, le thème récurrent intervient sous des formes drôles ou graves dans une mise en scène épurée. Ce concept qui s'interroge sur la phobie et la quête de l'état pur, navigue aisément entre danse, mime et rituel. Un langage des corps qui explore avec talent les obsessions névrotiques de la nature humaine.

Mais le moment le plus fort de ces Rencontres fut la prestation des compagnies du Burkina Faso et de Côte d'Ivoire au *bar de Mi* le soir des résultats du concours. Ils ont pris l'espace d'assaut, viré les musiciens angolais et ce qui devait être une soirée proprette s'est vite transformée en farandole endiablée pour le plus grand ravissement du public. Accompagnées de percussions, les danses traditionnelles, populaires et de rue se sont succédées confirmant la capacité d'une zone géographique à fusionner les styles. Le sabar d'Afrique de l'Ouest a donné naissance à une danse du mbalax (Sénégal) sophistiquée dont on retrouve des éléments chez la chorégraphe américaine Jawolle Willa Jo Zollar, le bikutsi ivoirien a quitté son village pour la scène en transitant par les boîtes de nuit de Trechville, et l'Amérique prospère se nourrit plus souvent qu'on ne le croit de ces danses que se réaproprient ensuite rappeurs et chorégraphes de tous bords. Mais au-delà de ces ergotages de revendication de paternité de telle ou telle création, la spontanéité du geste et du talent s'est exprimée, clouant le bec aux « spécialistes » souvent incapables de faire la différence entre passé, présent et futur d'une danse dont ils ne maîtrisent pas toujours l'histoire. Et ce soir-là, l'Afrique et ses danseurs ont eu le dernier mot. >>>

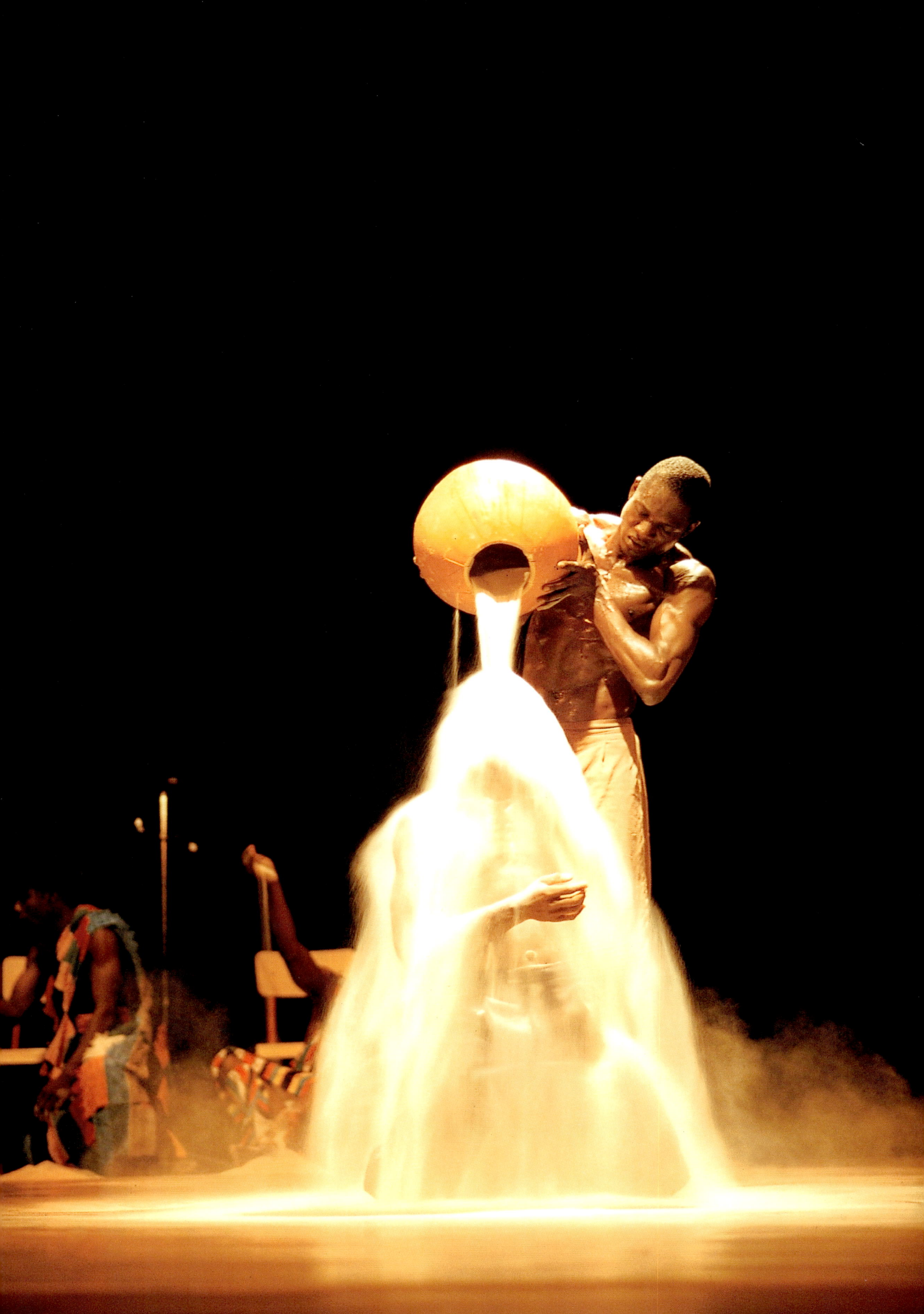

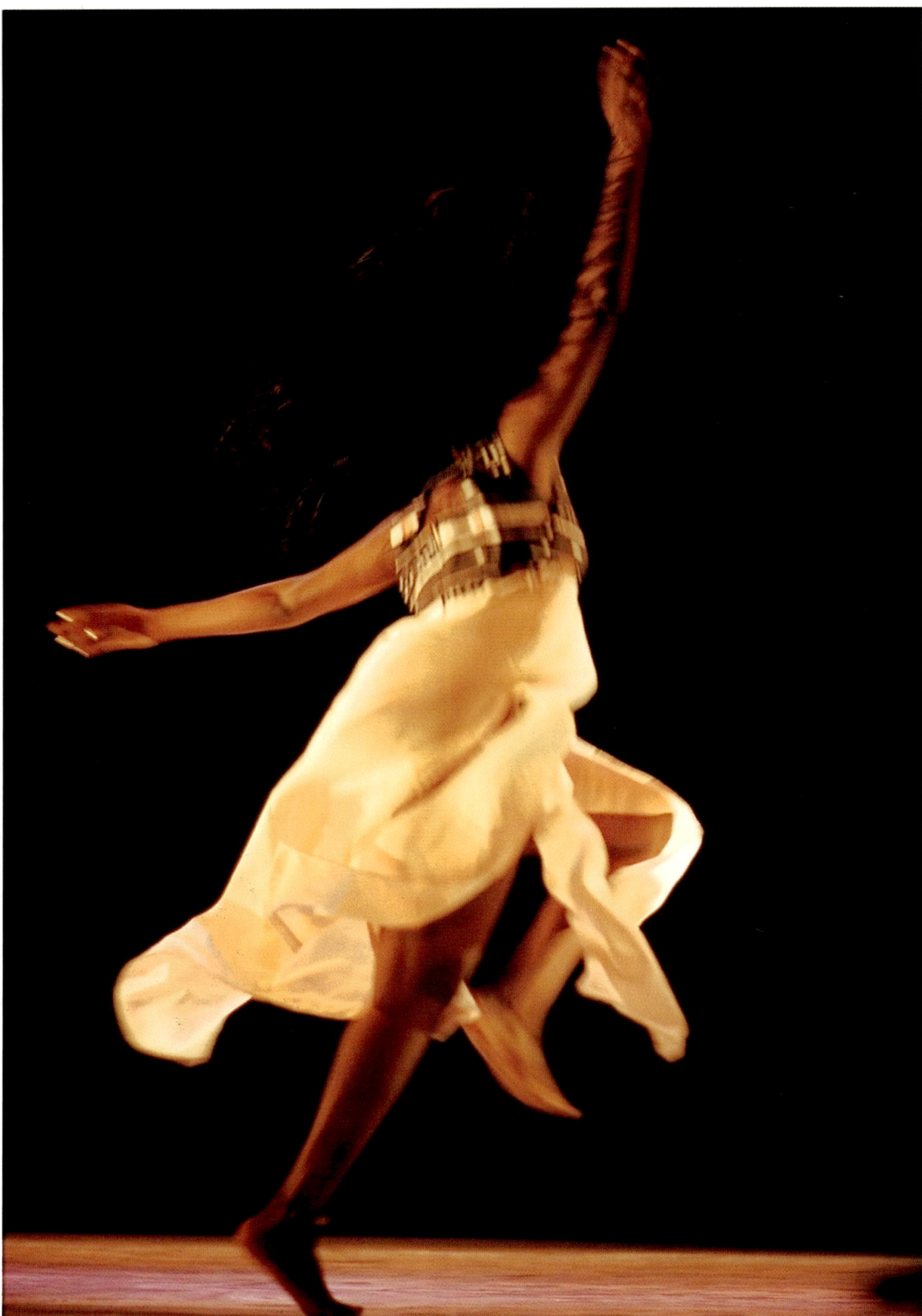

Jeune Ballet d'Afrique Noire, Côte d'Ivoire © Photo Rui Tavares

COMPANHIAS PRESENTES EM LUANDA
LES COMPAGNIE PRÉSENTES À LUANDA

JazzArt Dance Theatre, Afrique du Sud
Salia nï Seydou, Burkina Faso
Daffrah Kanh, Burkina Faso
N'Soleh, Côte d'Ivoire
Jeune Ballet d'Afrique Noire, Côte d'Ivoire
National Dance Company, Ghana
Gàara, Kenya
Angora, Madagascar
Companhia Nacional de Canto e Dança, Mozambique
Omitun Cultural Dancers, Nigéria
> N'Soleh, Côte d'Ivoire (1er prix)
> Salia nï Seydou, Burkina Faso (2e prix)
> Gàara, Kenya (3e prix)
> Omitun Cultural Dancers, Nigéria (Prix spécial du jury)

> Uma semana depois destes Encontros Coreográficos teve lugar o Dia da Dança, criado há alguns anos pela coreógrafa angolana Ana Clara Guerra Marques e patrocinado pelo Ministério da Cultura de Angola. Uma tarde de apresentação de extractos de coreografias pelos diferentes grupos e pela escola de dança de Luanda (dança tradicional, clássica, moderna e contemporânea). É de lamentar que os Encontros Coreográficos se tenham realizado à margem de uma manifestação local que permite a todos mostrar a evolução do seu trabalho tanto no plano técnico como no da pesquisa estética. E o termo « encontros », base indispensável para o intercâmbio e portanto para a evolução, não foi uma realidade entre as companhias convidadas e a cidade anfitriã, cujos habitantes mais uma vez não se sentiram parte da efervescência do momento.

Tradução Zé Lima.
* Revue Noire, n° 14 & 22

>> Dance Day took place a week after the Choreographic Meeting. It was set up a few years ago by Angolan choreographer Ana Clara Guerra Marques and is sponsored by the Angolan Ministry of Culture. An afternoon of choreographic excerpts performed by Luanda troupes and the Luanda dance school (traditional, classical, modern and contemporary dance). It is a pity to note that the Choreographic Meeting was held apart from a local event that let every participant demonstrate the technical and aesthetic evolution of their work. And the notion of «meeting», the very essence of exchange and therefore evolution, was sorely lacking in Luanda between the guest companies and the host town, whose inhabitants did not always feel particularly affected by the effervescence of the moment.

Translation Gail de Courcy-Ireland
* Revue Noire N° 14 & 22

>>> Une semaine après ces Rencontres Chorégraphiques a eu lieu la Journée de la Danse instaurée depuis quelques années par la chorégraphe angolaise Ana Clara Guerra Marques et parrainée par le Ministère de la Culture d'Angola. Une après-midi de présentations d'extraits de chorégraphies par les différentes troupes et par l'école de danse de Luanda (danse traditionnelle, classique, moderne et contemporain). Il est regrettable de noter que les Rencontres Chorégraphiques se sont tenues en marge d'une manifestation locale qui permet à chacun de montrer l'évolution de son travail tant sur le plan technique que sur celui de la recherche esthétique. Et le terme « rencontres », pivot indispensable à l'échange et donc à l'évolution, a fait défaut à Luanda entre les compagnies invitées et la ville d'accueil dont les habitants ne se sont pas toujours sentis concernés par l'effervescence du moment.

N.F.
*** Revue Noire n°14 & 22**

Compagnie de danse contemporaine CDC

CONTEMPORARY DANCE COMPANY CDC

COMPANHIA DE DANÇA CONTEMPORÂNEA CDC

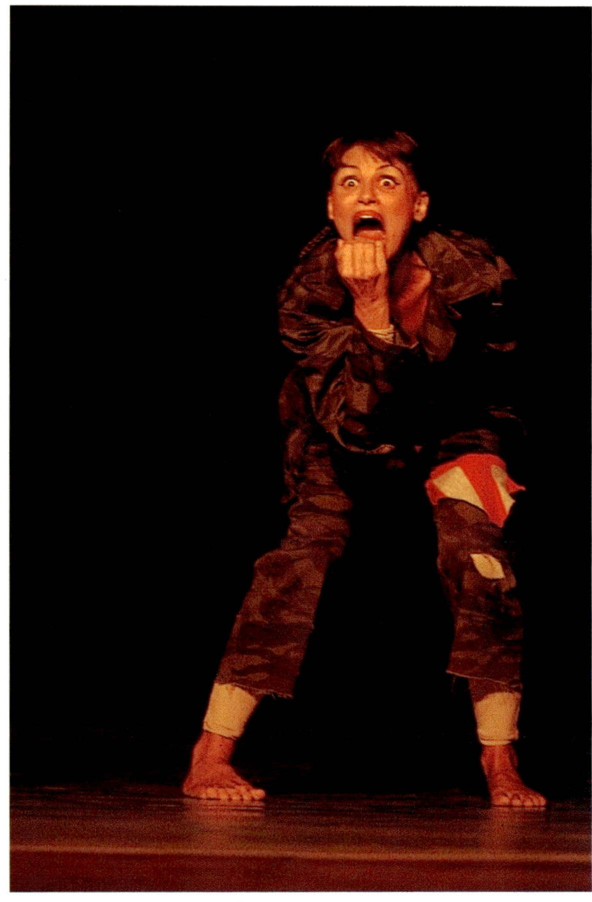

Companhia de Dança Contemporânea © Photo Rui Tavares

CRIAÇÕES / CREATIONS / CRÉATIONS :
1991 > A propósito de Lueji O Corpo
1992 > Mea Culpa O Grito
1993 > Imagem e Movimento
1994 > Palmas, por favor !
1995 > Uma frase qualquer

A CDC, fundada em 1991, apresentou a sua última criação no espectáculo de encerramento dos Encontros Coreográficos de Luanda, em Abril de 1998. *Uma Frase Qualquer... & Outras (frases)* é uma sequência de quadros para a elaboração de uma nova linguagem da dança em Angola. Cruzando as posturas da estatuária e das danças tradicionais com as atitudes urbanas, a peça é um estudo sobre a coabitação entre dança tradicional e contemporânea. Uma nova aposta da CDC, que se espera que atinja o seu objectivo e a maturidade indispensável para tal empresa. « Nunca poderemos esperar fazer dança contemporânea em África se não partirmos da nossa herança cultural », afirmou sem rodeios Ana Clara Guerra Marques, coreógrafa, directora artística e co-fundadora da Companhia. O insólito, o absurdo e o humor, constante pano de fundo das criações da CDC, tornam-se num pretexto para a dissecação da sociedade angolana : a guerra, a violência, a hipocrisia e a indiferença da cidade face aos problemas dos seus habitantes. Pôr o dedo na ferida – a Companhia gosta de rir com o público e de se rir dos seus concidadãos, com a cumplicidade de amigos como Manuel Rui Monteiro e Pepetela para os textos, Jorge Gumbe e António Ole para as pinturas das roupas e dos rostos.

Paralelamente ao seu trabalho de coreógrafa e de professora da Escola de Dança de Luanda, Ana Clara realiza uma série de pesquisas e de estudos no sentido de repertoriar e preservar as danças tradicionais de Angola.

Tradução Zé Lima

The CDC – founded in 1991 – presented its latest creation at the closing evening of the Luanda Choreographic Meeting in April 1998. *Any old phrase... & other (phrases)* is a succession of sets to elaborate a new dance language in Angola. The performance explores the cohabitation between traditional and contemporary dance by crossing statuary postures and traditional dances with urban attitudes,. A new gamble for the CDC. We hope they will reach their goal with the necessary maturity for this kind of venture. « We will never be able to say we are performing contemporary dance in Africa if we don't take our cultural heritage into account », states Ana Clara Guerra Marques, choreographer, art director and co-founder of the company. Oddity, absurdity and humour always lurk in the background of CDC's creations, serving as a pretext to dissect Angolan society: war, violence, hypocrisy and the indifference of the city towards the problems of its inhabitants. Striking where it hurts, the company likes to play with the audience and make fun of its fellow citizens with the complicity of friends like Manuel Rui Monteiro and Pepetela for the texts, Jorge Gumbe and António Ole for the costume and face paintings.

Along with her work as choreographer and teacher at the Luanda dance school, Ana Clara is pursuing a series of investigations and studies to catalogue and preserve the traditional dances of Angola.

La CDC, fondée en 1991, a présenté sa dernière création lors de la soirée finale des Rencontres Chorégraphiques de Luanda d'Avril 1998. *Une phrase quelconque... & d'autres (phrases)* est une suite de tableaux pour l'élaboration d'un nouveau langage de la danse en Angola. En croisant les postures de la statuaire et des danses traditionnelles avec des attitudes urbaines, la pièce est une recherche sur la cohabitation entre danse traditionnelle et contemporaine. Nouveau pari de la CDC dont on espère qu'elle atteindra son objectif et la maturité indispensable à une telle entreprise. « Nous ne pourrons jamais prétendre faire du contemporain en Afrique si nous ne tenons pas compte de notre héritage culturel » a affirmé sans ambages Ana Clara Guerra Marques, chorégraphe, directrice artistique et co-fondatrice de la compagnie. L'insolite, l'absurde et l'humour, toujours en toile de fond dans les créations de la CDC, sont prétexte à une dissection de la société angolaise : la guerre, la violence, l'hypocrisie et l'indifférence de la ville face aux problèmes de ses habitants. Pointer là où ça fait mal, la compagnie aime jouer avec le public et se jouer de ses concitoyens avec la complicité d'amis tels que Manuel Rui Monteiro et Pepetela pour les textes, Jorge Gumbe et António Ole pour les peintures des costumes et des visages.

Parallèlement à son travail de chorégraphe et de professeur à l'école de danse de Luanda, Ana Clara poursuit une série d'investigations et d'études pour la répertoriation et la préservation des danses traditionnelles d'Angola.

N.F.

José Mena Abrantes

O SUICIDIOTA

Esta peça nasceu de um exercício de improvisação e foi pela primeira vez levada à cena pelo grupo EINGA-TEATRO em Agosto de 1991, em Luanda, sob a direcção do autor : José Mena Abrantes.

Personagens *(por ordem de entrada em cena)*

Suicida	Marido	Jovem 2
Noiva	Esposa	Jovem 3
Pássaro Negro	Mulher Bonita	Polícia
Menina	Militar 1	Homem Misterioso
Menino	Militar 2	Mulher 1
Passante	Jovem 1	Mulher 2

CENA ÚNICA
(Cena nua. Em primeiro plano, um banco comprido coberto por um pano preto. Do lado do público, um abismo imaginário. Um homem entra com intenção de se suicidar, lançando-se no vazio. Hesita.)

SUICIDA
(de cima do banco, reparando no público)
Vá ! Dêem-me uma boa razão para eu não o fazer... Para vocês é fácil, aí sentados a olhar para mim. Não vos custa nada, o problema não é vosso. Mas eu tenho boas razões para estar aqui... Além do mais sempre me atraíram as alturas... A vertigem... Essa bocarra a agarrar-nos pelo umbigo, a puxar, a puxar... É como voltar a ter o cordão a ligar-nos à mãe perdida, ao calor e segurança do útero, à calma total, ao nada... (tem um ligeiro desequilíbrio) Não, cair não... Quando saltar, há-de ser por vontade própria... Sou eu que decido ! ...

NOIVA
(aproximando-se por trás, receosa e em lágrimas)
Meu amor, o que estás aí a fazer ? ... Olha que podes cair... Desce daí, meu amor...

SUICIDA
(sem se voltar)
Desaparece. Já te disse que não me voltasses a procurar ! ...

NOIVA
Desce... Por favor... Estou cheia de tonturas...

SUICIDA
Então desaparece. Deixa-me em paz !

NOIVA
Por favor... Não faças isso... Desce...

SUICIDA
Mas isso o quê, caraças ! *(à parte)* Até tiram a vontade de um tipo se suicidar. (alto) Se não desapareces daqui é que me atiro mesmo ! ...
(a Noiva retira-se a chorar ; o Suicida senta-se no banco, com os pés para o abismo) São todas iguais... Incapazes de entender um gesto elevado, de compreender o que quer que seja... Agora já nem me lembro por que é qque me queria matar... Idiota ! *(deita-se no banco e fecha os olhos ; aparece um enorme Pássaro Negro ; olha atentamente para o Suicida e depois retira-se ; este abre os olhos)* Está frio ! ... Não é costume nesta altura do ano... *(senta-se e esfrega as mãos e o corpo ; olha fixamente para o abismo)* Será que eu consigo ? ... *(põe-se de pé no banco, voltado para o público ; fecha os olhos)*

(Ao longe ouve-se um grupo de crianças cantar « O barco virou » ... O som vem aproximando-se. A luz baixa sobre o Suicida, iluminando o espaço por trás dele. Contra-luz do seu corpo imóvel. Entra o grupo que cantava, de mãos dadas, fazendo uma roda. Continua a cantar. Na parte em que dizem « foi por causa de... », apontam todos em grande algazarra para o vulto imóvel. Saiem depois a correr. Fica uma Menina)

MENINA
Deixa-os lá ! Eles são parvos. Tu não tiveste culpa nenhuma... Olha, sabes ?, gostei muito do desenho que tu me fizeste... Só não percebi uma coisa... Aqueles olhos no meio das nuvens... De resto gostei muito, fazes pássaros muito bonitos... Sempre fazes pássaros, não é ? ...

(Aparece um Menino que tinha estado na roda. Chama a Menina)

MENINO
Coisinha, vamos ! Estão todos à tua espera... Deixa-o lá, ele que se arranje. Quem lhe mandou ser parvo.

MENINA
Parvo és tu ! Cala a boca. *(Baixo)* Não vês que ele está a chorar ? ...

MENINO
Está a chorar porque é mariquinhas. Anda, vamos !

(A Menina hesita, mas acaba por sair com ele. O côro infantil volta a ouvir-se ao longe. Fim do contra-luz)

SUICIDA
Realmente estou sempre a fazer pássaros. Eles podem lançar-se nos abismos, sem cair... Se eu tivesse asas, saltava já. Se depois me arrependesse era só abrir as asas e planar até ao chão. Ou então fazer como aqueles pássaros que voam toda a vida e só descem à terra para morrer... *(para o público)* É verdade ! Li isto já não sei onde... Alimentam-se com insectos voadores e, para beber, aspiram a humidade do ar, atravessam as nuvens, sei lá... Só sei que passam a vida inteira a voar.

(Um Passante dirige-se ao Suicida)

PASSANTE
Ó senhor ! Desculpe lá, mas não acha que esta um bocado demais próximo do abismo ?

SUICIDA
E depois ? O problema é seu ?

PASSANTE
Não é por nada, mas basta um passo em falso e nem a alma se lhe aproveita...

SUICIDA
E você sabe se eu quero aproveitar a alma para alguma coisa ?

PASSANTE
Você é que sabe ! A vida é sua... e a morte também. Passe bem, já não está cá quem falou. *(segue o seu caminho)*

SUICIDA
(para si) E nem nunca cá devia ter estado ! Idiotas, pensam que têm o direito de interferir na vida dos outros... *(alto, gritando)* Vá para o diabo ! Se quiser atirar-me, atiro-me. Ninguém tem nada com isso !

(Um casal, Marido e Esposa, assustadíssimos, aproximam-se por trás dele)

MARIDO
(excitadíssimo)
Não faça isso, homem ! Não faça isso ! ... Calma ! O que é preciso é calma ! Tudo na vida tem solução, não faça isso ! ... *(a Esposa, por trás dele, torce-se toda e faz caretas)* Calma ! Calma !

SUICIDA
Mas qual calma nem meio calma. Aqui quem precisa de calma é você ! O que há ? Qual é o seu problema ?

MARIDO
Não salte, por amor de Deus. Podemos conversar. Vai ver que há uma solução... Tem de haver uma solução !

SUICIDA
Também acho. A solução é saltar... *(volta-se de novo para o abismo)*

MARIDO
(assustando-se ainda mais, sem ousar aproximar-se)
Não, homem ! Não se mate ! ... Deus é grande !

SUICIDA
E o abismo ainda maior ! *(acha graça ao susto do outro)* Vamos lá conversar. *(o Marido não ousa aproximar-se)* Venha cá, então não disse que queria conversar ? ...

MARIDO
Não se mate, por favor. Olhe que me pode dar uma coisa *(começa a sentir-se mal, a respirar com dificuldade ; a mulher ajuda-o e consegue a custo levá-lo dali para fora)*

SUICIDA
Esta gente agarra-se à vida e a vida parece que não está para aturá-los... Eu, pelo contrário... *(volta a fixar o abismo)*

(Barulho intenso de cidade. Contra-luz. Um foco ilumina uma Mulher Bonita. Esta fala como se o Suicida estivesse diante dela)

MULHER BONITA
Sabes que não tens razão ! Eu fiz tudo o que podia... Não dá mais, não consigo, preciso de respirar, de ar, não posso passar a vida numa gaiola... Tu até tinhas obrigação de me entender... Nunca te vi desenhar pássaros presos, estão sempre a voar bem alto, livres, perdidos no céu... Quero ser como eles ! ... *(pausa longa)* Percebes, não é ? ... É so isso, não tem nada a ver contigo... Quero ser um dos teus pássaros, poder voar... Mas sem te pertencer... Não me levas a mal, pois não ? ... Tchau ! *(fim de contra-luz).*

SUICIDA
Um dos meus pássaros ! ... Com aquele cú como é que pode querer ser um dos meus pássaros ? ... Que se lixe também ela ! *(fixando o abismo)* Que isto é alto, não há dúvida. Se saltar fico mesmo feito em pedaços... Em pedaços, inteiro, que mais dá ? Só preciso mesmo de tomar a decisão.

(Abaixa-se e fica de cócoras no banco. Contra-luz. Dois militares estao de pé por trás dele, fixando-o com atenção. O Suicida não se volta, mesmo quando eles falam)

MILITAR 1
Os seus argumentos têm uma certa lógica, mas eu pessoalmente continuo sem perceber por que razão você não disparou no exacto momento em que os seus camaradas o fizeram. Nunca se saberia quem foi o autor do tiro fatal. Era por isso mesmo que uma dessas armas, logo por azar a sua, estava carregada com balas de verdade e as outras não. Para todos serem responsáveis e nenhum ser culpado. Não consegue entender isto ?

MILITAR 2
Ó, homem, e isto nem sequer é novidade nenhuma para si. Que diabo ! Os fuzilamentos são iguais em todas as partes do mundo.

MILITAR 1
Agora com a sua indecisão e a sua demora em disparar, pôs em cheque os seus camaradas, fez o papel de bonzinho e obrigou-nos a ser o que não queríamos – desumanos ! Porque isso sim, fuzilar um homem duas vezes é ser desumano... Como diz ? *(pensa que o Suicida tinha dito algo, mas este abana a cabeça para dar a entender que não disse nada)* Ponha-se no meu lugar. Você é um militar, fez a sua instrução, sabe perfeitamente quais são as regras disciplinares, sabe que tem de cumprir as ordens superiores sem as discutir... Por que razão não reagiu à ordem de fogo ?

MILITAR 2
E não venha outra vez com essa história da imagem do homem a desfazer-se em pedaços e a explodir em todas as direcções, porque isso só acontece nos filmes de bonecos. Normalmente caiem redondos, sem dizer um ai. Inteiros !

MILITAR 1
Nós vamos ter em consideração o seu passado, os bons serviços que prestou, mas olhe que não se vai livrar de uma punição rigorosa. Foi um péssimo exemplo para todos os seus camaradas. Em guerra não podemos ter sentimentos. Ou são eles, ou somos nós ! ...

MILITAR 2
De preferência eles, claro ! ... E olhe lá, em miudo você nunca matou passarinhos ?

(Fim lento do contra-luz. O Suicida vai erguendo-se em câmara-lenta, até ficar de pé. Levanta os braços. Sempre lentamente, esboça o movimento de um pássaro a voar. Ouvem-se gargalhadas. Passam três jovens com ar de quem bebeu de mais. Riem muito depois de cada fala)

JOVEM 1
(para os outros)
Olha para aquele ! Julga que é um passarinho...

JOVEM 2
Ó amigo ! Olhe que se esqueceu da asa delta...

JOVEM 3
Se quiser um paraquedas, eu empresto...

JOVEM 2
Se preferir um « para quedas », também se arranja... É mais rápido e mais prático...

JOVEM 1
Quando chegar lá abaixo, mande notícias...

(Saiem a rir, cruzando-se com um Polícia, que os olha desconfiado Este dirige-se ao Suicida)

POLÍCIA
O que é que o Senhor está a fazer aí em cima do muro ?

SUICIDA
(meio irritado com a interpelação)
O que vê ! A apreciar a paisagem...

POLÍCIA
Não se arme em esperto comigo. Desça daí imediatamente. Não sabe que não pode danificar o património público ? ... Desça daí ! *(o Suicida obedece com relutância)* Os seus documentos ! *(o Polícia afasta-se um pouco para lê-los melhor, mas não nota nada de anormal).* Vou ficar de olho no senhor. Quando voltar a passar, não o quero ver mais aqui, entendido ? *(o Suicida encolhe os ombros ; o Polícia sai)*

SUICIDA
Mas por que é que não me deixam em paz ? Um tipo já nem sequer pode reflectir se quer morrer ou viver. É tudo a chatear... Uns a agarrar, outros a empurrar, acabamos por não ter tempo para saber o que queremos.

(Aproxima-se um Homem Misterioso, todo de branco. Fixa o Suicida)

Homem Misterioso
« Se te queres matar, por que é que não te queres matar ? ... Ah, aproveita ! Que eu, que tanto amo a morte a vida, se ousasse matar-me, também me mataria. Ah, se ousares, ousa ! » *(Álvaro de Campos)*

(Retira-se do mesmo modo que entrou. O Suicida fica como que hipnotizado, vendo-o retirar-se. Volta a olhar o abismo. Estremece com um arrepio. Senta-se lentamente. Contra-luz. Por trás dele ilumina-se um espaço com luz vermelha. Duas mulheres dançam em silêncio uma dança lasciva. O Pássaro Negro surge e faz amor com uma delas, enquanto a outra o abraça e afaga. Ouvem-se, gravados, gemidos e arfares. A luz e o som vão esbatendo-se, à medida que o Suicida vai ficando iluminado. A mulher que fez amor com o Pássaro soergue-se)

Mulher 1
Chamaste-me ?

Suicida
(sobressaltado)
Eu ? Não, eu não chamei ninguém ! ... Quem és tu ?

Mulher 1
Que te importa ? ... Eu só quero saber se me chamaste ? ...

Suicida
E se tiver chamado, quê ?

Mulher 1
Chamaste-me ou não me chamaste ? É tudo o que eu quero saber !

Suicida
Não te chamei. Mas já que estás aqui, se quiseres podes ficar um bocadinho.

Mulher 1
Eu não vou onde não me chamam... *(faz menção de se retirar)* Nunca fico muito tempo onde não posso amar.

Suicida
E quem te disse que aqui não podes amar ? Não estou aqui eu ?

MULHER 1
(quase a sair)
Tu já não estas aí ! Tu não existes !

Suicida
Olha para esta ! Só porque disse que não a chamei. Parece que ficou ofendida, a cabra...
(Entram todos os actores e sentam-se no palco como se fôssem também espectadores. Fixam o Suicida)

Suicida
O que é que foi ? Por que é que estão todos a olhar para mim ? *(gira sobre si no banco, dirigindo-se ora aos actores, ora aos espectadores)* O que é ? Nunca me viram ? Nunca viram um homem a suicidar-se ? O que é que vocês querem ? Espectáculo ? Querem ver como me mato ? ... Não queriam mais nada, não ? O suicídio é uma coisa séria, um acto íntimo, sagrado. O que é que vocês queriam ? Que me matasse aqui mesmo ? Mato-me mas é o caraças, seus merdas. EU QUERO VIVER ! Matem-se vocês primeiro, seus...
(Tanto gira que se desequilibra e acaba por cair no abismo, com um grito medonho e prolongado. O Pássaro Negro aproxima-se e cobre-o com as asas. Entra o Polícia, olha em volta com atenção, não vê ninguém, afasta-se com ar satisfeito)

Polícia
Foi-se embora... Eu sabia ! O respeitinho pela farda ainda é uma coisa muito bonita !

José Mena Abrantes nasceu em 1954 em Malange, Angola. Depois de uma estadia na Europa, regressa a Angola em 1974, trabalhando como jornalista em diversos órgãos de imprensa. Escritor, é igualmente director do grupo Elinga-Teatro e autor de doze peças de teatro. Publicações : Itinerários de Água, 1986 ; Réstias, 1988 ; O Pião – textos em rotação, 1989 ; Meninos, 1990 ; Na Curva do Cão Morto, 1994 ; Caminhos Descantados, 1994 ; Cintilações – estórias de meninos Breves, 1996 ; Objectos Musicais, 1997.

José Mena Abrantes

THE SUICIDIOT

This play began as an exercise in improvisation and was first performed on stage by the group Elinga-Teatro in August 1991, in Luanda, directed by the playwright.

Characters (in order of appearance)

Man considering suicide	Passer-by	First Young man
Girlfriend	Husband	Second Young man
Black Bird	Wife	Third Young man
Little girl	Pretty woman	Policeman
Little boy	First soldier	Mysterious Man
	Second soldier	First Woman
		Second Woman

A one-act play

(Bare stage. At the front of the stage, a long bench draped in a black cloth. Where the audience is sitting lies an imaginary abyss. A man enters with the intention of killing himself by leaping into the void. He hesitates.)

Man considering suicide
(standing on the bench, suddenly noticing the audience)
Go on then, give me one good reason why I shouldn't do it... It's easy for you, sitting there looking at me. What's it to you, it's not your problem. But I have good reasons for being here. Besides I've always felt drawn to heights... The dizziness... That great mouth grabbing your belly button and pulling and pulling... It's like getting back the umbilical cord that bound you to your lost mother, to the warmth and safety of the womb, to total peace, to nothingness... *(he sways slightly)*. No, I'm not going to just fall. When I jump, it will be because I choose to... I'm the one who decides.

Girlfriend
(approaching from the rear, fearful and in tears)
My love, what are you doing up there ? You might fall. Come down, my love.

Man
(without turning around)
Go away. I told you not to come looking for me again !

Girlfriend
Come down, please. I'm getting dizzy.

Man
Then go away. Leave me in peace.

Girlfriend
Please... don't do it... come down.

Man
What is this, damn it ! *(aside)* It's enough to put you off the idea of suicide. *(out loud)* If you don't leave, I really will jump ! *(the girlfriend leaves, crying ; the Man sits on the bench, his feet dangling out into space)*

They're all the same... Incapable of understanding a lofty gesture, of understanding anything... Now I can't even remember why it was I wanted to kill myself. Idiot ! *(He lies down on the bench and closes his eyes ; a huge Black Bird appears ; it looks intently at the Man and then leaves ; the Man opens his eyes)* It's cold ! Unusual for this time of year. *(he sits down and rubs his hands and his body ; he stares down into the abyss)* I wonder if I'll manage it. *(he stands up on the bench, facing the audience ; he closes his eyes).*

(In the distance, a group of children are singing a song called « The boat went under ». The sound of their singing grows nearer. The spotlight on the Man fades and the space behind him is lit up so that his motionless body is just a silhouette. The children come in singing, holding hands, in a circle. They continue to sing. At the part where they say : « all because of... » they all shout and point at the motionless figure. They run off. One Little girl remains.)

LITTLE GIRL
Take no notice of them. They're stupid. It wasn't your fault. You know, I really liked the drawing you did for me. There was just one thing I didn't understand. Those eyes in the middle of the clouds. I really liked the rest though. You're very good at drawing birds. You always draw birds, don't you ?...

(A Little boy who had been part of the circle enters. He calls to the Little girl)

LITTLE BOY
Come on. Everyone's waiting for you. Leave him there, he can sort himself out It's all his own stupid fault anyway.

LITTLE GIRL
It's you who's stupid. Shut up. *(Quietly)* Can't you see he's crying ?

LITTLE BOY
He's crying because he's a poofter. Come on ! *(the Little girl hesitates' but finally goes of with him. The childish voices can be heard in the distance. End of backlighting.)*

MAN
It's true, I am always drawing birds. They can hurl themselves into abysses without falling... If I had wings, I would have jumped already. If I changed my mind, I could simply open my wings and glide down to earth. Or else I could be like one of those birds that fly all their lives and only come down to earth to die. *(To the audience)* It's true. I read it somewhere... They feed on flying insects and, to drink, they breathe in the damp air, fly through clouds, I don't know... I only know that they spend their whole lives in flight.

(A Passer-by addresses the Man)

PASSER-BY
Excuse me, sir, don't you think you're a bit near the edge ?

MAN
So ? What's it got to do with you ?

PASSER-BY
Nothing at all, but just one false step and what price your soul then...

MAN
And what makes you think I care about my soul ?

PASSER-BY
That's up to you. It's your life... and your death too. Take care, forget I even spoke. *(He goes on his way)*

MAN
(to himself) I'll forget you were even here ! Idiots, they think they have the right to interfere in other people's lives... *(out loud, shouting)* Go to hell ! If I want to throw myself off, I will. It's nobody's business but mine.

(A couple, Husband and Wife, approach from behind, terrified)
HUSBAND
(very agitated) Don't do it, man, don't do it ! Keep calm, you just have to keep calm. Everything in life has a solution, so don't do it ! *(behind him, his Wife is cringing and pulling faces)* Keep calm !

MAN
What do you mean keep calm ! The only person who needs to keep calm here is you. What's wrong ? What is your problem ?

HUSBAND
For God's sake, don't jump. We can talk. We'll find a solution, you'll see... There must be a solution !

MAN
I agree. The solution is to jump... *(he turns back to the abyss)*

HUSBAND
(getting more and more frightened, afraid to come any closer) No, don't kill yourself ! God is great !

MAN
The abyss is greater still ! *(he finds the other man's fear amusing)* Let's talk then. *(the husband is afraid to come any nearer)* Come on then, didn't you say you wanted to talk ?

HUSBAND
Don't kill yourself, please. I can feel one of my funny turns coming on... *(he starts to feel ill, his breathing becomes laboured ; his wife helps him and manages to drag him away)*

MAN
These people cling on to life and life doesn't seem to want them. I, on the other hand... *(he looks down into the abyss again)*

(The loud noise of the city. Backlighting. A spotlight falls on a Pretty woman. She talks as if the Man were there before her.)

PRETTY WOMAN
You're wrong, you know. I did all I could... It can't go on, I just can't bear it, I need to breathe, I need air, I can't spend my life in a cage... You of all people should understand that... I never saw you draw any caged birds, they're always flying up high, free, lost in the sky. I want to be like them ! *(long pause)* You understand, don't you ? That's all it is, it's nothing to do with you. I want to be one of your birds, I want to fly... But I don't want to belong to you... You're not angry with me, are you ? Bye ! *(End of backlighting)*

MAN
One of my birds ! With an arse that size how could she ever hope to be one of my birds ? Oh, to hell with her ! *(staring into the abyss)* It's certainly high up here. If I jump I'll be smashed to smithereens... But in smithereens or whole, what does it matter ? I just need to make a decision.

(He squats down on the bench. Backlighting. Two soldiers are standing behind him, looking at him hard. The Man doesn't turn around, even when they speak)

FIRST SOLDIER
There is a certain logic to your argument, but, personally, I still can't understand why you didn't fire at the same moment all your comrades fired. No one would ever have known who fired the fatal shot That was why only one of the guns, which happened to be yours, was loaded with real bullets and not the others. So that everyone would be responsible but no one would be to blame. Can't you understand that ?

SECOND SOLDIER
This can hardly be news to you. Firing squads are the same the world over.

FIRST SOLDIER
Now, because of your indecision and your delay in firing, all your comrades are in shock, you played the goodie and made us be what we didn't want to be – inhuman ! Because shooting a man twice is inhuman... What do you say ? *(he thinks that the Man said .something, but the latter shakes his head to indicate that he said nothing)* Put yourself in my place. You're a soldier, you did your training, you know what the rules on discipline are, you know you have to obey your superior's orders without question... Why didn't you react to the order to fire ?

SECOND SOLDIER
And don't give us that stuff about imagining the man shattering and flying in pieces in all directions, because that only happens in cartoons. Normally, they just fall to the ground, without a murmur. Just like that !

FIRST SOLDIER
We'll take your past service into account, your good record, but you're not going to get away without a stiff punishment. That was a terrible example to set your comrades. There's no room for sentiment in time of war. It's either them or us.

SECOND SOLDIER
Preferably them, of course. Anyway, didn't you ever shoot at birds when you were a child ?

(Slow fade of backlighting. The Man gets to his feet in slow motion. He raises his arms. Still very slowly, he flaps his arms like a bird flying. The sound of mocking laughter. Three rather drunk young men come by. They laugh a lot each time one of them says something)

FIRST YOUNG MAN
(to the others)
Look at him ! He think he's a bird.

SECOND YOUNG MAN
Hey, mate, you've forgotten your hang glider !

THIRD YOUNG MAN
If you want a parachute, I'll lend you one.

SECOND YOUNG MAN
Or something for your trip perhaps...

FIRST YOUNG MAN:
Yeah, drop us a fine when you get there...

(They leave, laughing, passing a Policeman who eyes them suspiciously. He addresses the Man)

POLICEMAN
What are you doing on top of that wall, sir ?

MAN
(Slightly irritated by the interruption)
What do you think ? Admiring the scenery.

POLICEMAN
Don't get smart with me. Come down from there this minute. Don't you know it's against the law to damage public property ? Come down ! *(The Man obeys reluctantly)* Your papers ! *(The Policeman moves away a little to read them, but can find nothing unusual)* I'm going to keep an eye on you. When I come by again, I don't want to find you here, understood ? *(The Man shrugs ; the Policeman leaves)*

MAN
Why won't they leave me in peace ? They won't even give a person a chance to think about whether he wants to live or die. They're always bothering you... Some grab hold of you, others push you, and you end up not having time to find out what it is you want.

(A Mysterious Man, all dressed in white, approaches. He stares at the Man)

MYSTERIOUS MAN
« If you want to kill yourself, why is it you don't want to kill yourself ? Go on, have a go. For I, who so dearly love both death and life, I too would kill myself, if I dared. Ah, if you dare, then dare ! » (Álvaro de Campos)

(He leaves the same way he came. The Man stands as if hypnotised, watching him leave. He stares again into the abyss. A shudder runs through him. He slowly sits down. Backlighting the space behind him fills with red light. Two women dance a silent, lascivious dance. The Black Bird appears and makes love with one of the women, while the other embraces and caresses him. The recorded sounds of moans and panting are heard. Both light and sound fade as the light on the Man grows bright again. The woman who made love with the Bird sits up)

FIRST WOMAN
Did you call me ?

MAN
(startled)
Me ? No, I didn't call anyone. Who are you ?

FIRST WOMAN
What does it matter ? I just want to know if you called me.

MAN
And what if I did ?

FIRST WOMAN
Did you call me or didn't you ? That's all I want to know.

MAN
No, I didn't. But now that you're here, you can stay for a bit if you like.

FIRST WOMAN
I don't stay where I ?m not wanted. *(She makes as if to leave)* I never stay long in a place where 1 can't love.

MAN
And who said this was a place where you couldn't love ? I'm here, aren't I ?

FIRST WOMAN
(on the point of leaving)
You're not here ! You don't exist !

MAN
Get her ! Just because I said I didn't call her. It seems I offended her, silly cow...

(All the actors come on and sit on the stage as if they too were spectators. They stare at the Man)

MAN
What's wrong ? Why are you all looking at me ? *(he spins round and round on the bench, addressing, the actors and the audience)* What is it ? Haven't you ever seen me before ? Haven't you ever seen a man about to commit suicide ? What do you want ? A show ? Do you want to see how I kill myself ? That's all you wanted, isn't it ? Suicide is a serious matter, an intimate, sacred act. What did you expect ? Did you think I'd kill myself here ? Well, I'm not bloody well going to kill myself you bastards. I WANT TO LIVE ! You kill yourselves first, you...

(He spins so fast that he loses his balance and falls into the abyss, with a long-drawn-out, terrifying scream. The Black Bird approaches him and covers him with its wings. The Policeman enters, looks carefully around, sees no one and moves off looking pleased with himself.)

POLICEMAN
He's gone. I knew he would. It's nice to know that people still have some respect for the uniform.

Translation Margaret Jull Costa

José Mena Abrantes was born in Malange, Angola in 1954. After a spell in Europe he went back to Angola in 1974 and worked as a journalist for different newspapers. He is a writer, manager of the Elinga-Teatro troupe and has written 12 plays.

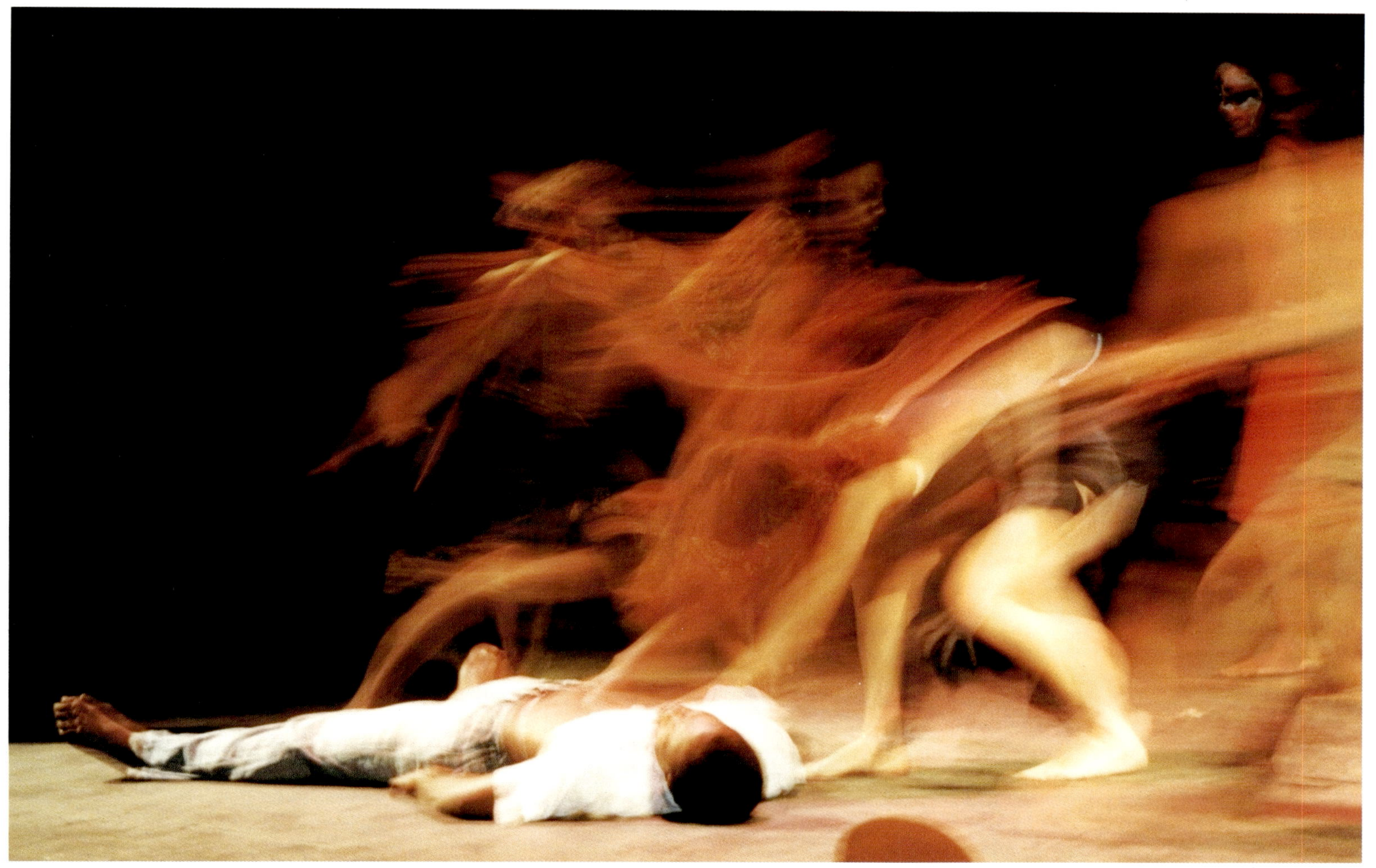

«O Pássaro e a Morte» © Augusto Baptista/Cena Lusófona

José Mena Abrantes

LE SUICIDIOTIE

Cette pièce est née d'un exercice d'improvisation et a été jouée pour la première fois, en août 1991, par le groupe Elinga-Teatro, sous la direction de l'auteur.

Personnages *(Par ordre d'entrée en scène.)*

Le suicidaire	La mari	Jeune homme 2
La fiancée	L'épouse	Jeune homme 3
L'oiseau noir	La jolie femme	Le policier
La petite fille	Militaire 1	L'homme mystérieux
La petit garçon	Militaire 2	Femme 1
Le passant	Jeune homme 1	Femme 2

PIECE EN UN ACTE
(Sur la scène vide, seulement un long banc, au premier plan, recouvert d'un tissu noir. Coté public, un abîme imaginaire. Un homme qui veut se suicider en se jetant dans le vide entre en scène. Il hésite.)

LE SUICIDAIRE
(Du haut du banc et regardant vers le public.)
Allez ! Donnez-moi une bonne raison de ne pas le faire... Pour vous, c'est facile, assis, là, à me regarder. Ça ne vous coûte rien, ce n'est pas votre problème. Mais moi, j'ai de bonnes raisons d'être ici... En plus, j'ai toujours été attiré par les hauteurs... Le vertige... Cette béance qui s'accroche au nombril et qui tire, et qui tire... Comme si le cordon nous reliait à nouveau à la mère perdue, à la chaleur et à la quiétude de l'utérus, au calme total, au néant... *(Perdant légèrement l'équilibre.)* Non, tomber : non... Quand je sauterai, il faut que ce soit de mon propre chef... C'est moi qui décide !...

LA FIANCÉE
(Venant du fond, apeurée et en larmes.)
Mais qu'est-ce que tu fais là mon amour ?... Attention, tu pourrais tomber... Descends, mon amour...

LE SUICIDAIRE
(sans se retourner)
Toi, tire-toi. Je t'ai déjà dit de ne plus me courir après !...

LA FIANCÉE
Descends... Je t'en prie... Je me trouve mal...

LE SUICIDAIRE
Alors, disparais. Fiche-moi la paix !...

LA FIANCÉE
Je t'en prie... Ne fais pas ça... Descends...

LE SUICIDAIRE
Mais qu'est-ce que c'est, bordel ! *(À part.)* Ils en arriveraient à vous décourager de vous suicider. *(À voix haute.)* Si tu ne disparais pas d'ici, alors là, oui, je saute vraiment !... *(La fiancée se retire en pleurant. Le suicidaire s'assoit sur le banc, les pieds au-dessus de l'abîme.)* Toutes pareilles... Incapables de comprendre un geste héroïque, de comprendre quoi que ce soit, d'ailleurs... Bon, maintenant, je ne sais même plus pourquoi je voulais me tuer. *(Il s'allonge sur le banc et ferme les yeux. Un immense oiseau noir fait son apparition ; il observe attentivement le suicidaire puis d'éloigne ; le suicidaire ouvre les yeux.)* Il fait froid !... Ce n'est pas normal à cette époque de l'année... *(Il s'assoit, se frotte les mains et les flancs, il fixe l'abîme.)* Est-ce que je vais y arriver ?... *(Il se met debout sur le banc, face au public et ferme les yeux.)*
(Au loin, on entend un groupe d'enfants qui chante «O barco

virou»(1). Les voix se rapprochent. La lumière diminue d'intensité sur le suicidaire et illumine l'espace derrière lui. Contre-jour sur son corps immobile. Les enfants entrent, main dans la main, formant une ronde. Ils continuent à chanter. Au moment où ils disent : «c'est à cause de...», ils montrent tous du doigt, en piaillant, la silhouette noire immobile. Ils s'enfuient en courant. Seule, une petite fille reste là.)

PETITE FILLE
Ne fais pas attention à eux ! Ils sont bêtes. Ce n'est pas de ta faute... Ecoute, tu sais ? J'ai beaucoup aimé le dessin que tu m'as fait... Il n'y a qu'un truc que je n'ai pas compris... Ces yeux au milieu des nuages... Mais le reste, j'ai bien aimé, tu fais de très jolis oiseaux... Tu en fais toujours des oiseaux, n'est-ce pas ?...

(Un des enfants de la ronde revient. Il appelle la petite fille.)

PETIT GARÇON
Allez, viens toi ! Les autres t'attendent... Laisse-le tomber, qu'il se débrouille. Qui est-ce qui lui demande de faire le crétin ?

PETITE FILLE
Crétin toi-même. Ferme-la. *(Doucement.)* Tu ne vois pas qu'il pleure ?...

PETIT GARÇON
Il pleure parce que c'est un pédé. Allez, viens ! *(La petite fille hésite, mais finit par suivre le petit garçon. Au loin, on entend à nouveau le choeur des enfants. Fin du contre-jour.)*

LE SUICIDAIRE
C'est vrai, je suis toujours en train de dessiner des oiseaux. Eux, ils peuvent se lancer dans l'abîme, sans tomber. Si j'avais des ailes, je sauterais tout de suite. Si, après, je changeais d'avis, je n'aurais qu'à ouvrir mes ailes et à planer jusqu'en bas. Ou bien faire comme ces oiseaux qui volent toute leur vie et ne se posent que pour mourir... *(S'adressant au public.)* Si, ça existe, je l'ai lu quelque part, je ne sais plus où... Ils se nourrissent d'insectes volants et, pour boire, ils aspirent l'humidité de l'air ou ils traversent les nuages, je ne sais pas, moi...Ce que je sais, c'est qu'ils volent pendant toute leur vie.

(Un passant s'adresse au suicidaire.)

LE PASSANT
Eh ! Monsieur ! Excusez- moi, mais vous ne trouvez pas que vous êtes un peu trop près du bord ?

LE SUICIDAIRE
Et alors ? Ça vous regarde ?

LE PASSANT
Moi, ce que j'en dis... mais rien qu'un faux-pas et même votre âme y passera...

LE SUICIDAIRE
Et vous savez, vous, si j'en ai quelque chose à foutre de mon âme ?

LE PASSANT
Ça vous regarde ! Elle est à vous la vie... et la mort aussi. Bonne continuation, je ne faisais que passer. *(Il poursuit son chemin.)*

LE SUICIDAIRE
(Murmurant.) Vous n'auriez même jamais dû être ici ! Imbéciles, ils croient qu'ils ont le droit de mettre leur nez dans la vie des autres... *(Très fort, en criant.)* Allez au diable ! Si je veux me jeter, je me jette. Personne n'a rien à y voir !...

(Un couple, mari et femme, atterré, arrive par le fond.)

LE MARI
(Très nerveux)
Ne faites pas ça, monsieur ! Ne faites pas ça !... Du calme ! Il faut se calmer ! Il y a toujours une solution dans la vie, ne faites pas ça !... *(Son épouse, derrière lui se contortionne en grimaçant.)* Du calme ! Du calme !

LE SUICIDAIRE
Du calme ? Quoi, du calme ? S'il y en a un, ici, qui doit se calmer, c'est plutôt vous ! Qu'est-ce qu'il y a ? C'est quoi votre problème ?

LE MARI
Ne sautez pas, pour l'amour du ciel. On peut parler. Vous verrez, il y a une solution... Il y a forcément une solution !

LE SUICIDAIRE
C'est bien ce que je pense. La solution, c'est de sauter... *(Il se retourne, face l'abîme.)*

LE MARI
(Encore plus effrayé, mais n'osant pas s'approcher.)
Monsieur... Non ! Ne vous tuez pas !... Dieu est grand !

LE SUICIDAIRE
Et l'abîme est plus grand encore ! *(Il s'amuse de la peur de l'autre.)* Allons-y, discutons. *(Le mari n'ose pas s'approcher.)* Approchez-vous, vous n'avez pas dit que vous vouliez parler ?...

LE MARI
Ne vous tuez pas, s'il vous plaît. Vous allez me faire avoir une crise... *(Il commence à défaillir, à respirer de plus en plus difficilement ; sa femme l'aide et, à grand peine, parvient à l'emmener.)*

LE SUICIDAIRE
Il y en a qui s'accrochent à la vie et c'est la vie qui a l'air de ne plus les supporter... Moi, au contraire... *(Il fixe à nouveau le vide.)*

(Bruit tumultueux de la ville. Contre-jour. Lumière sur une jolie femme. Elle parle comme si le suicidaire était devant elle.)

LA JOLIE FEMME
Tu sais, tu as tort. Moi, j'ai fait tout ce que j'ai pu... Il n'y a plus rien à faire, je n'y arrive plus, j'ai besoin de respirer, d'air, je ne peux pas passer ma vie dans une cage... Toi, il fallait que tu me comprennes... Jamais, je ne t'ai vu dessiner des oiseaux en cage, ils volent toujours très haut, libres, perdus dans le ciel. Je veux être comme eux !... *(Long silence.)* Tu comprends, n'est-ce pas ?... C'est seulement ça. Ça n'a rien à voir avec toi... Je veux être un de tes oiseaux, pouvoir voler... Mais sans être ta propriété... Tu ne m'en veux pas, n'est-ce pas ?... Chiao *(Fin du contre-jour.)*

LE SUICIDAIRE
Un de mes oiseaux !... Avec un cul comme ça, comment est-ce que tu peux vouloir être un de mes oiseaux ? Qu'elle aille se faire foutre, elle-aussi ! *(Fixant l'abîme.)* Il n'y a vraiment pas de doute, c'est haut. Si je saute, je vais être disloqué... Disloqué, mais entier, que vouloir de plus ? Ce qu'il faut, c'est que je me décide.

(Il se baisse et s'accroupit sur le banc. Contre-jour. Deux militaires sont debout derrière lui et l'observent attentivement. Même lorsqu'ils parlent, lui ne se retourne pas.)

MILITAIRE 1
Vos arguments ne manquent pas de logique, mais moi, personnellement, je ne comprends toujours pas pourquoi vous n'avez pas tiré en même temps que vos camarades. On n'aurait jamais su qui était l'auteur du tir fatal. C'est précisément pour ça que l'une des armes et, par malchance, justement la vôtre, était chargée avec de vraies balles alors que les autres ne l'étaient pas. Pour que tous soient responsables mais personne coupable. Vous ne pouvez pas le comprendre ?

MILITAIRE 2
Mais mon cher, ce n'est pas une nouveauté pour moi. Que diable ! Les exécutions se passent toujours de la même façon, dans le monde entier.

MILITAIRE 1
Oui, mais maintenant, avec vos doutes et votre hésitation à tirer, vous avez désorienté vos camarades, vous avez joué les gentils et vous nous avez obligés à être ce que nous ne sommes pas : inhumains ! Parce qu'alors là, oui, fusiller un homme par deux fois, ça, c'est inhumain... Qu'est-ce que vous dites ? *(Croyant que le suicidaire avait dit quelque chose mais celui-ci fait «non» de la tête pour indiquer qu'il n'a rien dit.)* Mettez-vous à ma place. Vous êtes un soldat, vous avez fait vos classes, vous connaissez parfaitement le réglement disciplinaire, vous savez que vous devez exécuter les ordres des supérieurs sans les discuter... Pourquoi n'avez-vous pas obéi à l'ordre de tirer ?

MILITAIRE 2
Vous n'allez pas recommencer avec l'image du corps qui part en morceaux, explose dans toutes les directions, parce que ça, c'est seulement au cinéma, avec des mannequins. Dans la réalité, ils s'affaissent sans une plainte. Et tout entiers.

MILITAIRE 1
Nous prendrons en considération votre passé, vos bons et loyaux services, mais sachez que vous n'échapperez pas à une punition sévère. Vous avez été un exemple déplorable pour tous vos camarades. À la guerre, on ne peut pas faire de sentiment. C'est eux ou nous !...

MILITAIRE 2
De préférence, eux, évidemment !... Et dites-moi, quand vous étiez gamin, vous n'avez jamais tué des petits oiseaux ?

(Le contre-jour s'estompe lentement. Le suicidaire se redresse, au ralenti. Une fois debout, il lève les bras. Toujours au ralenti, il ébauche le mouvement d'un oiseau qui s'envole. On entend des éclats de rire. Trois jeunes passent, l'air éméché. Après chaque phrase, ils pouffent de rire.)

JEUNE HOMME 1
Regardez-moi celui-là ! Il se prend pour un oiseau...

JEUNE HOMME 2
Eh l'ami, fais attention, t'as oublié ton deltaplane...

JEUNE HOMME 3
Si tu veux un parachute, je peux t'en prêter un...

JEUNE HOMME 2
Si tu préfères une chute sans para, on t'en trouvera une aussi... C'est plus rapide et plus pratique...

JEUNE HOMME 1
Quand t'arriveras en bas, envoie des nouvelles...

(Ils s'éloignent en riant et croisent un policier qui les regarde avec méfiance puis s'adresse au suicidaire.)

LE POLICIER
Qu'est-ce que vous fabriquez là, vous, en haut du mur ?

LE SUICIDAIRE
(un peu irrité)
Ben, vous voyez, j'admire le paysage...

LE POLICIER
On ne joue pas au plus malin avec moi. Descendez de là immédiatement. Vous ne savez pas qu'on ne doit pas endommager le patrimoine national ? Descendez ! *(Le suicidaire obéit à contre-coeur.)* Vos papiers ! *(Le policier recule un peu pour mieux les examiner mais ne trouve rien d'anormal.)* Je vous ai à l'oeil. Quand je repasserai, je ne veux plus vous voir ici, compris ? *(Le suicidaire courbe les épaules. Le policier s'éloigne.)*

LE SUICIDAIRE
Mais pourquoi est-ce qu'on ne me fout pas la paix ? On ne peut même plus se demander si on veut vivre ou mourir. C'est insupportable... Il y en a qui vous retiennent, d'autres qui vous poussent, on n'a même plus le temps de savoir ce qu'on veut.

(Un homme mystérieux s'approche, tout de blanc vêtu. Il fixe le suicidaire.)

L'HOMME MYSTÉRIEUX
« Si tu veux te tuer, pourquoi est-ce que tu ne veux pas te tuer ? Ah, profites-en ! Moi qui aime autant la vie que la mort, si j'avais le courage de me tuer, je me tuerais moi aussi . Ah, si tu en as l'audace, vas-y.» *(Álvaro de Campos).*

(Il repart comme il est arrivé. Le suicidaire reste comme hypnotisé en le regardant s'éloigner. Il fixe à nouveau l'abîme. Il a la chair de poule et tremble. Lentement, il s'assoit. Contre-jour. Derrière lui, un espace s'éclaire en rouge. Deux femmes dansent en silence une danse lascive. L'oiseau noir surgit et fait l'amour avec l'une d'elles, l'autre l'enlace et le caresse. On entend un enregistrement de gémissements et de soupirs. La lumière rouge et le son s'estompent tandis que la lumière éclaire progressivement le suicidaire. La femme qui fait l'amour avec l'oiseau sursaute.)

FEMME 1
Tu m'as appelée ?

LE SUICIDAIRE
Moi ? Non, je n'ai appelé personne !... Qui es-tu ?

FEMME 1
Qu'est-ce que ça peut te faire ?... Je veux seulement savoir si tu m'as appelée ?...

LE SUICIDAIRE
Et même si je t'avais appelée ?

FEMME 1
Tu m'as appelée ou tu ne m'as pas appelée ? C'est tout ce que je veux savoir !

LE SUICIDAIRE
Je ne t'ai pas appelée. Mais puisque tu es ici, si tu veux, tu peux rester un petit peu.

FEMME 1
Je ne vais pas là où on ne m'appelle pas... *(Elle fait mine de partir.)* Je ne reste jamais longtemps où je ne peux pas aimer.

LE SUICIDAIRE
Et qui te dit qu'ici tu ne peux pas aimer ? Je ne suis pas ici, moi ?

FEMME 1
(Sur le point de partir.)
Toi, tu n'es déjà plus ici ! Tu n'existes pas !

LE SUICIDAIRE
Regardez-moi celle-là. Rien que parce que j'ai dit que je ne l'avais pas appelée ! On dirait qu'elle est vexée, la pute...

(Tous les acteurs entrent et s'assoient sur la scène, en spectateurs. Ils regardent fixement le suicidaire.)

LE SUICIDAIRE
Qu'est-ce qu'il y a ? Qu'est-ce que vous avez tous à me regarder ? *(Il pivote sur le banc, s'adressant alternativement aux acteurs et au public.)* Qu'est-ce que c'est ? Vous voulez ma photo ? Vous n'avez jamais vu un homme qui se suicide ? Qu'est-ce que vous voulez ? Du spectacle ? Vous voulez voir comment je me tue ?... Vous ne voulez rien d'autre, non ? Le suicide est une chose sérieuse, un acte intime, sacré. Qu'est-ce que vous vouliez ? Que je me tue ici même ? Je me tue mais c'est pour rire, bande de conards. JE VEUX VIVRE ! Tuez-vous les premiers, bande de...

(En se retournant, il perd l'équilibre et tombe dans le vide avec un long hurlement de terreur. L'oiseau noir s'approche et le recouvre de ses ailes. Le policier apparaît. Il cherche attentivement, ne voit personne et s'éloigne, l'air satisfait.)

LE POLICIER
Il est parti... Je m'en doutais un peu ! Le respect de l'uniforme, c'est quand même encore beau à voir !

Traduction André Jolly

(1) O barco virou : « Le bateau s'est retourné » ou « a sombré ».

José Mena Abrantes est né en 1954 à Malange, Angola. Après un séjour en Europe, il rentre en Angola en 1974 et sera journaliste dans divers organes de presse. Écrivain, il est également directeur de la troupe Elinga-Teatro et auteur de 12 pièces de théâtre. Publications : Itinerários de Água, 1986 ; Restias, 1988 ; O Pião – textos em rotação, 1989 ; Meninos, 1990 ; Na curva do cão morto, 1994 ; Caminhos descantados, 1994 ; Cintilações – estorias de meninos breves, 1996 ; Objectos musicais, 1997.

A Foto

AGÊNCIA DE FOTOGRAFIA E AUDIO-VISUAL

PHOTOGRAPHY AND AUDIO-VISUAL AGENCY

Agence de Photografie et d'audio-visuel

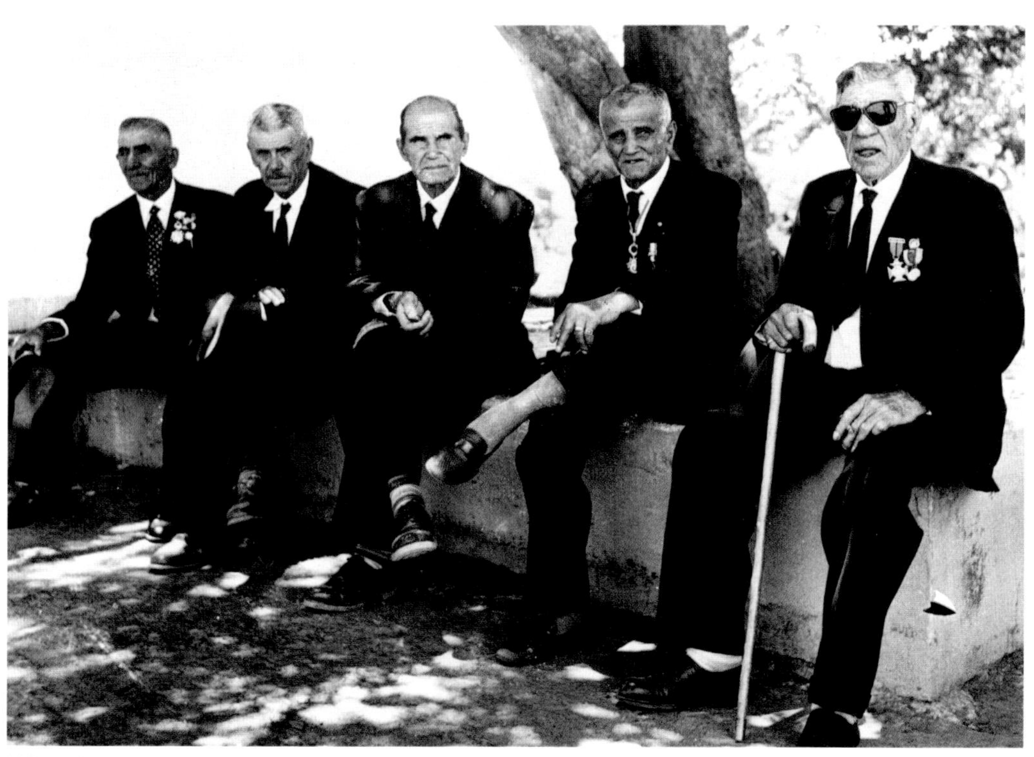

Velhos colonos no Lubango, 1958 © Photo A Foto

O CITA — Centro de Informação e Turismo de Angola foi fundado em 1949 em Luanda na altura em que foi lançado o célebre slogan *Vamos descobrir Angola*. O Serviço de fotografia lança-se então numa vasta campanha destinada a fixar todos os aspectos da vida quotidiana angolana : retratos de colonos portugueses, de chefes tradicionais ou de camponeses angolanos, túmulos de dignitários, cerimónias rituais ou oficiais, danças tradicionais, Carnaval de Luanda, acontecimentos desportivos, imagens das cidades e dos campos, paisagens, etc... Em 1975, com a independência de Angola, o CITA desaparece. O Departamento de Informação e de Propaganda do MPLA – DIP –, sob o controlo do Ministério de Informação, surge em 1977 e recupera o acervo do CITA. Como o nome indica, o DIP está ao serviço do poder e terá por missão promover a

The Angola Information and Tourism Centre, CITA, was founded in 1949 in Luanda when the famous slogan *Let's go and discover Angola* was launched. The photography department launched a huge campaign to fix all the aspects of Angolan daily life: portraits of Portuguese colonists, traditional chiefs and Angolan peasants, gravestones of dignitaries, ritual or official ceremonies, traditional dances, the Luanda carnival, landscapes etc... The CITA disappeared in 1975 when Angola gained its independence. The Information and Propaganda Department (DIP) of the MPLA, created in 1977 under the authority of the Ministry of Information, recovered the CITA collection. As it name suggests, the DIP served the authorities and its mission was to promote the government's image:

Le Centre d'Information et de Tourisme d'Angola – CITA fut fondé en 1949 à Luanda au moment où fut lancé le célèbre slogan *Allons découvrir l'Angola*. Le département photographie se lance alors dans une vaste campagne qui consiste à fixer tous les aspects de la vie quotidienne angolaise : portraits de colons portugais, de chefs traditionnels ou de paysans angolais, tombes de dignitaires, cérémonies rituelles ou officielles, danses traditionnelles, carnaval de Luanda, événements sportifs, images des villes et des campagnes, paysages, etc... En 1975, avec l'indépendance de l'Angola, le CITA disparaît. Le Département d'information et de propagande du MPLA – DIP –, sous contrôle du Ministère de l'Information, voit le jour en 1977 et reprend le fond du CITA. Comme son nom l'indique, le DIP est au service du pouvoir et aura pour mission de promouvoir l'image du gouvernement : guerre contre l'UNITA, procès de mercenaires anglais et sud-africains

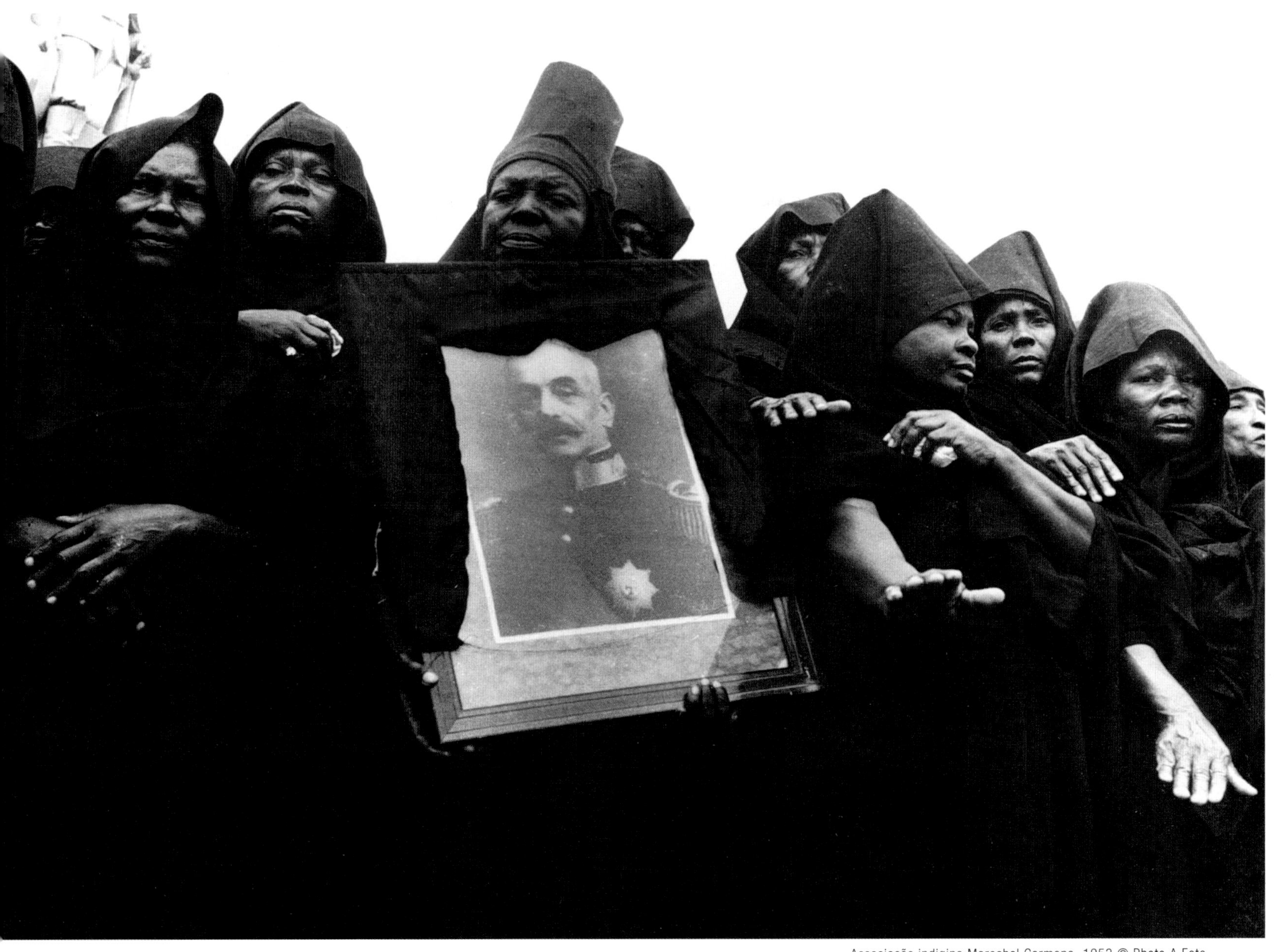

Associação indigina Marechal Carmona, 1953 © Photo A Foto

imagem do Governo : guerra contra a UNITA, processos de mercenários ingleses e sul-africanos capturados, visitas oficiais a Angola de chefes de Estado do bloco soviético, viagens do Presidente da República. Em 1981, o DIP muda de nome e torna-se a En Foto, Empresa Nacional de Fotografia. Em 1991, com a tentativa de reconciliação nacional e as primeiras eleições, a En Foto é privatizada e torna-se A Foto. A agência diversifica-se e lança-se na fotografia publicitária, industrial, turística, aniversários, casamentos, banquetes, retratos a domicílio, acontecimentos desportivos e edição de postais ilustrados. A Foto, com quatro fotógrafos contratados, possui um laboratório para revelar e fazer cópias a partir de negativos a cor e a preto e branco, dispondo ainda dos arquivos dos seus predecessores. Organizadas por temas, são mais de cento e cinquenta mil fotografias tiradas por uma centena de anónimos – portugueses e angolanos – que dormem em caixas, reconstituindo cerca de meio século da história de Angola.

Tradução Zé Lima

war against the UNITA, the trials of captured English and South African mercenaries, State visits from Soviet Bloc leaders, Presidential tours. In 1981 the DIP changed its name to En Foto, (National Photo Firm). Following attempts for national reconciliation and the first elections in 1991, En Foto was privatised and became A Foto. The agency diversified and branched out into advertising, industrial and tourist photography, birthdays, weddings, banquets, portraits in people's homes, sporting events and postcard publication. A Foto has 4 contract photographers, a colour and black and white developing and copying lab and the archives of its predecessors. The archives contain over 150,000 prints taken by a hundred anonymous Portuguese and Angolan photographers, filed by theme and stored in racks, that retrace nearly half a century of Angolan history.

Translation Gail de Courcy-Ireland

capturés, visites officielles de chefs d'états du bloc soviétique en Angola, déplacements du Président de la République. En 1981, le DIP change de nom et devient *En Foto*, Entreprise Nationale de Photo. En 1991, avec la tentative de réconciliation nationale et les premières élections, *En Foto* est privatisée et devient *A Foto*. L'agence se diversifie et se lance dans la photo publicitaire, industrielle, touristique, les anniversaires, les mariages, les banquets, les portraits à domicile, les événements sportifs et l'édition de cartes postales. *A Foto*, avec quatre photographes sous contrat, possède un laboratoire pour les développements et la duplication de clichés couleur et Noir & Blanc ainsi que les archives de ses prédécesseurs. Classés par thèmes, ce sont plus de cent cinquante mille clichés pris par une centaine d'anonymes – portugais et angolais – qui dorment dans des casiers, retraçant près d'un demi-siècle de l'histoire de l'Angola.

N.F.

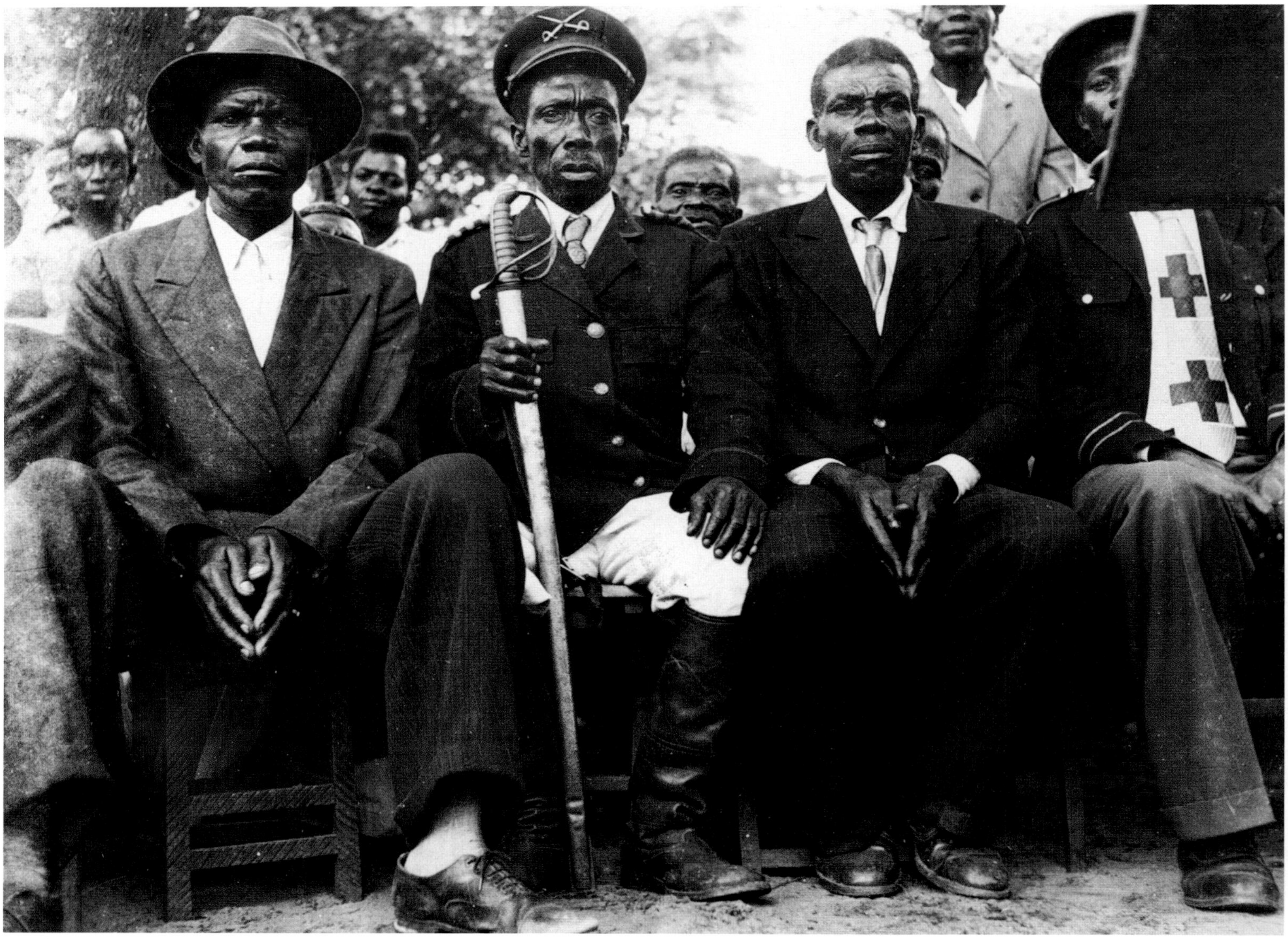

Soba ou autoridade tradicional, Benguela, 1958 © Photo A Foto

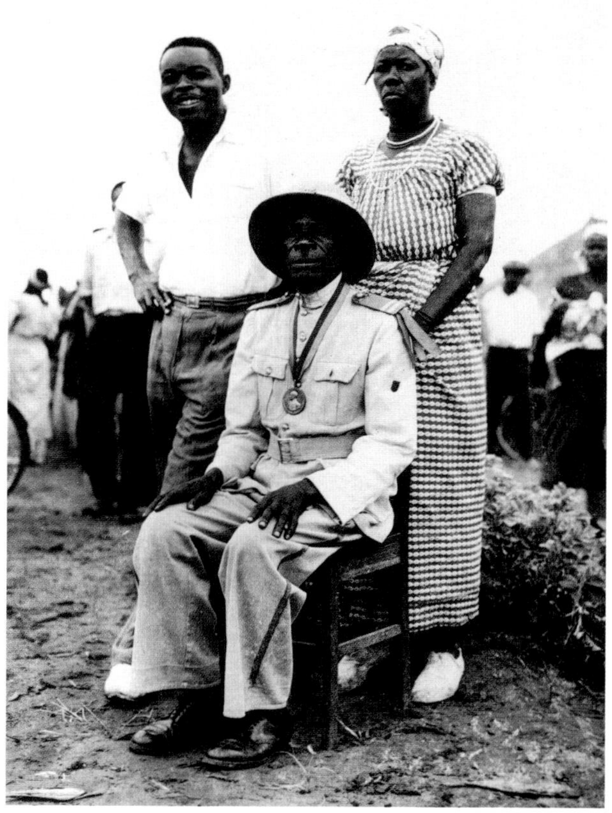

Soba com a esposa e o secretário, Benguela, 1958 © Photo A Foto

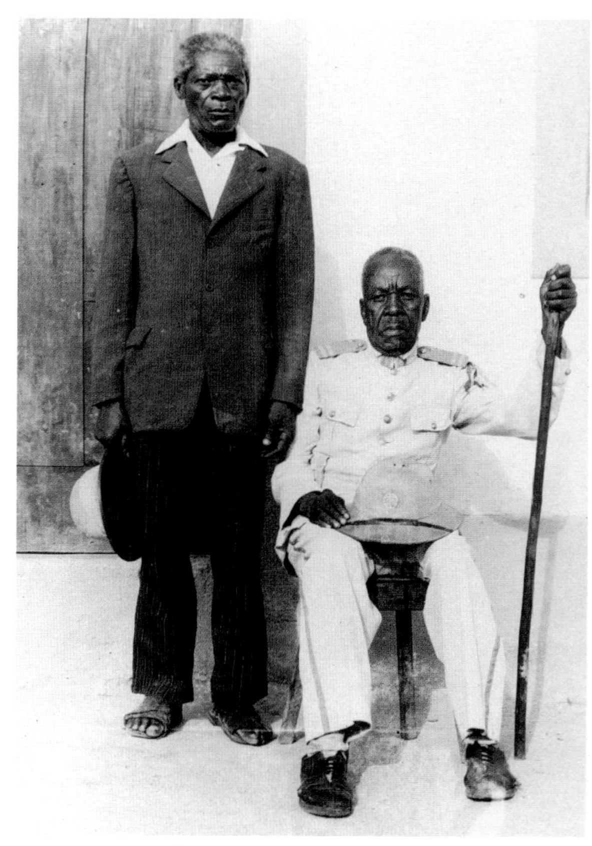

Soba ou autoridade tradicional, Benguela, 1958 © Photo A Foto

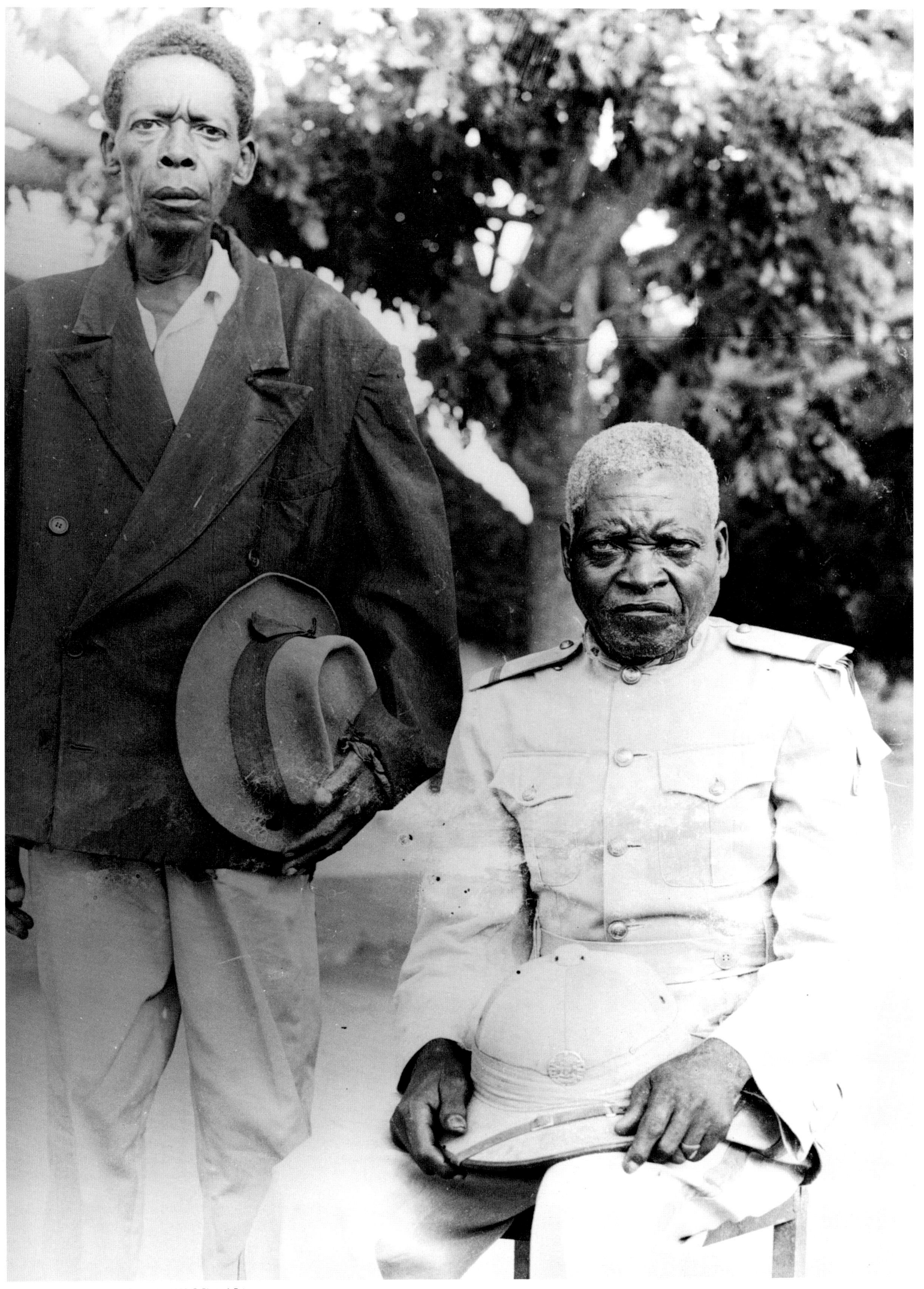

Soba ou autoridade tradicional, Benguela, 1958 © Photo A Foto

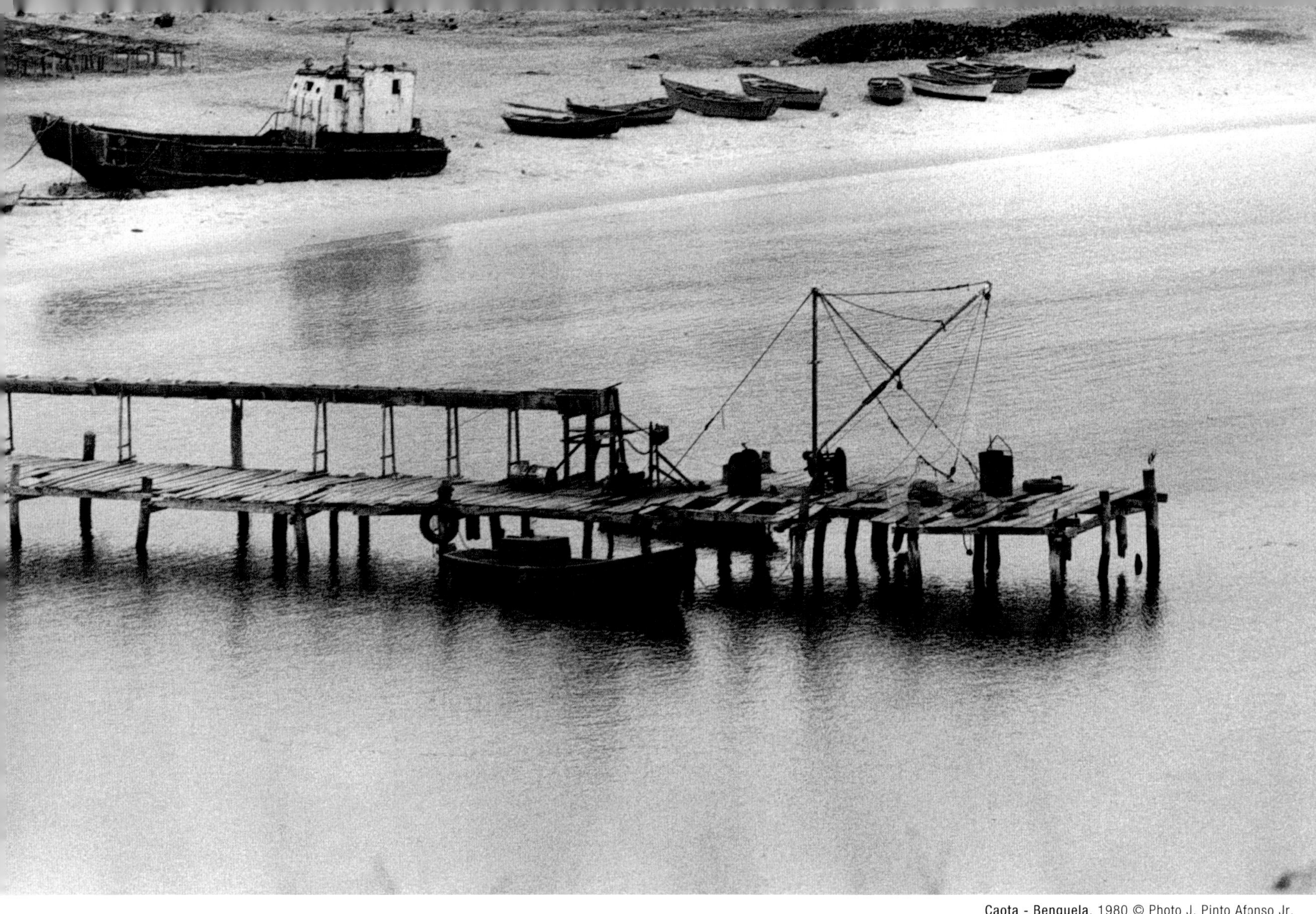

Caota - Benguela, 1980 © Photo J. Pinto Afonso Jr.

La famille
A FAMÍLIA
THE PINTO AFONSO FAMILY
Pinto Afonso

É a história de uma família. Uma história que poderia ter sido banal se o cenário não estivesse localizado em Angola e se o país não tivesse atravessado a ocupação portuguesa, a luta da independência, a guerra civil, o comunismo versão soviética e finalmente as múltiplas tentativas de reconciliação entre facções rivais. É a história de três irmãos. Fotógrafos.

Zé, o mais velho, começa a fotografia aos doze anos de idade, quando a mãe lhe oferece uma máquina Agfa Bolex 6x9. Dos vinte aos trinta e um anos trabalha para os CFB (Caminhos de Ferro de Benguela) e dedica-se à fotografia nos momentos livres : retratos, casamentos, festas de família. Após seis anos de luta e de transferências, consegue dos CFB o direito de usar o duplo título de funcionário e de fotógrafo independente. Em 1968, abre um estúdio em Luau (na fronteira com o ex-Zaire) : Foto Ngufo. Faz fotografias de casamentos, retratos, revelação e cópias a preto e branco, vendendo também discos e obras de escritores portugueses de esquerda. Acusado pela polícia secreta portuguesa de actividades revolucionárias e de atentar

This is the story of a family. A story that might have been quite ordinary if it wasn't set in Angola and if Angola hadn't gone through Portuguese occupation, the fight for independence, the civil war, Soviet-style communism and multiple reconciliation attempts between rival factions. This is the story of three brothers. Photographers.

Zé, the eldest, started photography at the age of 12 when his mother gave him an Agfa Bolex 6x9 chamber. He started working for the CFB (Benguela Railway Company) when he was 20 and took photos in his spare time: portraits, weddings, family celebrations. After six years of transfers and struggle, the CFB finally allowed him to hold a dual title: civil servant and independent photographer. In 1968 he opened a studio in Luau (on the border with former Zaire): *Foto Ngufo*. He took wedding photos and portraits there, developed and printed black and white photos and sold records and the works of left-wing Portuguese writers. Accused of revolutionary activities and breach of Angolan security by the Portuguese secret police, Zé resigned from the CFB when he was 31 and devoted his time to his studio with the help of his two brothers, Rui and Joaquim, who joined him in Luau.

The outbreak of war in 1975 triggered exodus. Arrested and imprisoned in Huambo for a month, Zé managed to catch a plane to Luanda but what with all the confusion going on at the time the plane was

C'est l'histoire d'une famille. Une histoire qui aurait pu être banale si le décor n'était pas campé en Angola et si le pays n'avait pas traversé l'occupation portugaise, la lutte d'indépendance, la guerre civile, le communisme version soviétique et enfin de multiples tentatives de réconciliation entre factions rivales. C'est l'histoire de trois frères. Photographes.

Zé, l'aîné, commence la photographie à l'âge de 12 ans quand sa mère lui offre une chambre Agfa Bolex 6x9. De 20 à 31 ans il travaille pour le CFB (la compagnie de Chemin de Fer de Benguela) et pratique la photographie pendant ses moments libres : portraits, mariages, fêtes familiales. Après six années de lutte et de transfert, il obtient du CFB le droit de porter le double titre de fonc-

Joaquim Pinto Afonso, nasceu em 1950 em Angola. Iniciado na fotografia por Zé, é actualmente o responsável do serviço técnico de Foto Ngufo em Luanda. Hoje, as suas duas filhas, Karina e Marly, lançam-se por seu turno na fotografia.

Joaquim Pinto Afonso was born in Angola in 1950. Zé first introduced him to photography and he is currently head of the technical department at Foto Ngufo in Luanda. His two daughters, Karina and Marly, are both starting out in photography.

Joaquim Pinto Afonso est né en 1950 en Angola. Initié à la photographie par Zé, il est actuellement responsable du service technique de Foto Ngufo à Luanda. Aujourd'hui, ses deux filles, Karina et Marly, se lancent dans la photographie.

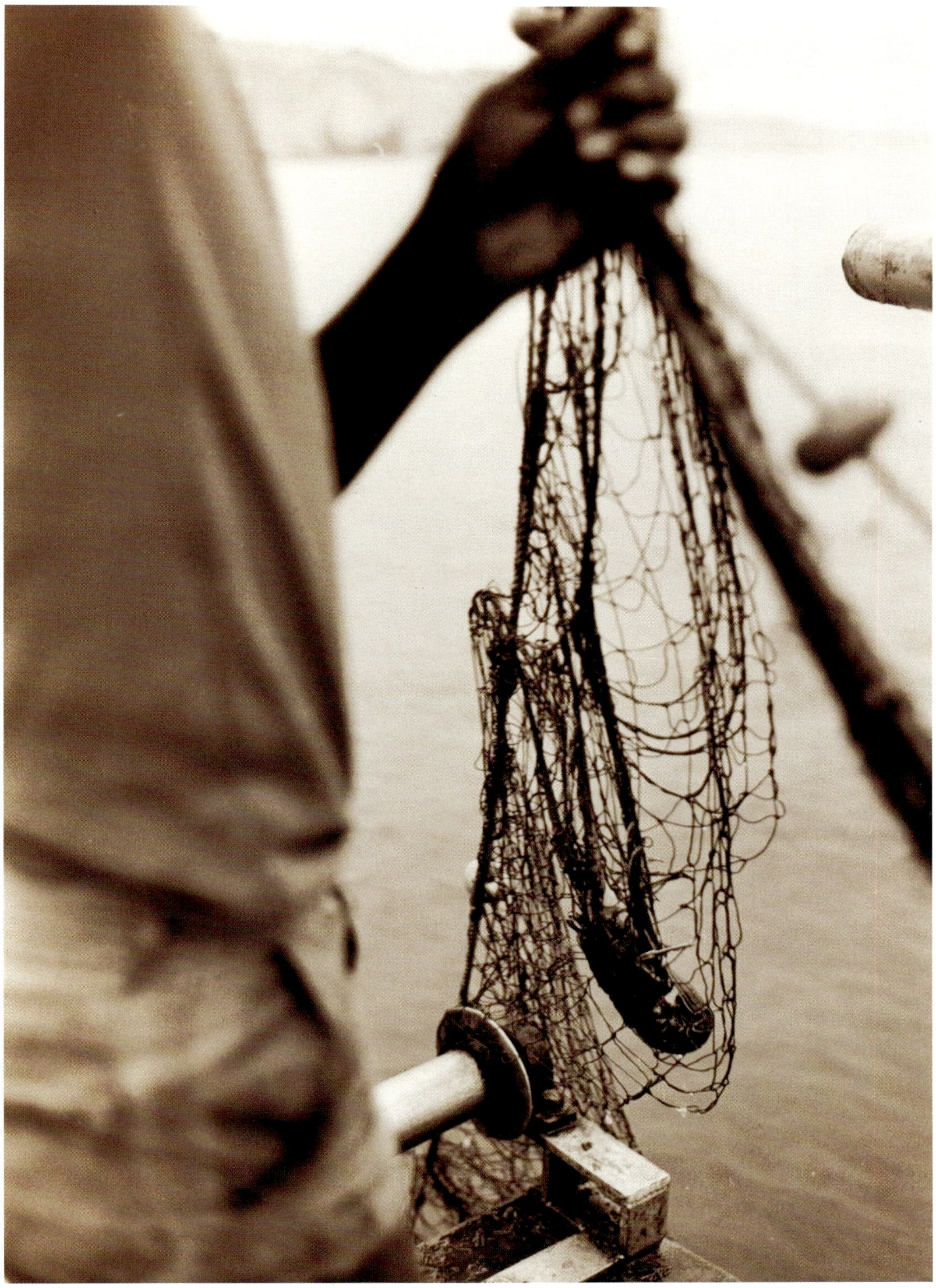

Le pêcheur de langoustes, Cabo Ledo, 1979 © Photo José Pinto Afonso

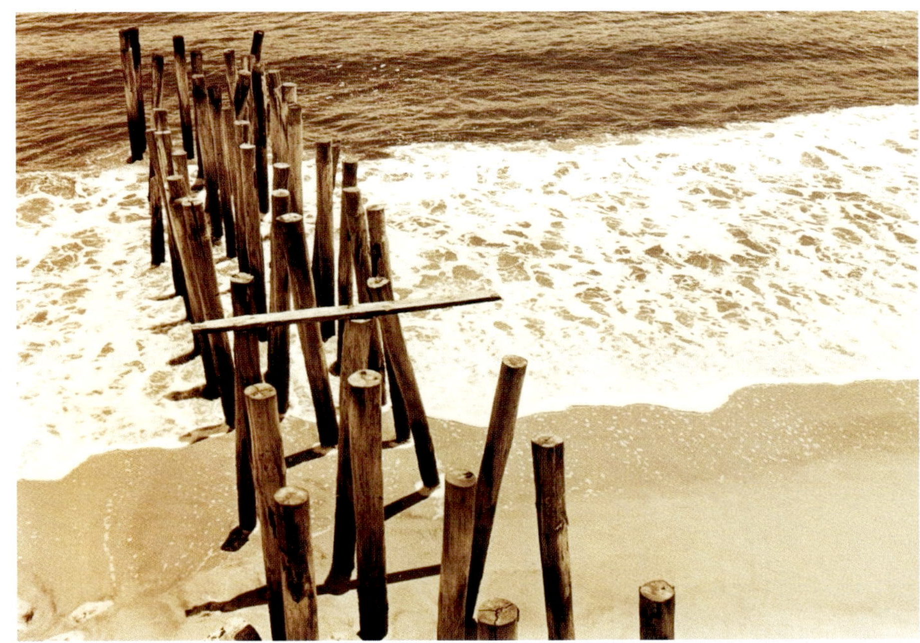

La dernière planche, Cabinda, 1980 © Photo José Pinto Afonso

José António Pinto Afonso, conhecido por Zé, nasceu em 1940 em Ukuma na província de Huambo, Angola. Gostaria de dispor de uma pausa para fazer fotografia « com amor », para si próprio. Director de Foto Ngufo, vive em Luanda.

José António Pinto Afonso, known as Zé, was born in 1940 in Ukuma, Huambo province, Angola. He would like to take some time off to take photos « lovingly », for himself. Manager of Foto Ngufo, he lives in Luanda.

José António Pinto Afonso dit Zé est né en 1940 à Ukuma dans la province de Huambo, Angola. Il aimerait faire une pause pour faire de la photo avec « amour », pour lui. Directeur de Foto Ngufo, il vit à Luanda.

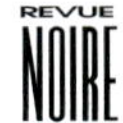

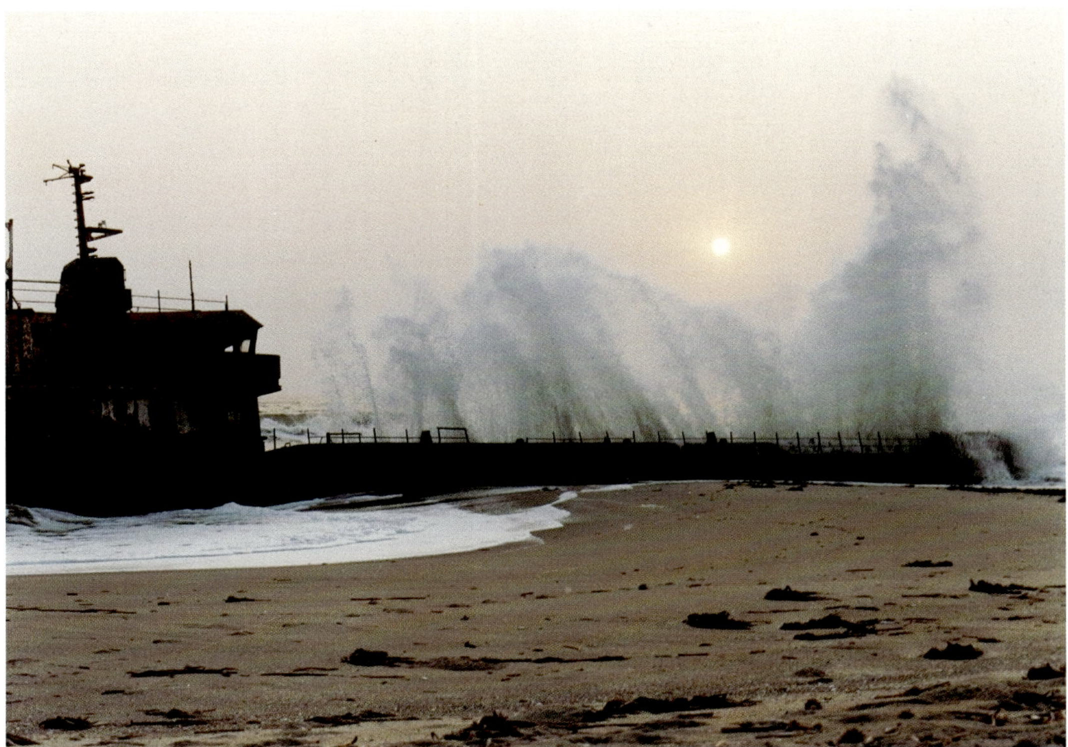

© Photo Rogerio Afonso

contra a segurança de Angola, Zé é levado à demissão dos CFB e consagra-se inteiramente ao seu estúdio com a ajuda dos dois irmãos, Rui e Joaquim, que se reuniram a ele em Luau.

Em 1975, a guerra estala e segue-se o êxodo. Detido e preso em Huambo durante um mês, Zé consegue apanhar um avião para Luanda, mas no meio da confusão reinante, o vô é desviado para Lisboa, onde ficará a trabalhar como repórter de imprensa. Um ano mais tarde, os irmãos localizam-no e regressam todos a Luanda. Zé trabalha então para a televisão, para a revista Novembro e instala-se por conta própria, juntamente com Rui, em 1985. Entretanto enviam material a Joaquim, que montou Foto Ngufo em Benguela. Em 1992, Foto Ngufo surge em Luanda. Joaquim entrega a loja de Benguela a um gerente e junta-se aos irmãos na capital.

Hoje os três irmãos abandonaram praticamente toda a actividade de fotógrafo. Foto Ngufo, o laboratório mais em voga da capital, é uma « actividade comercial ». Negativos e fotografias, mais de trinta anos de trabalho e de recordações, foram sendo consumidos no fogo da guerra. Uma parte das fotografias que apresentamos são verdadeiros « salvados miraculosos ».

O drama é que histórias como as dos irmãos Pinto Afonso são às centenas em Angola. E já não se contam os fotógrafos que perderam tudo num bombardeamento, no êxodo ou nas salas de arquivo poeirentas de jornais hoje desaparecidos.

Tradução Zé Lima

hijacked and diverted to Lisbon, where he started working as a press reporter. His brothers found him a year later and they all went back to Luanda. Zé worked for television, the *November* journal, and set up his own business with Rui in 1985. Joaquim had re-established *Foto Ngufo* in Benguela and they sent him equipment. In 1992, *Foto Ngufo* opened in Luanda. Joaquim hired a manager for the Benguela agency and joined his brothers in the capital.

Today, the three brothers hardly touch photography themselves. *Foto Ngufo*, the most fashionable lab in the capital, is a « commercial venture ». Over 30 years of hard work, negatives, prints and souvenirs have been destroyed by war. Some of the photos presented here are « miraculous survivors ».

The real drama is that there are hundreds of stories like this in Angola. Countless photographers lost everything in bombings, the exodus or the dusty archive storerooms of newspapers that no longer exist.

Translation Gail de Courcy-Ireland

tionnaire et de photographe indépendant. En 1968 il ouvre un studio à Luau (à la frontière avec l'ex-Zaïre) : Foto Ngufo. Il y pratique des photos de mariage, des portraits, le développement et le tirage Noir & Blanc ainsi que la vente de disques et d'ouvrages d'écrivains portugais de gauche. Accusé par la police secrète portugaise d'activités révolutionnaires et d'atteinte à la sécurité de l'Angola, Zé démissionne du CFB et se consacre entièrement à son studio avec l'aide de ses deux frères Rui et Joaquim qui l'ont rejoint à Luau.

En 1975, la guerre éclate et c'est l'exode. Arrêté et emprisonné à Huambo pendant un mois, Zé réussit à prendre un avion pour Luanda mais dans la confusion qui règne, le vol est détourné sur Lisbonne où il travaillera comme reporter dans la presse. Un an plus tard ses frères le retrouvent et ils repartent ensemble sur Luanda. Zé travaillera pour la télévision, la revue Novembre et s'installe à son compte avec Rui en 1985. À Joaquim qui a monté Foto Ngufo à Benguela ils envoient du matériel. En 1992, Foto Ngufo voit le jour à Luanda. Joaquim met l'agence de Benguela en gérance et les rejoint dans la capitale.

Aujourd'hui les trois frères ont quasiment cessé toute activité de photographe. Foto Ngufo, le laboratoire le plus en vogue de la capitale, est une « activité commerciale ». Négatifs et tirages, plus de trente années de travail et de souvenirs, se sont consumés dans le feu de la guerre. Une partie des photos que nous présentons sont des « rescapés miraculeux ».

Le drame, c'est que des histoires comme celles des frères Pinto Afonso, il y en a des centaines en Angola. Et on ne compte plus le nombre de photographes qui ont tout perdu lors d'un bombardement, dans l'exode ou dans des salles d'archives poussiéreuses de journaux aujourd'hui disparus.

N.F.

Rui Pinto Afonso, nasceu em 1946 em Angola. Igualmente iniciado por Zé, não quis publicar as suas fotografias. Por pudor ou talvez com medo de acordar velhos demónios. Sérgio, de 22 anos, e Rogério, de 20 anos, são os filhos a quem transmitiu o seu amor sensível pela imagem. Voluntarioso, um olhar malicioso, Zé, assumindo o papel de chefe de família responsável, inunda os sobrinhos de conselhos sobre a sombra, a luz, o enquadramento, os temas a evitar (a fotografia « postal ilustrado »). E apesar da guerra, do exílio e dos milhares de negativos perdidos para sempre, a sucessão dos Pinto Afonso está em marcha.

Rui Pinto Afonso was born in Angola in 1946. Also introduced to photography by Zé, he didn't want to publish his photos. A question of modesty or else fear of stirring up old demons. He has transmitted his sensitive love of images to his sons, Sergio (22) and Rogerio (20).
Zé, a stubborn, responsible head of the family with a mischievous glint in his eye, swamps his nephews in advice on shadows, light, framing and which themes to avoid at all cost (« postcard » photography). Despite war, exile and thousands of negatives that have gone for good, the next Pinto Afonso generation is ready to take over.

Rui Pinto Afonso est né en 1946 en Angola. Également initié par Zé, il n'a pas voulu publier ses photos. Par pudeur ou peut-être par peur de réveiller de vieux démons. Sergio, 22 ans, et Rogerio, 20 ans, sont ses fils à qui il a transmis son amour sensible de l'image. Têtu, le regard malicieux, Zé, en chef de famille responsable, inonde ses neveux de conseils sur l'ombre, la lumière, le cadrage, les thèmes à ne jamais aborder (la photo « carte postale »). Et malgré la guerre, l'exil et des milliers de négatifs perdus à jamais, la relève de Pinto Afonso est en marche.

© Photo Sergio Afonso

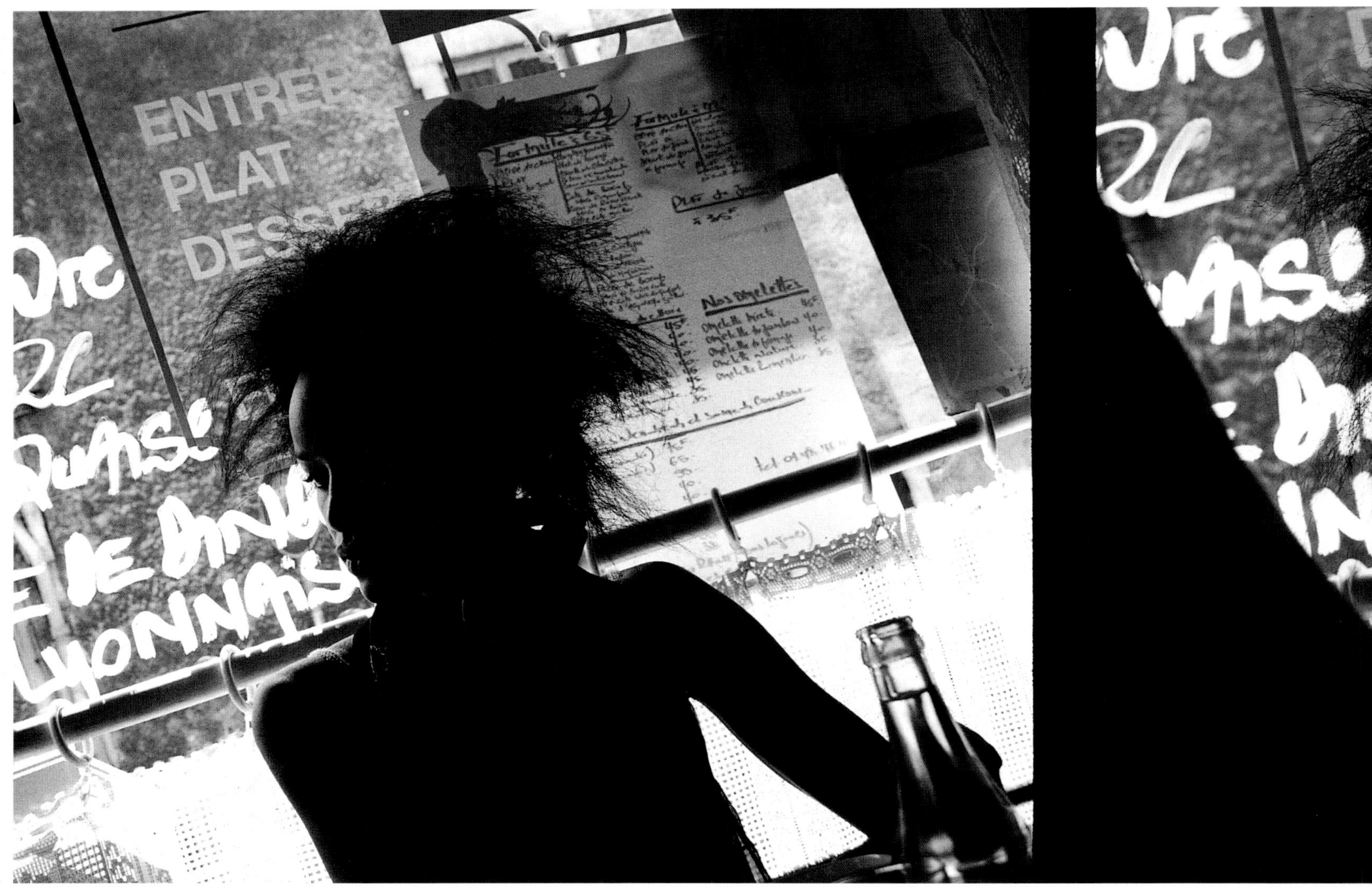

© Photo José Carvalho

José Carvalho

José Carvalho nasceu em 1968 em Zongo, Angola. Diplomado pela Université de Paris VIII, secção Fotografia e Cinema, realizou fotografia de moda, assim como reportagens sobre as comunidades africanas de Paris, cidade onde vive.

José Carvalho was born in Zongo, Angola in 1968. A graduate of the photography and film school of the University of Paris VIII and a resident of Paris, Carvalho has worked as a fashion photographer and is the author of several documentaries on the African communities of the capital.

José Carvalho est né en 1968 à Zongo, Angola. Diplômé de l'Université de Paris VIII section photo et cinéma, il réalise des photographies de mode et aussi des reportages sur les communautés africaines de Paris où il vit.

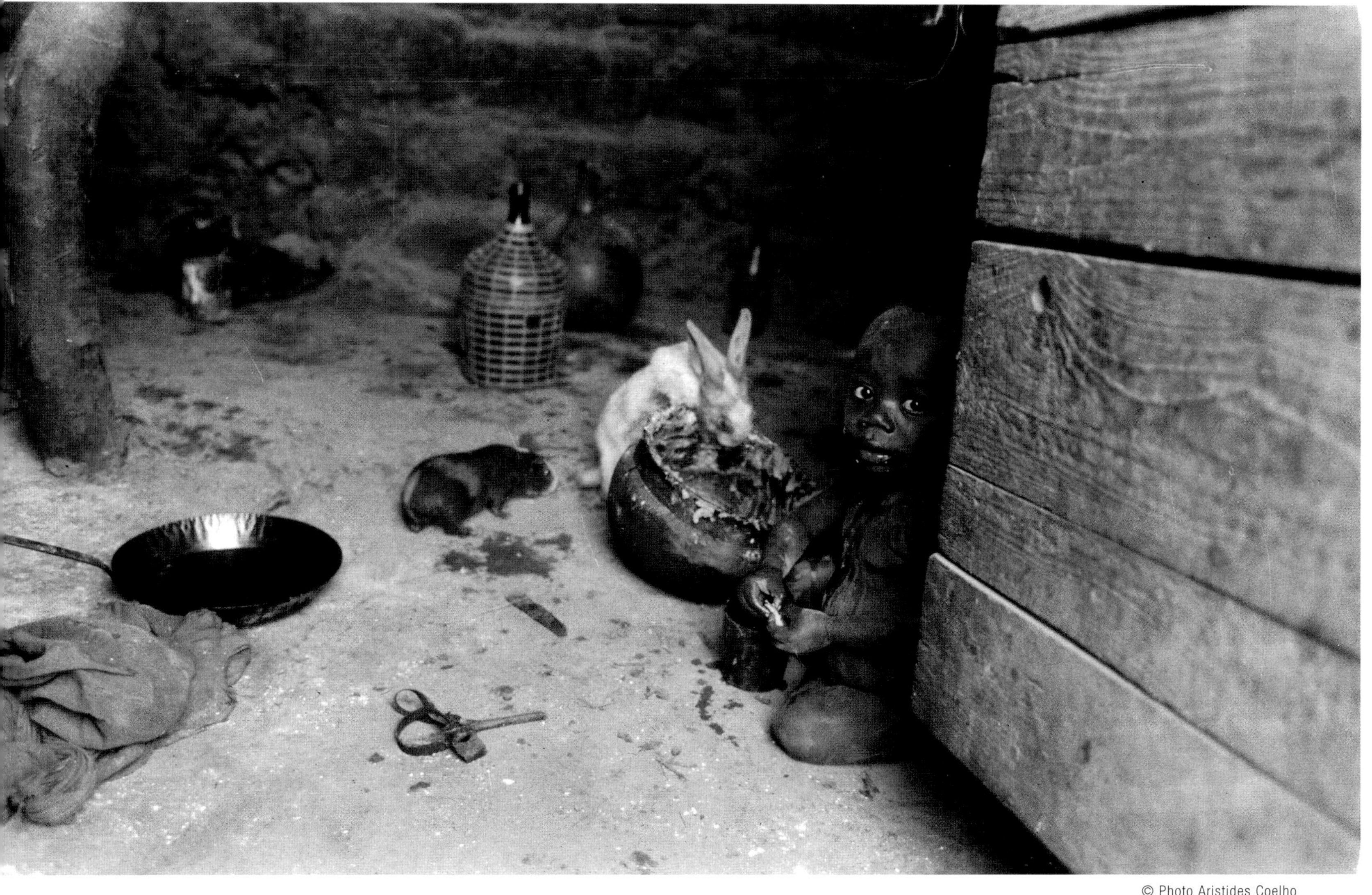

Aristides ***Coelho***

Aristides Coelho, nasceu em 1952 em Malange, Angola. Fotógrafo e cameraman, considera-se como um « captador de imagens ». Vive em Portugal desde 1989.

Aristides Coelho was born in 1952 in Malange, Angola. Photographer and cameraman, he sees himself as an « image collector ». He has been living in Portugal since 1989.

Aristides Coelho est né en 1952 à Malange, Angola. Photographe et caméraman, il se considère comme un « capteur d'images ». Il vit au Portugal depuis 1989.

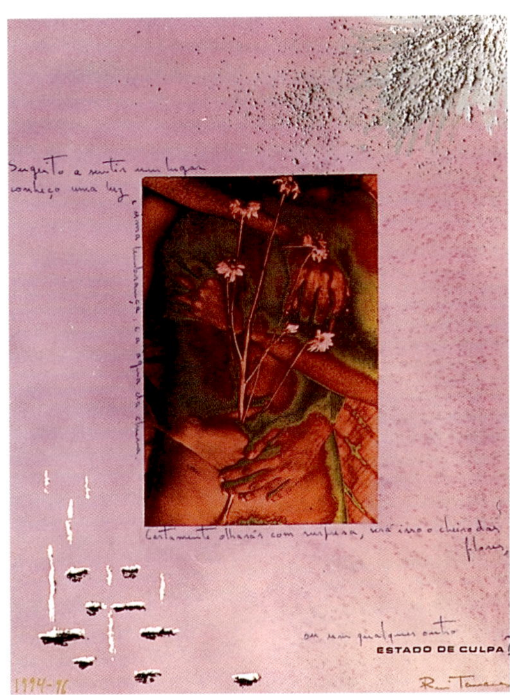

O tempo das flores sob uma nova perspectiva : o estado de culpa
© Photo Rui Tavares

Rui Tavares

Rui Tavares, nasceu em 1971 em Hamburgo. No seu trabalho, intervém nos negativos e nas cópias a preto e branco com pinturas, frases que flutuam ou com sobreposições de imagens. « Trabalho de modo experimental ; o resultado é sempre uma surpresa e o factor acaso tem um papel preponderante. Feiticeiro ? Mágico ? Alquimista ? Não sei... » É um dos membros fundadores da Companhia de Dança Contemporânea – CDC, de Angola, para quem faz as fotografias e os cartazes. Paralelamente, prepara a sua tese de fim de estudos em arquitectura. Vive entre Luanda e Lisboa.

Rui Tavarès was born in Hamburg in 1971. He always adds paint, floating sentences or superimposed images to his black and white negatives or prints. « My work is experimental; the result is often a surprise and there is a high factor of chance. Witch doctor? Magician? Alchemist? I don't know...». He is one of the founding members of the Angola Contemporary Dance Company, CDC, for whom he creates posters and takes photos. He is also preparing his final thesis in architecture. He lives in Luanda and Lisbon.

Rui Tavarès est né en 1971 à Hambourg. Il intervient toujours sur ses négatifs ou sur ses tirages Noir & Blanc avec de la peinture, des phrases qui flottent ou des superpositions d'images. « Je travaille de manière expérimentale ; le résultat reste souvent une surprise et le facteur hasard a une place prépondérante. Sorcier ? Magicien ? Alchimiste ? Je ne sais pas... ». Il est l'un des membres fondateurs de la Compagnie de Danse Contemporaine – CDC d'Angola pour qui il réalise les photos et les affiches. Parallèlement, il prépare son mémoire de fin d'étude en architecture. Il vit entre Luanda et Lisbonne.

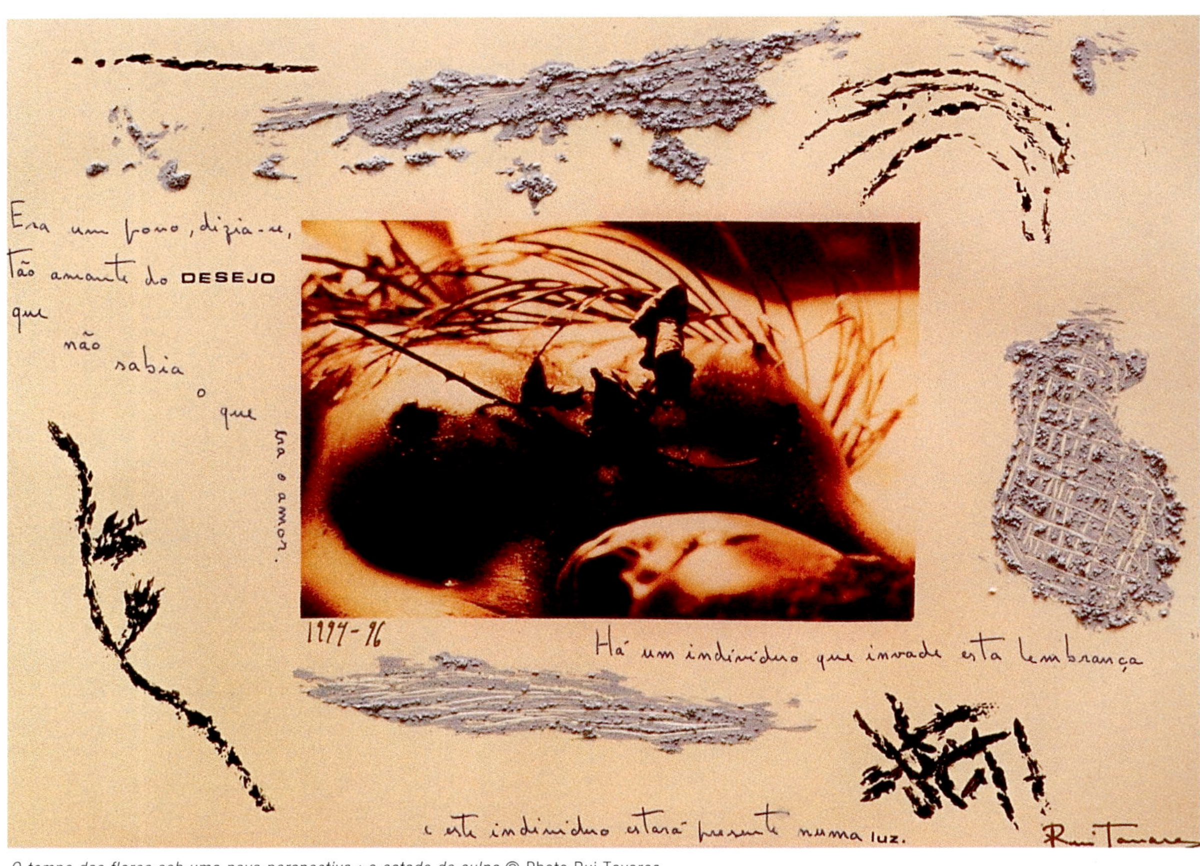

O tempo das flores sob uma nova perspectiva : o estado de culpa © Photo Rui Tavares

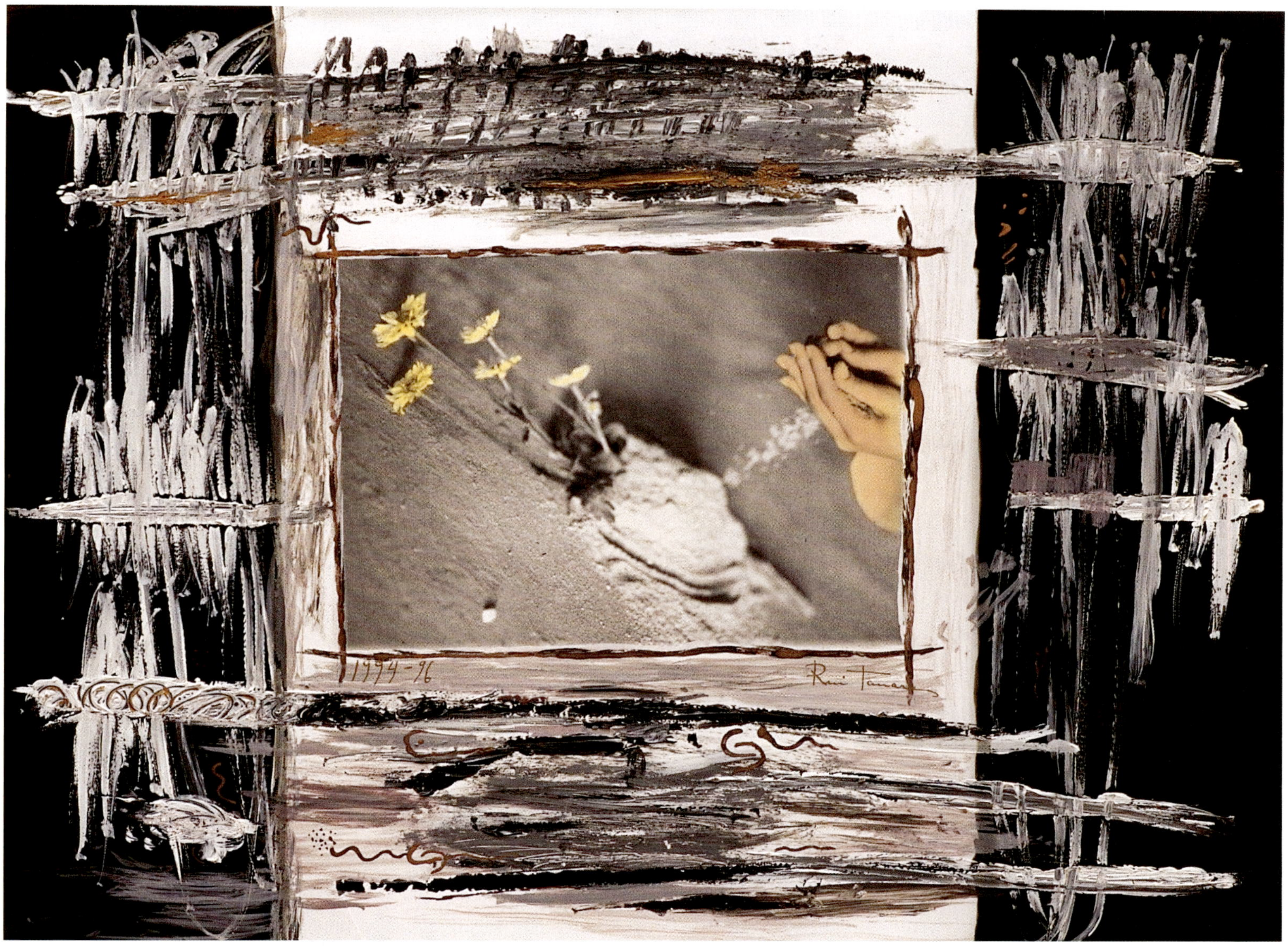

O ovo da serpente © Photo Rui Tavares

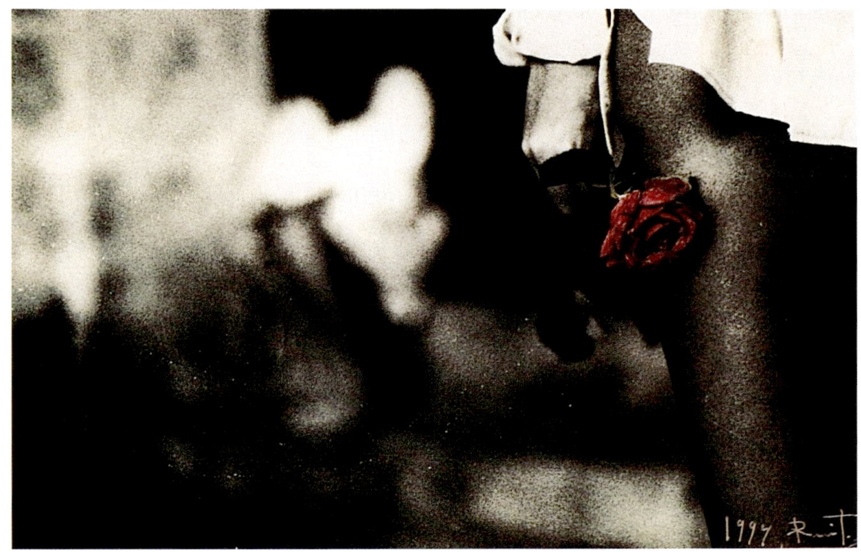

O tempo das flores © Photo Rui Tavares

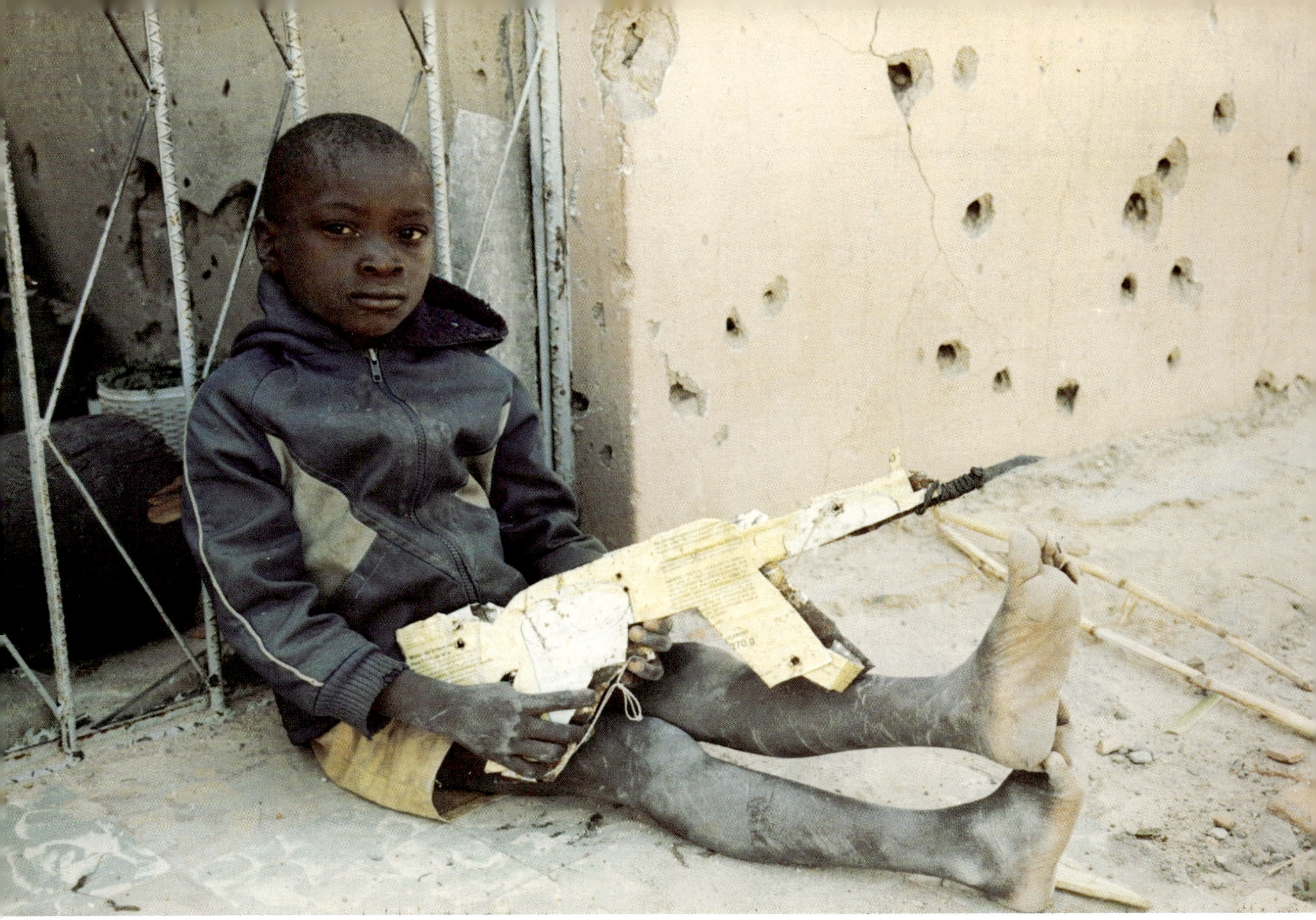

Bié, 1994 © Photo Carlos Lousada

Carlos Lousada

Carlos Lousada, nasceu em 1957 em Luanda, Angola. Repórter, colaborou em numerosos jornais. Actualmente é chefe de redacção do jornal Actual. Vive em Luanda.

Carlos Lousada was born in Luanda, Angola in 1957. He worked as a reporter for numerous newspapers and is now the Editor of the Actual newspaper. He lives in Luanda.

Carlos Lousada est né en 1957 à Luanda, Angola. Reporter, il a collaboré à de nombreux journaux. Il est actuellement rédacteur en chef du journal Actual. Il vit à Luanda.

António Eduardo Correia

António Eduardo Correia, nasceu em 1940 em Luanda. Fotógrafo desde 1966, efectuou numerosas reportagens e documentários em Luanda e no Sul de Angola. Vive em Luanda.

António Eduardo Correia was born in Luanda in 1940. He has been a photographer since 1966 and has made numerous photo reports and documentary films in Luanda and the South of Angola. He lives in Luanda.

António Eduardo Correia est né en 1940 à Luanda. Photographe depuis 1966, il a effectué de nombreux reportages et des films documentaires à Luanda et dans les provinces du Sud de l'Angola. Il vit à Luanda.

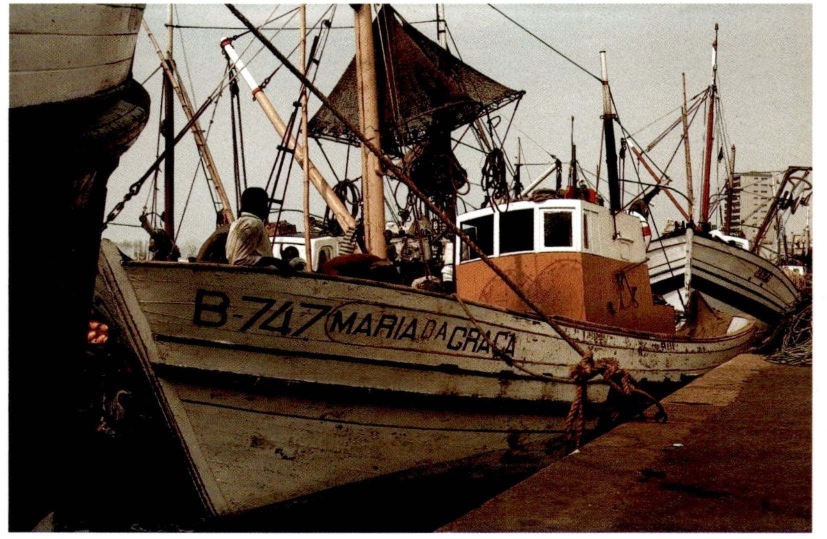

Le port de Luanda © Photo António Eduardo Correia

Arlindo **Barbeitos**

borboletas de luz

esvoaçando
de cadáver em cadáver
colhem
o fedor dos mortos em
vão

e

pelos buracos da renda
dos dias
passam alacres
do mundo do esquecimento
ao país da indiferença
levando consigo
o pólen fatal
das flores da guerra

borboletas de luz

Extracto de *Na Leveza do Luar Crescente*, 1998

butterflies of light

fluttering
from corpse to corpse
gather
the stench of the dead in
vain

and

through the holes in the lace
of the days
they pass joyfully
from the world of forgetting
into the land of indifference
carrying with them
the fatal pollen
of the flowers of war

butterflies of light

Extract from *Na leveza do luar crescente*, 1998
Translation Margaret Jull Costa

des papillons de lumière

voltigent
de cadavre en cadavre
et recueillent
la pestilence des morts
pour rien

et

par les interstices de la dentelle
des jours
passent joyeusement
du monde de l'oubli
au pays de l'indifférence
emportant avec eux
le pollen fatal
des fleurs de la guerre

des papillons de lumière

Extrait de *Na Leveza do Luar Crescente*, 1998
Traduction André Jolly

José Eduardo Agualusa

ELES NÃO SÃO COMO NÓS

O que naquela noite salvou Dona Filipinha de Carpo foi a retórica do Padre António Vieira. A velha senhora tinha-se deitado a ler o « Sermão aos Peixes » e tão encantada ficara com o discurso do jesuíta que às duas horas da manhã ainda estava acordada. Fois assim que ouviu, no quarto de Carolina, o furtivo ranger da janela a abrir-se e depois, com toda a certeza, passos de homem. Levantou-se em camisa de noite (uma espantosa camisa de seda estampada que Charles lhe trouxera de Singapura) e avançou pelo corredor, segura de que finalmente estava a acontecer-lhe aquilo que há muitos anos receava. Quando abriu a porta viu um homem debruçado sobre a menina, viu que ela dormia, viu a faca, e soube o que ia acontecer em seguida:

– Não faça isso – disse baixinho – ela só tem quinze anos.

O homem voltou-se em silêncio e apontando-lhe a faca murmurou :

– Se gritares matamos-te já !

Estava assustado. Dona Filipinha teve pena dele :

– Pouse a faca – disse-lhe. – E vamos conversar.

O homem tinha um ar feroz mas ao mesmo tempo desamparado. Vestia uma velha farda do exército, muito gasta, e trazia umas sandálias abertas, que deixavam ver as unhas pintadas, uma de cada cor. Olhou-a com raiva :

– Conversar ? Conversar não nos mata a fome !

A velha senhora sorriu :

– É verdade ! Vamos então para a cozinha e eu sirvo-lhe uma sopa quente. E depois, se quiser, podemos conversar.

O homem seguiu-a de rosto fechado. Sentou-se à mesa da cozinha, pousou a faca defronte de si, e só então pareceu tranquilizar-se um pouco :

– No Cuíto – disse – sonhavamos todas as noites com comida.

Dona Filipinha olhou-o enquanto preparava a sopa :

– Você esteve no Cuíto ?

O homem não pareceu ouvi-la :

– Foi antes de começarmos a comer os mortos. Agora já só sonhamos com eles.

Pegou na faca e cortou um pão. Cortou uma grossa fatia de queijo e meteu-a no pão. Comeu tudo sem respirar. Dona Filipinha colocou-lhe o prato de sopa à frente e uma colher. Ele afastou a colher, pegou no prato com ambas as mãos e sorveu a sopa.

– Se estivesses a dormir tinhamos-te cortado o pescoço – disse. – A ti e à menina.

Dona Filipinha voltou a encher-lhe o prato :

– Como é que você se chama ?

O homem encolheu os ombros :

– Nós não temos nome !

Lá fora ouviam-se tiros. Uma primeira rajada, muito perto, e logo outra ao longe. Uma voz cansada gritou qualquer coisa. A seguir não se ouviu mais nada.

– É assim todas as noites – disse a senhora. – A semana passada encontrei um cadáver nas escadas. Tinham-lhe cortado os dedos. Contei oito espalhados pelo chão. Alguém me disse que era um bandido.

O homem olhou com estranheza as próprias mãos. Pegou na colher e comeu o resto da sopa. Falava como se estivesse sózinho :

– Estávamos seminaristas, mas o seminário fechou. Então fomos professores nas jornadas de alfabetização e depois nos alistaram nas forças armadas. Fizemos a guerra durante muitos anos. Matamos e morremos muitíssimo.

Voltou-se para Dona Filipinha :

– Sobraram poucos para contar como foi !

Esfregou o rosto e ficou outra vez em silêncio. Se fechasse os olhos podia pensar-se que adormecera. Uma cama rangeu no andar de cima. Uma mulher começou a gemer enquanto a cama rangia. Era como se estivesse ali, dobrada sobre a mesa da cozinha, tensa e suando, mordendo os lençois ao compasso da cama.

– Arranja-nos um saco – pediu o homem. – Não temos a noite inteira.

Dona Filipinha entregou-lhe o saco de couro, largo e fundo, e ele levantou-se, abriu as gavetas e começou a recolher os talheres de prata. Nesse momento Carolina entrou na cozinha, inteiramente nua, no esplendor alucinado dos seus quinze anos. Ficou um momento parada, debaixo da luz, piscando os olhos, como uma gazela surpreendida em pleno sono :

– Vinha buscar um copo de leite – disse. – Não sabia que tinha visitas.

Dona Filipinha empurrou-a com ternura :

– Vai para o teu quarto menina. Eu já te levo o leite.

O homem sacudiu a cabeca :

– Não devia deixá-la andar assim, não nestes tempos, não neste país.

A senhora ficou aflita :

– É ainda uma criança. Podia ser sua filha.

Disse aquilo sem grande convicção. Quando Carolina tinha doze anos tirara-a da casa da família porque os cinco irmãos, todos mais velhos, se aproveitavam dela (a mãe dizia que era ela que se aproveitava deles). Agora via-a crescer belíssima, de uma beleza inquietante, e sentia que estava a criar uma flor carnívora. Quis falar de outra coisa mas não lhe ocorreu mais nada.

– Tenho medo dela – murmurou. – Não é como nós. Pela primeira vez o homem olhou-a nos olhos :

– Este país também já não é nosso. É o país deles. Deus abandonou-nos e o mundo esqueceu-se de nós.

Pousou o saco sobre a mesa :

– Tens joias ?

Dona Filipinha foi ao quarto buscar a caixa onde guardava as joias, abriu-a e despejou tu do dentro do saco. A voz tremeu-lhe um pouco :

– Não tenho mais nada.

O homem apontou para o anel de ouro que ela trazia no dedo mínimo da mão esquerda.

– Esse também !

A senhora suspirou fundo e enfrentou-o :

– Não pode ser. Foi oferta da minha avó, que por sua vez o herdou da mãe. Está na família há quatro gerações. Este fica comigo.

O homem agarrou-lhe na mão e tirou-lhe o anel. A seguir colocou o saco ao ombro, saiu da cozinha, abriu a porta da rua e foi-se embora. Dona Filipinha esperou que ele descesse as escadas. Depois voltou à cozinha e encheu um copo com leite. Nesse momento ouviu-se lá fora um tumulto de vozes, gente a correr, uma rajada rápida, risos. Carolina, nua, estava debruçada na janela do quarto :

– Más notícias ! – gritou para dentro. – Balearam o teu amigo ! ...

Dona Filipinha pousou o copo na mesinha de cabeceira e sentou-se na cama. Sentia-se muito cansada.

– Não era meu amigo – disse. – E de qualquer forma já estava morto.

José Eduardo Agualusa nasceu em Huambo, Angola. Jornalista e escritor. Vive em Lisboa. Publicações : A Conjura, 1989 ; D. Nicolau Água Rosada e Outras Estórias Verdadeiras e Inverosímeis, 1990 ; Coração dos Bosques, 1991 ; A Feira dos Assombrados, 1992 ; A Estação das Chuvas, 1996 ; A Nação Crioula, 1997.

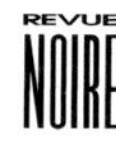

José Eduardo Agualusa

THEY'RE NOT LIKE US

What saved Dona Filipinha de Carpo on that particular night was the rhetoric of Father António Vieira. The old woman went to bed with his « Sermon to the Fish » and was so enchanted by the Jesuit's discourse that at two in the morning she was still awake. That was how she heard the furtive creaking of the window being opened in Carolina's bedroom, and then the unmistakable sound of a man's footsteps. She got up in her nightgown (a garish gown made of printed silk that Charles had brought her from Singapore) and proceeded down the hallway, certain that what for years she had dreaded was finally happening. When she opened the door, she saw a man bending over the girl, saw that the girl was sleeping, saw the man's knife, and knew what would happen next.

– Don't, she said softly. She's only fifteen years old.

The man quietly turned his head, pointed his knife at her, and whispered :

– If you shout, I'll kill you !

He was scared. Dona Filipinha felt sorry for him.

– Put down the knife, she said, and let's talk.

The man looked fierce but also helpless. He wore an old, threadbare army uniform, and sandals that revealed his toenails, each one painted a different colour. He glared at her in rage:

– Talk ? Talk won't fill an empty stomach !

The old woman smiled :

– You're right. So let's go to the kitchen and I'll fix you some soup. And then, if you like, we can talk.

The man, sullen-faced, followed her into the kitchen, sat down at the table, set down the knife, and only then seemed to calm down a bit.

– In Cuíto, he said, I dreamed of food every night.

Dona Filipinha looked at him while she prepared the soup :

– You were in Cuíto ?

The man didn't seem to hear her :

– That was before I began to eat dead people. That's what I dream of now.

He grabbed his knife and cut open a bread roll. He cut a thick slice of cheese and stuck it in the roll. He gobbled it all down in one breath. Dona Filipinha placed the bowl of soup and a spoon in front of him. He shoved aside the spoon, grabbed the bowl with both hands, and guzzled the soup.

– If you'd been sleeping, I would have cut your throat, he said. – Yours and the girl's.

Dona Filipinha refilled the bowl :

– What's your name ?

The man shrugged :

– I don't have a name !

Shots could be heard from outside: a blast close by, followed by another in the distance. A tired voice shouted something. Then silence.

– It's this way every night, said the woman. Last week I found a corpse on the stairs. His fingers had been cut off. I counted eight of them lying on the ground. Somebody said he was a thief.

The man looked uncertainly at his own hands. He picked up the spoon and ate the rest of the soup. He talked as if he were alone :

– I was a seminary student, but the seminary closed. Then I was a teacher in the literacy campaign, and then I was drafted into the army. I fought in the war for years. I killed and died like you wouldn't believe.

He looked again at Dona Filipinha :

– Not many of us have survived to tell how it was !

He wiped his hand over his face and fell silent again. If his eyes hadn't remained open, she'd have thought he'd fallen asleep. A bed creaked in the flat overhead. A woman began to moan while the bed creaked. It sounded as if she were there, bent over on the kitchen table, tense and sweating, biting the sheets in time with the creaking.

– Give me a sack, said the man. I don't have all night.

Dona Filipinha gave him her leather satchel, wide and deep, and the man stood up, opened the drawers, and began to extract the silverware. At that moment Carolina entered the kitchen, completely naked, in the dazzling splendour of her fifteen years of age. She stood frozen for a second, blinking her eyes, like a gazelle startled out of its slumber.

– I came to get a glass of milk, she said. I didn't realise you had visitors.

Dona Filipinha gently shoved her away :

– Go back to you room, dear. I'll come and bring you some milk.

The man shook his head :

– You shouldn't let her walk around like that, not these days, not in this country.

The woman became flustered :

– She's still a child. She could be your daughter.

She spoke without much conviction. She'd taken Carolina out of her family when she was twelve years old, because her five older brothers were taking advantage of her (the mother said it was Carolina who take advantage of them). Now she saw her growing up and becoming strikingly, disturbingly beautiful, and she felt she was raising a carnivorous flower. She wanted to change the subject, but no other subject occurred to her.

– I'm afraid of her, she whispered. She's not like us. For the first time the man looked her straight in the eyes :

– Nor is this country ours any longer. It's their country. God has forsaken us, and the world has forgotten us.

He laid the satchel on the table :

– Do you have any jewels ?

Dona Filipinha went to her bedroom to fetch her jewel box, opened it up, and poured the contents into the satchel. Her voice quivered slightly :

– That's all I have.

The man pointed at the gold ring she wore on the pinkie of her left hand.

– What about that ?

The woman took a deep sigh and confronted him :

– I can't let you have it. It was handed down to me by my grandmother, who in turn inherited it from her mother. It's been in the family for four generations. The ring stays with me.

The man grabbed her hand and pulled off the ring. Then he threw the satchel over his shoulder, left the kitchen, opened the front door, and was gone. Dona Filipinha waited until he had descended the stairs, then returned to the kitchen and filled a glass with milk. At that moment she heard a hubbub of voices outside, people running, a quick blast, laughter. Carolina, naked, was leaning out her bedroom window.

– Bad news ! she called out to the old woman. Your friend was shot down !

Dona Filipinha set the glass down on the nightstand and sat on the bed. She felt very tired.

– He wasn't my friend, she said. And besides, he was already dead.

Translation Richard Zenith

José Eduardo Agualusa was born in Huambo, Angola. He is a journalist and writer and he lives in Lisbon. Publications : A Conjura, 1989 ; D. Nicolau Água Rosada e Outras Estórias Verdadeiras e Inverosímeis, 1990 ; Coração dos Bosques, 1991 ; A Feira dos Assombrados, 1992.

José Eduardo Agualusa

ILS NE SONT PAS COMME NOUS

Ce qui, cette nuit-là, sauva Dona Filipinha de Carpo ce fut la rhétorique du Père António Vieira. La vieille dame s'était allongée pour lire le « Sermon aux poissons » et le discours du jésuite la passionna à tel point qu'à deux heures du matin elle était toujours éveillée. C'est ainsi qu'elle perçut, dans la chambre de Carolina, le grincement furtif d'une fenêtre qu'on ouvre, puis, à n'en pas douter, des pas d'homme. Elle se leva, en chemise de nuit (une affreuse chemise de soie imprimée que Charles lui avait rapportée de Singapour) et elle s'avança dans le couloir, certaine qu'il allait lui arriver ce que, depuis des années, elle redoutait. Quand elle ouvrit la porte, elle vit un homme incliné au-dessus de l'enfant, vit que celle-ci dormait, vit le couteau et comprit ce qui allait se passer :

- Ne faites pas ça, dit-elle tout bas, elle n'a que quinze ans.

Il avait peur. Dona Filipinha eut pitié de lui :

- Posez le couteau - lui dit-elle - on va parler.

L'homme avait un air féroce mais, en même temps, désemparé. Il était vêtu d'un vieil uniforme militaire, très élimé, et il portait des sandales trouées qui laissaient voir ses ongles vernis, chacun d'une couleur. Il la regarda plein de haine :

- Parler ? Parler, ça ne remplit pas l'estomac !

La vieille dame sourit :

- C'est bien vrai ! Allons à la cuisine et je vous prépare une soupe chaude. Après, si vous voulez, on pourra parler.

L'homme la suivit, visage renfrogné. Il s'assit à la table de la cuisine, posa le couteau devant lui et c'est seulement alors qu'il parut s'être un peu calmé :

- Dans le Cuito - dit-il, toutes les nuits, on rêvait de nourriture.

Dona Filipinha l'obvervait tout en préparant la soupe :

- Vous avez été dans le Cuito ?

L'homme ne parut pas l'entendre :

- C'était avant de commencer à manger les morts. A présent, on ne les voit que dans les rêves.

Il saisit le couteau et trancha du pain. Il coupa une épaisse tranche de fromage et la mit dans le pain. Il avala le tout sans respirer. Dona Filipinha posa l'assiette de soupe devant lui ainsi qu'une cuiller. Il repoussa la cuiller, prit l'assiette à deux mains et engloutit la soupe.

- Si tu avais été en train de dormir, on t'aurait tranché la gorge - dit-il- A toi et à la gamine.

Dona Filipinha lui remplit à nouveau l'assiette :

- Comment vous appelez-vous ?

L'homme se replia sur lui-même :

- Nous n'avons pas de nom !

Dehors, on entendait des coups de feu. Une première rafale, tout près, et aussitôt après, une autre, au loin. Une voix fatiguée cria quelque chose. Puis on n'entendit plus rien.

- C'est comme ça toutes les nuits - dit la vieille dame -. Le semaine dernière, j'ai trouvé un cadavre dans l'escalier. Ils lui avaient coupé les doigts. J'en ai compté huit, éparpillés sur le sol. Quelqu'un m'a dit que c'était un bandit.

L'homme jeta un regard étrange sur ses propres mains. Il prit la cuiller et finit le reste de la soupe. Il parlait comme s'il avait été seul :

- On était séminaristes, mais le séminaire a fermé. Alors, on a enseigné pendant les journées d'alphabétisation et, après, on a été enrolés dans l'armée. On a fait la guerre pendant des années et des années. On a tué et on est morts, tant et plus.

Il se tourna vers Dona Filipinha :

- Il n'en est resté que très peu pour raconter ce que ça a été !

Il se frotta le visage et, à nouveau, demeura silencieux. S'il avait fermé les yeux, on aurait pu croire qu'il s'était endormi. Un lit grinça à l'étage du dessus. Une femme commença à gémir tandis que le lit grinçait. C'est comme si elle avait été là, recroquevillée sur la table de cuisine, muscles tendus et en sueur, mordillant les draps à la cadence des grincements.

-Trouve un sac - ordonna l'homme-. On n'a pas toute la nuit devant nous.

Dona Filipinha lui remit le sac de cuir, large et profond, et il se leva, ouvrit les tiroirs et commença à ramasser les couverts en argent. C'est alors que Carolina pénétra dans la cuisine, entièrement nue, dans l'hallucinante splendeur de ses quinze ans. Elle resta là, debout, dans la lumière, clignant des yeux, comme une gazelle surprise en plein sommeil :

- Je venais chercher un verre de lait - dit-elle-. Je ne savais pas qu'il y avait de la visite.

Dona Filipinha la repoussa tendrement :

- Retourne dans ta chambre, mon petit. Je t'apporte le lait.

L'homme hocha la tête :

- Vous ne devriez pas la laisser aller comme ça, par les temps qui courent, dans ce pays.

La vieille dame anxieuse :

- C'est encore une enfant. Elle pourrait être votre fille.

Elle prononça ces mots sans grande conviction. Quand Carolina avait eu douze ans, elle l'avait retirée de chez ses parents parce que ses cinq frères, tous plus âgés, profitaient d'elle (la mère disait que c'était elle qui profitait d'eux). Maintenant, elle la voyait grandir, très belle, d'une beauté inquiétante, et elle avait la sensation d'élever une fleur carnivore. Elle voulut parler d'autre chose mais rien ne lui vint à l'esprit.

- Elle me fait peur - murmura-t-elle -. Elle n'est pas comme nous.

Pour la première fois, l'homme la fixa dans les yeux :

- Ce pays, non plus, n'est plus à nous. C'est leur pays. Dieu nous a abandonnés et le monde nous a oubliés.

Il posa le sac sur la table :

- Tu as des bijoux ?

Dona Filipinha alla dans la chambre chercher la boîte où elle gardait les bijoux et versa tout dans le sac. Elle eut un petit tremblement dans la voix :

- Je n'ai rien d'autre.

L'homme désigna l'anneau d'or qu'elle portait au petit doigt de la main gauche.

- Ça aussi !

- La vieille dame respira profondément et lui fit face :

- Ce n'est pas possible. C'est un cadeau de ma grand-mère qui l'avait hérité de sa mère. Il est dans la famille depuis quatre générations. Celui-là, je le garde.

L'homme lui saisit la main et arracha la bague. Puis il jeta le sac sur son épaule, sortit de la cuisine, ouvrit la porte et s'éloigna. Dona Filipinha attendit qu'il ait descendu les escaliers. Ensuite, elle retourna à la cuisine et emplit un verre de lait. Au même moment, dehors, on entendit un tumulte de voix, des gens qui couraient, une courte rafale, des rires. Carolina, nue, était appuyée sur le rebord de la fenêtre de sa chambre :

- Mauvaise nouvelle ! - cria-elle en se retournant - Ils ont descendu ton ami !...

Dona Filipinha posa le verre sur la table de nuit et s'assit sur le lit. Elle se sentit très fatiguée.

- Ce n'était pas mon ami - dit-elle -. Et, de toute façon, il était déjà mort.

Traduction André Jolly

José Eduardo Agualusa est né à Huambo, Angola. Journaliste et écrivain, il vit à Lisbonne. Publications : A Conjura, 1989 ; D. Nicolau Água Rosada e Outras Estórias Verdadeiras e Inverosímeis, 1990 ; Coração dos Bosques, 1991 ; A Feira dos Assombrados, 1992.

UMA ÁRVORE FALA

Uma árvore não é uma árvore é uma árvore.
No livro dos mortos com asas na boca
a árvore voa
como voam os eucaliptos para o efervescente
coração da deusa Ísis. Uma árvore tem dedos
olhos boca e um motor Ford modelo T.
Uma árvore fala. De navios portugueses
com raízes de homem negro
parafraseando o tempo nulo
dos porões de estimação. Uma árvore
fala sobre a árvore
da minha alma sem árvores bebendo a árvore do sol.

Extracto de « Quero Acordar a Alva », Ed. INALD 1996

A TREE SPEAKS

A tree is not a tree it's a tree.
In the book of the dead with wings on its mouth
the tree flies
just as the eucalyptus trees fly to the effervescent
heart of the goddess Isis. A tree has fingers
eyes mouth and a Model T Ford engine.
A tree speaks. Of Portuguese ships
with black men for roots
paraphrasing the meaningless time
of favourite ship's holds. A tree
speaks about the tree
of my soul without trees drinking the tree of the sun.

Extract from « Quero Acordar a Alva », Ed. INALD 1996
Translation Margaret Jull Costa

José Luís Mendonça nasceu em 1955 em Angola. Jornalista, e actualmente assistente de informação a Unicef. Vive em Luanda. Publicações/publications : Chuva Novembrina, 1981 ; Os Vinte Dedos da Vida, 1983 ; Gíra de Cacimbo, 1986 ; Respirar as Mãos na Pedra, 1989 ; Quero Acordar a Alva, 1996 ; Se a Água Falasse, 1997.

José Luís Mendonça was born in 1955 in Angola. He has worked as a journalist and currently works as an information officer for Unicef. He lives in Luanda.

José Luís Mendonça est né en 1955 en Angola. Journaliste, il est actuellement assistant de l'Information à l'Unicef. Il vit à Luanda.

UN ARBRE PARLE

Un arbre n'est pas un arbre, c'est un arbre.
Dans le livre des morts avec des ailes dans la bouche
l'arbre vole
comme volent les eucalyptus vers le cœur
effervescent de la déesse Isis. Un arbre a des doigts
des yeux une bouche et un moteur Ford modèle T.
Un arbre parle. De navires portugais
avec des racines d'homme noir
paraphrasant le temps annulé
des cales de la domestication. Un arbre
parle de l'arbre
de mon âme sans arbres boit l'arbre du soleil.

Extrait de « Quero Acordar a Alva », Ed. INALD 1996
Traduction André Jolly

José Luandino Vieira

JOÃO VÊNCIO : OS SEUS AMORES

– Este muadié tem cada pergunta ! ... Porquê eu ando na quionga ? ... Meus amores, meus azares, miondona... Minhas vadiices, rambóias de quilapanga. E vosoutro ? A-mu-kuta... Aprendi com senhor sô padre Viêra este truco de responder pergunta. Simpatizo-me com o muadié, sua questão não me ofende. Ao invés, xingava. Se me pisam, não grito : mordo. Surucucu também – é que falou o delegado. Eu queria pôr para o senhoro minhas alíneas. Necessito sua água, minha sede é ignorância...

Tem a quinda, tem a missanga. Veja : solta, mistura-se ; não posso arrumar a beleza que eu queria. Por isso aceito sua ajuda. Acamaradamos. Dou o fio, o camarada companheiro dá a missanga – adiantamos fazer nosso colar de cores amigadas. Eu acho beleza é em libelo, as alíneas em fila, com número e letra, nada de confusões macas, falar de gentio à toa. Por isso pergunto depoimento do muadié : vida de pessoa não é assim a missanga sem seu fio dela, misturada na quindinha dos dias ?

Sou sentencista ? Meu trato com advogados e tribunais, escrivãos delegados e solicitas, sô juízes. O quituta-tuje é da féz que faz o brilho que traz. De sanzala e outros, advogados todos eu conheço. Salvianos e os videiras e os simões-raposas esses é que falavam ainda putos- latins, tudiosso, os delegados não torravam farinha. Doutoros ! Agora, os monandengues d'agora, língua deles é de açúcar-branco, adoça mas derrete. O muadié não lhe conheceu, no Salviano ? Então não sabe mesmo o que é fogo frio, calma calema, como pode-se mesmo ser amigo de mulher e amor de homem. Malembe-malembe ! ... O leão tem cauda, isto é : a terra é redonda. Teologias de padre sô Viêra. Não aceita, amizade e amor desinvangélico ? O muadié é do baixo astral... Mas o Salviano decretou um dia minha defesa oficiosa, a quimbundice : a-mu-beta kua mundele, kufundilé kua mundele... Juiz banzo não percebeu e me deu seis meses – minha mais doce cadeia, cambomborinha. Eu queria ser condenado outra vez com o doutoro Salviano me defendendo nos putos !

Tentativa premeditada de homicídio frustrado, anga hanji : tentativa de homicídio frustrado, isto é : premeditada tentativa de homicídio – que eu queria mesmo matar a minha barona a frio-sangue, passarinho aleijado só, para lhe pendurar no cinto se torce-lhe o pescoço, o que me incrimina a alínea. O senhoro vai-lhe relacionar, ela vem hoje trazer suas lambetas bailundas que eu lhe convido já para se assentar comigo. Muambá supimpa, das de benguelas-'tumbelas. Ela é uma santa, minha religião d'agora. Isso me incrimina, nas testemunhas. Muadié veja ainda :

O meu gostar é diferente. Nasci pessoa de educação, não sou ciumoso, aprendi que o amor cansa, a amizade descansa. Mas o senhoro se nunca viu macaco quipanzéu deitado na sua cama, fazendo tudo com a sua pequena, o senhoro não sabe o bicho que está morar dentro do seu coração. Macaco quipanzéu, muene muene ! Todo o corpo dele branco sujo, manteigada pele, nem um bocadinho só que se vê, os pêlos negros em todo o lado, costas e peito, mataco peludo. E as pernas de alicate, banhuda barriga, pança. Um camões. O olho fino, muito quieto, parado, de gato. Mas a danação é o cheiro do corpo. Muadié acredite : eu recuei não foi o corpo dele, macacão-sagüim aos guinchos na minha barona. Eu fugi é o cheiro, catinga de mijo e suor, hábia pior que de negro retinto. E eu tinha cama de colcha e lençol de bordadura. Tinha mesinha e candeeiro e altar de três velas. Se no inferno existe, então o cheiro de lá é o que ele mesmo tem – sô Ruas, um fubeiro, mussequeiro comerciante, nosso vizinho de salamaleques menequenos. Nessa hora eu até ri : ele não acertou mais os pés nas calças, caiu ainda, todo barrigudo – mas só vi minha senhora encolhida, na cabeceira, implorando, suja de baba do macaco. Barona brilhante, eu mesmo que lhe engraxo o corpo, brilhantinas que eu sei de trazer calores mansos na pele, toda a noite. Os dentinhos dela, medrenta, sussurante em seu quimbundo de bailundo, o que eu gostava. Eu não liguei o branco-quipanzéu – ele fugiu na janela segurando a camisa, deixou os sapatos. Prova testemunhal, material, no processo de minha defesa, queria o oficioso. Não deixo : eu não quero mau cheiro em meu julgamento. Muadié aceitava uma liberdade que lhe dão nuns sapatos com chulé de branco, corneador ?

Mulher é o desconhecido mar, do fundo. Eu sou inteiro iosso – cabeça, tronco e membros, membro. E ela aceitou um peçonha, fazer o doce numa panela tão suja, tão feia. Minhas mãos de cheiros e pomadas no corpo dela negou-lhes, negro de noite. Eu penteava sua quindumba, cafuné até. Deixava-me fazer nênem, nunca dormi sem tomar banho. Incompleto, eu, o muadié lavra o auto ? Baco ? Não sou de braço d'anjo, não me alambazo – mas a arte não é mesmo o artista ou é a ferramenta de trabalhar com ela ?

Eu pari minhas vinganças, um fogozinho muito doce, mamão da Funda. Disse só as meigas palavras, ela tremia com os meus dedos. « Suku ! ame yu ndasala ulika, vayongola omwenhu wange... » – vou morrer, repetia parecia era xinguilada. Sou de nascimento branco, cruzado. E educação de criança tive, de mãe e madrasta. Mulato-semsanto é boato, difamação de camuelos de nossa pele, nossos trucos com as baronas. Eu estou a sofrer mesmo o sofrimento desse dia – quero beber o doce desse fel outra vez. Tomei meu banho com ela na mesma celha e eu limpei-lhe e guardei-lhe nos meus braços a tremura. Que rolinha-diembe, mesu makusuka, as lágrimas brancas fizeram ! E depois fomos. Eu tinha cama de cor, lençol de fresquidão.

Acendi as três velas do amor, o turíbulo com o incenso de mentira... Eu gramo muito as donzelas, mulher comigo é eva antes do pecado...

Tentativa de homicídio frustrado – o muadié é a água de minha sanga. Porquê mais palavras feias na justiça são mais, no amor são menores ? O que eu fiz mesmo, o que não me deixaram concluir acabar, cabe nesses chavecos de palavrosas ? A justica é desonesta, muadié ! ... Sabe o que eu penso ? : que nuns casos como este, a validade é só o filmo. Faziam-me fazer o filmo, com minha barona, o macaco-quipanzéu, tudiosso – e o juiz ia, delegado via, advogado ria. Só depois a justiça.

As palavras mentem.

Minha miondona, eu falei já. Na primeira vez foi ela que saquelou. Por isso hoje eu respeito tudo que é de espíritos, calundus e santos, quimbandices e mascarias, padres e pastores, xinguiladores. Porque era numa tarde, eu tinha só apenas oito anos – como é eu lembro assim ? Eu tinha mas é três amores que eu vou pôr primeiro para o muadié perceber inteiro. Porque de todos os outros eu não lembro a luz que esses três têm em meu coração. Candeia no velador bíblico, a que ilumina minha vida, esses dias. No ovo já está o pintinho, cada cor é o ar com is...

Extracto de João Vêncio : Os seus amores, Edições 70, Lisboa, Portugal, 1970

José Luandino Vieira nasceu em 1935 em Portugal. Condenado em 1961 a catorze anos de prisão por ter apoiado o movimento de libertação de Angola, foi deportado para Cabo Verde onde virá a escrever a maior parte da sua obra.

Publicações : A Cidade e a Infância, Ed. Casa dos Estudantes do Império, 1960 ; A Vida Verdadeira de Domingos Xavier, Edições 70, 1974 ; No Brasil, UEA, 1977 ; Luuanda, Ed. ABC, 1964 ; Vidas Novas, Ed. Afrontamento, 1975 ; Velhas Estórias, Ed. Plátano, 1974 ; No Antigamente, na Vida, Edições 70, 1974 ; Nós, os de Makulusu, Ed. Sá da Costa, 1975; Macandumba, Edições 70, 1978 ; Lourentinho, Dona Antónia de Sousa Neto & Eu, Edições 70, 1981.

José Luandino Vieira

THE LOVES OF JOÃO VÊNCIO

This man ask the craziest questions !... You want to know why I'm in the lockup ?... It was my loves, my luck, it's life... Too much rambling, too much rowdiness. And you ? There – caught you !... Father Viêra taught me that trick : you get a question, you shoot one back. I like you, man, I don't mind your question. You'd know if I did. When I get stepped on I don't shout, I bite. Bush viper, that's what the prosecutor called me. I'd like to tell you my story for the record. I need your water. My thirst – you read me ? – is ignorance...

You have a basket, you have some beads : when the beads are loose, you have a basket of confusion. It seems I can't make the beauty I wanted, so all right, I accept your help. We'll have a comradeship. I hold the thread while you, comrade, put on the beads, and little by little we'll make our necklace of commingled colors. I find beauty – you know where ? – in a bill of indictment, the paragraphs all in a row, numbered and lettered, with no ambiguity, no aimless chatter. So tell me for the record, man : doesn't it seem to you that a person's life is like beads without a thread, all mixed up in the basket of our daily dayness ?

I'm sententious ? It's from dealing with lawyers and courts, notaries, police chiefs, prosecutors, judges. The dung beetle, you know, gets its shine from shit. I know every lawyer in every village around. The old boys like Salviano and Videira and Simão-Raposa still used that Latin hightalk, they knew their stuff, no prosecutor ever jagged them around. Juris doctors ! But the kids that practice now, their talk is white sugar – it sweetens and melts to nothing. You never met Dr. Salviano ? Then you don't know what a freezing fire is, or a tranquil tidal wave, or how you can be friends with a woman and in love with a man. You have to take it slow, real slow... The lion has a tail : i.e., the earth is round. Theologies of Father Viêra. You don't accept unbiblical love and friendship ? Your mind's got a long way to go, man... Anyway, Dr. Salviano was once appointed to defend me, and he recited this Kimbundu saying : « If a white man strikes you, don't protest to another white man. » That boggled the judge and he gave me six months – cushiest jail I ever did have. Pure cake. I was hoping to get condemned again with Dr. Salviano and his hightalk defending me !

A premeditated, unsuccessful attempt of homicide. That is, an unsuccessful homicide attempt. Which is to say, attempted premeditated homicide – that I truly and cold-bloodedly wanted to kill my girl, like a little lame bird whose neck gets twisted so the hunter can hang it from his belt – that's what the indictment charges me with. You'll meet her, man, she's coming by later on with some of her Bailundo specialties, and you're hereby invited to partake. Moamba stew from the Benguela-Catumbela lands. You never had any like it. She's a saint, the only religion I've got now. Which incriminates me in the testimonies. Listen, man, it's like this :

The way I am with people is different. I was born with good manners, I'm not a jealous sort, I learned that love tires, friendship refreshes. But if you never saw an ape lying in your bed, doing everything in the book with your woman, then you've no idea of the beast in your heart. An ape, a chimpanzee ape, that's what he was. His entire body a grimy white, his skin all buttery, without a bare spot showing, black hairs everywhere, on his back and chest, fuzz on his bottom. Pincers for legs, a bulging belly, and just one eye – the keen, quiet, perfectly still eye of a cat. But the worst thing was his smell. Believe me, man : I didn't back off on account of his monkey body squealing away on top my girl. It was his smell ! – the stink of urine and sweat, the stench of his armpits worse than a coal-colored black man's. And my bed had embroidered sheets and a spread. I even had a little table with a lamp and three candles. If hell exists, then the smell down there is the same one he has – Mr. Ruas, a cornmeal merchant, a business-man from our shantytown, the neighbor that greets people by bowing down low. There was a moment that I even laughed – he couldn't get his feet back in his pants and he fell down, him and his bulging belly – but my eyes were fixed on my girl backed up against the headboard, covered with drool from the ape, whom she implored. Glistening girl, it's me that shines her body – I know the lotions that make her skin tingle with a gentle heat the whole night through. Her frightened teeth murmuring in her funny Kimbundu, with that Bailundo accent I always did like. I ignored the white chimp – he jumped out the window carrying his shirt and leaving his shoes. Corroborative and material evidence for my defense, according to the lawyer the court gave me, but I told him to forget it : I don't want my trial to stink. Would you accept a freedom that depended on a pair of shoes reeking with the toe scum of a white-skinned cuckolder ?

A woman is an unknown ocean, the depths. I'm whole and solid – head, arms, legs, my sex. And she agreed to a canker, to making jelly in a foul and ugly pot, perverting the perfumes and lotions my hands had left on her night-black body. I combed her hair, massaged her scalp. I was only dozing, I never went to sleep without taking a bath. Not complete ? Me ? You drawing up an indictment, man ? Impotent ? I'm no giant, but my equipment works fine – and, anyway, art's in the artist himself, or do you think it's in his tool ?

I vented my vengeance, a sweet sweet flame, a papaya from Funda. All my words were tender, she trembled in my hands. « My God, I'm all alone and they want my life ». She kept repeating, « I'm going to die, I'm going to die, » as if possessed by a spirit. I'm of white birth, cross-fertilized. I had a normal childhood, with a mother and a stepmother. Mulatto-without-a-god is a lie, a calumny of those who envy our skin, our ways with the ladies. I'm still suffering the suffering of that day – I'd like to drink that bitter sweetness again. I took a bath with her in the same tub, and I washed her and held her shivers in my arms. How red her eyes, like a turtledove's, when the white tears flowed ! And we went to bed. A bed of colors. Sheets of freshness.

I lit the three candles of love and the censer containing the incense of falsehood... I'm partial to virgins – a woman in my arms is Eve before the Fall...

Unsuccessful homicide attempt – you're the water in my jug, man. Why are there so many ugly words in the law, so few in love ? Do you see any relation between what I actually did, which they couldn't let me finish, and all their complicated prattle ? The law's a sham, man !... You know what I think ? That in cases like this one all that counts is in the film. They made me like the film, with my girl, the ape man, etc. – and the judge he had lunch, prosecutor he looked, lawyer he laughed. Then the law came along.

Words they lie.

My fate, it's like I said. She was the one that first foresaw it, which is why I give credit to any kind of spirit stuff – spooks and saints, voodoos and enchantments, mediums, charmers, priests and pastors. Because on that afternoon I was just barely eight years old – how is it I remember so well ? I had three, yes, three loves that I'm going to lay out now so you'll get the whole picture. Because, as for all the others, I can't remember any of them lighting my heart the way those three did. Oil lamp in its biblical lamp stand, those days illuminate my life even now. In the egg you've already got the chick. Every color is the rain that bows.

Extract from The Loves of João Vêncio, Ed.JBI

Translation Richard Zenith

José Luandino Vieira was born in Portugal in 1935. Sentenced to fourteen years of prison in 1961 for his support of the Angolan liberation movement, he was deported to Cape Vert, where he wrote many of his major works.

Publications : A Cidade e a Infância, Ed. Casa dos Estudantes do Império 1960 ; A Vida Verdadeira de Domingos Xavier, Edições 70 1974 , No Brasil, UEA 1977 ; Luuanda, Ed. ABC 1964 ; Vidas Novas, Ed. Afrontamento 1975 ; Velhas Estórias, Ed. Plátano 1974 ; No Antigamente, na Vida, Edições 70 1974 ; Nós, os de Makulusu, Ed. Sá da Costa 1975 ; Macandumba, Edições 70 1978 ; Lourentinho, Dona Antónia de Sousa Neto & Eu, Edições 70 1981.

José Luandino Vieira

JOÃO VÊNCIO : SES AMOURS

– Il a de ces questions, ce mouadiè !... Pourquoi je suis en taule ?... Mes amours, la déveine, mes esprits gardiens... Mes virées, mes coups de bombe. Et vous donc ? Ah, vous êtes bien attrapé... Ce truc pour répondre aux questions, c'est m'sieu le curé Viêra qui me l'a appris. Vous m'êtes sympathique, mouadiè, votre question me vexe pas. Sinon, il faudrait voir. Quand on me marche sur les pieds, je crie pas : je mords. La vipère aussi – c'est ce qu'a dit le procureur. Je voudrais vous les raconter, mes alinéas. J'ai besoin de votre eau, ma soif c'est l'ignorance...

Voilà la corbeille, voilà les perles à oracles. Regardez : éparpillées, elles se mélangent ; je peux pas composer la beauté comme je voudrais. Donc j'accepte votre aide. On se fait camarades. Je donne le fil et vous, mon camarade compagnon, vous donnez les perles – nous ferons notre collier de couleurs amies. La beauté, je la trouve dans les libellés, les alinéas en file, avec numéro et lettre, surtout pas de dispute pagaille, de paroles en l'air. Voilà pourquoi je demande votre témoignage, mouadiè : ces perles sans leur fil, toutes mélangées dans la petite corbeille des jours, est-ce que c'est pas ça la vie ?

Je suis sentenciste ? Mon habitude des avocats et des tribunaux, des greffiers procureurs et avoués, ces messieurs les juges. Les reflets du scarabée, c'est l'excrément qui les fait. De la brousse ou d'ailleurs, les avocats, je les connais tous. Les Salviano et les Videira et les Simões Raposa, en voilà qui savaient causer, avec du latin et tout le bazar, les procureurs se gardaient bien de la ramener. Des maîtres ! Maintenant, la langue des jeunots de maintenant, c'est du sucre blanc, ça adoucit mais ça fond. Vous l'avez pas connu, le Salviano ? Alors vous pouvez pas savoir ce que c'est qu'un feu froid, une tempête calme, comment on peut être à la fois l'ami d'une femme et l'amour d'un homme. Doucement, doucement !... Le lion a une queue, c'est-à-dire : la terre est ronde. Théologies du Père m'sieu Viêra. Vous acceptez pas, amitié et amour désévangélique ? Mouadiè, vous êtes sous une mauvaise influence astrale... Mais Salviano te leur a décrété un jour ma défense officieuse, à la façon quimbundo : « a-mu-beta kua mundele, kufundilé kua mundele (1) »... Le juge, comme deux ronds de flan, n'a rien compris et m'en a mis pour six mois – ma prison la plus douce, du vrai nectar. J'aimerais bien être encore condamné mais à condition d'avoir pour défenseur Maître Salviano et ses si belles paroles !

Tentative préméditée d'homicide frustré, c'est-à-dire: tentative d'homicide frustré, ou plutôt : préméditée tentative d'homicide – c'est que, ma belle, je voulais vraiment la tuer de sang-froid ; l'oiseau blessé, pour le suspendre à la ceinture on lui tord le cou, ce que m'incrimine l'alinéa. Vous allez la connaître, elle vient aujourd'hui m'apporter ses petits plats de Baïlundo, je vous invite tout de suite à vous asseoir à côté de moi. Une mouamba du tonnerre, de celles qu'on prépare du côté de Benguela. C'est une sainte, ma religion d'à présent. Ça m'incrimine, face aux témoins. Mais voyez encore, mouadiè :

Mes goûts sont différents. J'ai toujours eu de l'éducation, je suis pas jaloux, j'ai appris que l'amour fatigue, que l'amitié repose. Mais si vous avez jamais vu un macaque-chimpanzé couché dans votre lit, en train de faire tout avec votre petite, alors vous pouvez pas savoir la bête que vous avez au fond du cœur. Un macaque-chimpanzé, comme je vous dis ! Avec un corps blanc sale, une peau comme du beurre, c'est à peine si on la voyait, des poils noirs de partout, sur le dos et sur la poitrine, des fesses poilues. Et les jambes comme des pinces, un ventre gras, une panse. Borgne. L'œil fin, très calme, immobile, du chat. Mais le pire, c'est l'odeur de son corps. Mouadiè, croyez-moi : j'ai reculé pas à cause de son corps, de gros macaque-sagouin en train de glapir sur ma belle. Non, si je me suis sauvé, c'est à cause de l'odeur, une puanteur de pisse et de sueur, pire que le plus noir des nègres. Et j'avais un lit avec couvre-lit et draps brodés. J'avais une table de nuit et un abat-jour et un autel à trois bougies. Si l'enfer existe, alors c'est exactement cette odeur qu'il a – m'sieu Ruas, commerçant de moussèque, notre voisin à salamalecs en quimbundo. À ce moment-là j'ai même ri : il arrivait pas à enfiler son pantalon, il est tombé, son gros ventre à l'air – mais j'ai vu seulement ma dame recroquevillée, à la tête du lit, qui implorait, salie par la bave du macaque. Toute brillante, c'est moi-même qui lui cire la peau, brillantines que je connais pour faire venir les douces chaleurs sur le corps, toute la nuit. Ses petites dents, ses frissons, ses mots susurrés dans son quimbundo de Baïlundo, tout ce que j'aimais. J'ai laissé tomber le blanc-chimpanzé – il s'est tiré par la fenêtre en emportant sa chemise, il a laissé ses souliers. Preuve formelle, matérielle, pour mon dossier de défense, ce que voulait le commis d'office. Pas d'accord : je veux pas de mauvaise odeur à mon jugement. Mouadiè, vous accepteriez d'être libéré grâce à des souliers qui puent les pieds de blanc, d'un encorneur ?

Une femme, c'est une mer inconnue, des profondeurs. Moi, je suis entier, tout entier – tête, tronc et membres, le membre. Et elle a accepté un pourri, faire ses douceurs dans une marmite aussi sale, aussi moche. Mes mains parfumées et pommadées sur son corps, elle les a refusées, noir de la nuit. Moi qui peignais sa chevelure, qui même lui massais la tête. Elle me laissait m'endormir contre sa poitrine, je me suis jamais couché sans me laver. Incomplet, moi, vous signez et soussignez ? Impuissant ? Je suis pas particulièrement pourvu, d'accord, rien d'exceptionnel – mais l'art, c'est l'artiste lui-même ou c'est l'outil avec quoi il travaille ?

J'ai laissé venir mes vengeances, à petit feu très doux, papaye de Funda. J'ai juste dit les mots gentils, elle tremblait sous mes doigts. « Suku ! ame yu ndasala ulika, vayongola omwenhu wange (2)... » – je vais mourir, qu'elle répétait, on aurait dit une possédée. Je suis blanc de naissance, croisé. Et j'ai eu une éducation d'enfant, de mère et marâtre. Venir dire que les mulâtres ont pas de saint, c'est faux, une diffamation des jaloux de notre peau, de nos trucs avec les femmes. Je souffre vraiment la souffrance de ce jour-là – je veux boire encore le doux de ce fiel. J'ai pris mon bain avec elle dans le même baquet et je l'ai lavée et j'ai gardé dans mes bras son tremblement. Quelle tourterelle-diembe, yeux rougis, que les larmes blanches ont pu faire ! Et ensuite nous y sommes allés. J'avais un lit de couleur, draps de fraîcheur.

J'ai allumé les trois bougies de l'amour, l'encensoir avec l'herbe des illusions... J'adore les vierges, avec moi une femme est une ève avant le péché...

Tentative d'homicide frustré – mouadiè, vous êtes l'eau de ma cruche. Pourquoi tant de mots barbares pour la justice, et si peu de paroles pour l'amour ? Ce que j'ai réellement fait, ce qu'on m'a pas laissé conclure achever, ça tient dans cette misère de mots ? La justice est malhonnête, mouadiè !... Vous savez ce que je pense ? : que dans des cas comme celui-là, la seule validité, c'est le film. On me ferait faire le film, avec ma belle, le macaque-chimpanzé et tout le reste – et le juge viendrait, le procureur verrait, l'avocat rirait. Et seulement après, la justice.

Les mots mentent.

Mes esprits gardiens, j'en ai déjà parlé. La première fois, c'est eux qui ont deviné. Voilà pourquoi maintenant je respecte tout ce qui est esprits, génies et saints, sorciers et guérisseurs, curés et pasteurs, féticheurs. Parce que c'était un après-midi, j'avais à peine huit ans – comment je peux me rappeler tout ça ? J'avais surtout trois amours et je vais d'abord vous en parler pour vous faire tout comprendre. Parce que je me rappelle aucune lumière pareille à celle qu'ils ont laissée dans mon cœur. Flamme sur le chandelier biblique, celle qui illumine ma vie, ces jours-là. Dans l'œuf se trouve déjà le poussin, chaque couleur est l'arc dans le ciel...

Extrait de João Vêncio : ses amours, Ed. Gallimard 1998

Traduction Michel Laban

1. « Si un blanc te frappe, ne te plains pas à un autre blanc... » (En quimbundo, langue de la région de Luanda. Ndt) / 2. « Dieu ! Je suis seule, ils veulent ma peau... »

José Luandino Vieira est né en 1935 au Portugal. Condamné en 1961 à quatorze ans de prison pour avoir soutenu le mouvement de libération de l'Angola, il est déporté au Cap Vert où il écrira la majeure partie de son œuvre.

Publications : A Cidade e a Infância, Ed. Casa dos Estudantes do Império 1960 ; A Vida Verdadeira de Domingos Xavier, Edições 70 1974 , No Brasil, UEA 1977 ; Luuanda, Ed. ABC 1964 ; Vidas Novas, Ed. Afrontamento 1975 ; Velhas Estórias, Ed. Plátano 1974 ; No Antigamente, na Vida, Edições 70 1974 ; Nós, os de Makulusu, Ed. Sá da Costa 1975 ; Macandumba, Edições 70 1978 ; Lourentinho, Dona Antónia de Sousa Neto & Eu, Edições 70 1981.

Frederico Ningi

EMBALOS DA BARRIGA

O Edifício do mesmo sítio dormita
destribadO na prateleira da livRaria

Estrumes de uNiversidade na bibilioteca
congestionados na latrina entupida
no paralelo solar do mesmo sítio

O perigo está no fogo do espírito, neste sécUlo
Chameja incestado nos embalos da barrigA
num pÔr de sOl desconvicente

Extracto de « Infinidos nas ondas »

ROCKING OF THE BELLY

The Building of the same place dozes
unstirrUped on the shelf in the boOkshop

The manure of uNiversities in the liebrary
stuck in the blocked latrine
in the parallel manor house of the same place

Danger lies in the fire of the spirit, in this centUry
it blazes incestuously in the rocking of the bElly
in a threatening sUnset

Translation Margaret Jull Costa

DES VAGUES DANS LE VENTRE

L'Édifice de cet endroit-là sommeille
désarçonné sur l'étagère de la libRairie

Excréments d'uNiversité dans la bibliothèque
emboutis dans la latrine bouchée
sur le parallèle solaire de cet endroit-là

Le danger est dans le feu de l'esprit, dans ce sièCle,
il Flamboie incestueux entre les vagues du ventrE
dans un cOucher de sOleil non convaincant

Traduction André Jolly

Frederico Ningi nasceu em 1959 em Benguela. Jornalista, e membro da UEA. Vive em Luanda.
Frederico Ningi was born in 1959 in Benguela. He is a journalist and a member of the UEA. He lives in Luanda.
Frederico Ningi est né 1959 à Benguela. Journaliste, il est membre de l'UEA. Il vit à Luanda.

Luís Kandjimbo

DECIFRO O TERÇO

Decifro o terço da guerra
nos caminhos dos rostos imberbes
e sóbrios relatam suas marcas
Passaram todos
sem os benefícios da infâmia
verterão pela boca suas vísceras
Oferecem o espectáculo
desta forma de reter a fraqueza
a sede a miséria
no recanto mais perene das nossas
memórias.

I CAN READ THE REGIMENT

I can read the regiment of war
in the paths on the beardless
sober faces the marks tell their tale
They all passed
without the benefits of infamy
they will spew from their mouths their own viscera
Thus they offer the spectacle
of clinging on to weakness
thirst poverty
in the most enduring corner of our
memories.

Translation Margaret Jull Costa

JE DÉCHIFFRE LE ROSAIRE

Je déchiffre le rosaire de la guerre
les parcours des visages imberbes
et sobres racontent leurs stigmates
Tous s'en furent
sans l'avantage de l'infamie
ils déversèrent leurs viscères par la bouche
Ils offrent en spectacle
cette façon de retenir la faiblesse
la soif la misère
dans le recoin le plus durable de nos
mémoires.

Traduction André Jolly

Manuel Rui Monteiro

QUEM ME DERA SER ONDA

Faustino só tirava o dedo do botão quando o elevador aparecia.

– Como é ? Porco no elevador ?

– Porco não. Leitão, camarada Faustino.

– Dá no mesmo em matéria de interpretação de leis.

– Quais leis?

– O problema é o que a gente combinou na assembleia de moradores e o camarada estava presente. Votação por unanimidade. Aqui no elevador só pessoas. E coisas só no monta-cargas.

– Mas leitão é coisa ?

– Nada disso. Bichos ficou combinado cão, gato ou passarinho. Agora se for galinha morta depenada, leitão ou cabrito já morto, limpo e embrulhado, passa como carne, também está previsto. Leitão assim vivo é que não tem direito, camarada Diogo, cai na alçada da lei.

– Alçada como ? Primeiro o monta-cargas está avariado. Um dia inteiro que a sua mulher andou a carregar embambas para cima e para baixo. E depois o monta-cargas, está a ver ? Em segundo o leitão está em trânsito, não anda de cima para baixo e de baixo para cima. E foi este leitão que trouxe catolotolo aqui no prédio?

Pararam no sétimo. O leitão estava renitente mas Diogo arrastou-o pela corda. E, já com a chave na porta, olhou para trás e não viu o vizinho.

– Mãe ! O pai trouxe leitão !

– Calma só, Zeca. Deixa passar o pai.

– Saiam da frente.

Diogo atravessou a sala comum, chegou na varanda larga que dava para a rua, levantou alguma roupa pendurada no arame e atou a corda do leitão na barra que separava as persianas.

– Olha só, ronca que chega. – Ruca aproximava-se tentando a familiaridade com o bicho.

– Está bem, mas primeiro organizar. Liloca, levanta o bafo do rádio todo, e vocês, Zeca e Ruca, vão depressa na casa do camarada Nazário ver se está lá o nosso vizinho Faustino. Depressa !

De repente a casa parecia transformada. O porco numa berraria de inadaptação a alertar a vizinhança ; o som do rádio no máximo ; e os dois miúdos a saírem nas horas. Carregaram no botão. O elevador nunca mais. E sempre em corrida desceram as escadas até ao segundo andar.

– Boa-noite dona Xica. Era só pra pedir no Beto lápis de cor.

– Beto ! Beto ! O Ruca está aqui. Entra.

« Eu na minha pessoa de assessor popular não posso admitir este desrespeito pela disciplina. E você também, camarada Nazário. Ou é ou não é o responsável maximo pelo prédio ? Amanhã temos que mandar o fiscal em casa do gajo e descobrir esse porco para lhe multar ou mesmo correr com esta gente do prédio. »

Assim que Zeca ouviu este rabo de conversa lá no fundo do corredor, pegou na caixa dos lápis e nem se despediu. O irmão atrás na rapidez.

– Ai é ? Com que então fiscal.

– Foi assim mesmo que falaram, pai – reafirmou Ruca.

A família estava no peixe frito com arroz mas os miúdos não descolavam os olhos do leitão ali mesmo ao pé, na varanda, a grunhir e a farejar aquele sítio novo para viver. E a fala dele abafada pelo som do rádio.

– Pois aqui não entra fiscal nenhum. E esse cabrão do Faustino ainda vou descobrir como lhe rectificaram, catete de merda.

– Mas estás a fazer tribalismo...

– Eu é que estou a fazer ? Eu que nem tenho maka com porco. Ele é que está a fazer tribalismo. E com o porco. Só porque é meu. Tribalismo ! Deixa lá os ismos, mulher, que isso não enche barriga. Ismo é peixefritismo, fungismo e outros ismos da barriga da gente. E tribalista é quem combate os ismos da barriga do povo, como esse Faustino. É por isso que isto não anda prà frente e eu é que devia falar na rádio e não esses berenguéis simonescos. Era mesmo no meio dos relatos de futebol que eu ia falar em panquês, e ismos da barriga. É só peixe frito e paleio – e arrotou.

– Mas vamos comer o leitão, não é ?

– Nada, Zeca. Plano, sempre o plano. Vamos criar. Engordar. Depois é muita carne.

Ficou uma fímbria de desapontamento nos rostos dos dois miúdos. A mãe empilhou os pratos, levou na cozinha. Depois regressou e fez a pergunta :

– Como é que a gente vai criar um porco aqui no sétimo andar ?

– Calma, Liloca. Vamos estudar um plano. Comida, restos de hotel. A seguir é só educar ele a não gritar. E com panquê nem um porco grita. É lei da vida.

A dona virou os olhos para o leitão. Magicava nessa dúvida. Como era possível criar assim um porco num sétimo andar ? Prédio tudo de gentes escriturária, secretária. Funcionários de ministérios. Um assessor popular, e até um seguras que andava num carro com duas antenas, fora os militantes do Partido ?

– Isto ainda vai dar uma maka com o Instituto de Habitação.

– Com quê, Liloca ?

– Sim, com o Instituto...

– Qual Instituto qual merda, bando de corruptos que arranjam casas só pròs amigos. Eu sempre paguei renda. E casas que não têm porco estão mais porcas do que esta.

De seguida levantou-se e foi ao pé do leitão. Liloca e os miúdos imitaram-no e a família toda permaneceu em semicírculo a contemplar aquele novo inquilino. O porco farejava e abanava as orelhas, como que a interrogar a razão do seu novo estatuto.

– Temos de lhe pôr um nome – disse Zeca, eufórico.

– Fica « carnaval » !

– Acho bem, Ruca. Pode ficar « carnaval ». E no carnaval a gente mata e come. Com fiscal ou sem fiscal. O porco é nosso.

Na cara de Liloca a alegria de ver pai e filhos contentes na igual ideia, ainda riqueza de um leitão mais tarde um porco de tanta coisa, torresmos, banha, carne, costeletas, ossos para salgar. Abriu a boca de sono.

– Mas temos de baixar o rádio.

– Apaga mesmo, Liloca. Coragem, porque a razão é nossa. Um porco se ronca na rua ninguém lhe multa. Se estão num minuto de silêncio e ele berra ninguém lhe prende. Quem então é que este porco candengue está incomodar ? Só na lei desse advogado de tuge. Não é ? Que tratem mas é de resolver o problema da água. Eu é que não vou mais a essas reuniões de moradores. São sempre os mesmos que falam e agora já nem um porco se pode ter.

Ainda antes de irem na cama, Zeca e Ruca iniciaram conhecimentos com « carnaval ». Devagarinho, mão na espinha, o porco a deixar até quando Zeca lhe abusou puxando no rabo e o leitão roncou forte no silêncio do rádio apagado.

– Porra. O porco só chegou agora e vocês não têm respeito, o Faustino se calhar a ouvir. Cama ! E amanhã, se a vossa mãe não estiver, não entra fiscal nenhum. Cama, já disse !

Sete e meia da manhã, antes de ir no emprego, Diogo avisou outra vez que fiscal não entrava.

Depois a dona saiu nas bichas. Então Zeca e Ruca começaram logo entretimento com o porco.

– Ruca, vamos-lhe dar banho.

Desamarraram a corda do ferro das persianas e conduziram « carnaval » até na casa de banho. Abriram o chuveiro e, no momento em que forçavam o bicho para a banheira, a campainha tocou.

De imediato, Zeca teve o cuidado de fechar a casa de banho e esconder a chave na gaveta do guarda-loiça. Foram na porta. Ruca é que entreabriu e falou :

– Bom-dia. O que é que o camarada quer ? O pai não está em casa.

– Também não é preciso.
E o homem empurrou a porta num safanão.
– Você não pode entrar assim dentro da casa das pessoas.
– Quem é que disse ?
– O meu primo Cinquenta, que trabalha na segurança. Posso gritar, lhe prendem – insinuou Ruca.
Ele e o irmão tremiam, arrependidos. Não estavam a cumprir as orientações do pai. Nem sequer deviam ter aberto a porta.
– Vá, pioneiros. O porco onde está ? Onde está o porco ?
– Porco é você – ripostou Zeca afastando-se para detrás da mesa. – Aqui não tem porco.
– Vamos a ver. – E o homem começou a vasculhar. Primeiro passou na cozinha. Depois na sala outra vez. Os dois quartos. E deteve-se na varanda.
– Mas cheira a porco !
– Cheira porque é o vizinho camarada Faustino que costuma ter porco – afirmou Ruca mostrando convicção. – Se o senhor é ladrão de porcos, pode ir lá.
– Senhor não, camarada. E não sou ladrão sou fiscal.
– Ai é ? Então tem de ir lá mesmo, que a dona também faz quitanda de dendém...
– E fazem caporroto à noite – acrescentou Zeca.
– Para venderem ao sábado cada búlgaro cem kwanzas sem troco – completou Ruca.
Com o riso de fiscal contente de missão cumprida, ficou ainda um bocado de indicador na testa a arrumar inteligência. E, ouvindo barulho de água a correr dum chuveiro, indagou apontando para a porta :
– Quem é que está ali ?
– É o primo Cinquenta da segurança, trabalhou de noite, na casa dele não tem água e veio aqui tomar banho.
– Da segurança ?
– Sim – reafirmou Zeca. E o fiscal começou a andar para a porta.
– Bem. Se não tem porco é porque não tem porco mesmo e... – Parou ao pé da cozinha.
– Zeca, liga o telefone na casa da professora. Diz que está aqui um camarada a cara dele é igualzinha à do ladrão que esteve na nossa escola e matou dois pioneiros. É ele mesmo ! – E Ruca olhava acusador para o fiscal. O homem correu para a porta.
– Vocês estão doidos, pioneiros. Eu sou uma autoridade, e como é essa confusão ?
Mas Zeca a riscar números de telefone e o irmão só fechou a porta depois de espreitar o fiscal tocar a campainha da casa do Faustino.
– Grande berrida levou esse fraccionista ! – gritou Ruca.
– Agora o nome do porco não é só « carnaval ».
– Então?
– É « carnaval da vitória ».
Entraram na casa de banho, fecharam o chuveiro e, no meio da alegria da vitória, Ruca quis pôr apoteose :
– Zeca. Vai nos andares de baixo, toca as campainhas e diz que anda gatuno aqui no prédio. Toca na casa do Beto e diz para ele ir tocar também e avisar os outros para tocarem nas campainhas e para toda a gente ficar nas portas porque anda um ladrão.

– Desculpe. Não é preciso zanga assim, que eu estou no meu serviço de fiscal. É a minha obrigação.
– Mas nesta casa ? O meu marido assessor popular no tribunal e você é que vem fiscalizar a inventar que temos um porco em casa ? E o quê, afinal ?
– Pior um pouco. Na casa de um responsável. Porque a verdade é que cheira.
– Cheira a quê ?
– A porco. – E o fiscal começou a farejar.
– Procure então, se quer.
A dona estava exaltada e conduzia o fiscal pela casa sem pronunciar mais palavra. Por fim chegaram à varanda e o fiscal batou palmas. O chão estava todo coberto de dendém.
– Cá está !
– O quê ?
O fiscal tirou do bolso um pequeno bloco-notas e apontou em voz alta :
– Quitanda clandestina de dendém em prédio habitacionável e especulativa contra-revolucionária – e perguntou : – a fabriqueta do capa-érre ?
– Bandido ! seu bandido o dendém é a minha sogra que manda de Ambrizete só para a gente comer e ainda dar nos amigos. Fora daqui. – E a primeira coisa que apanhou foi uma frigideira. O fiscal abaixou-se instintivamente, a frigideira bateu na parede mas a dona tomou da vassoura e o homem fugiu de raspão porta fora, no fim do corredor de apartamentos foi logo na escada sem viajar mais no elevador. Quando ia no quinto andar, Zeca gritou escondido no vão da escada :
– Agarrem o gatuno !
E em todo o prédio ecoaram gritos de outros miúdos num passa-palavra de agitação. As donas a sair das portas numa azáfama de bloquear a passagem ao bandido, « telefonem na polícia », « não deixem passar ele em baixo », « furem-no com um tiro », « chamem a ó-dê-pê », e Zeca aproveitou a confusão subiu as escadas para regressar no apartamento e aí cruzou-se com a mulher do Faustino de vassoura na mão a espumar « matem esse gatuno queria-me assaltar disfarçado de fiscal de caporroto » !
Ruca abriu logo a porta :
– Como é ?
– Fecha depressa. Tudo faine. Vamos observar na varanda.
Lá em baixo a peleja tinha crescido. Fiscal no meio exibindo documentos. As donas, os miúdos e mais gente de passagem rodeando o intruso. Os carros buzinando por causa do engarrafamento. Insultos de quem chegava adiantando discussão e ainda as mulheres em voz alta, « prendam esse gatuno », « é o mesmo da semana passada », « foi o que roubou a aparelhagem », « se calhar o cartão dele ainda é falso ». Chegou um carro da polícia e Zeca correu as persianas, levantou o rádio no máximo e disse para o irmão :
– A maka não é connosco e agora é que a gente não abre a porta a ninguém. Foi assim que mandou o pai – e fechou a porta com trinco, fecho e tranca.

Extracto de Quem me dera ser onda, Ed. Cotovia Lda 1991

Manuel Rui Monteiro nasceu em 1941 em Huambo, Angola. Jurista, escritor, professor de literatura, cronista na imprensa, colabora em programas de rádio e no cinema. Vive em Luanda, Angola.
Publicações : Quem me dera ser onda, Ed. Cotovia Lda 1991 ; Crónica de um Mujimbo, 1989 ; 1 Morto & os Vivos, 1992 ; Rio seco

Manuel Rui Monteiro

I WISH I WERE A WAVE

Faustino only took his finger off the button when the lift had arrived.
– What's this ? A pig in the lift ?
– It's not a pig, it's a piglet, Comrade Faustino.
– It comes to the same thing as far as the law's concerned.
– What law ?
– It's what we agreed at the residents' meeting, when you were present. The vote was unanimous. The lifts are for people only. Things go in the service lift.
– But is a piglet a thing ?
– That's not the point. We agreed that dogs, cats or birds are acceptable as animals. Now if it was a plucked chicken, or a dead piglet, or a goat, slaughtered, cleaned and wrapped, that would be all right. But a live piglet like this has no right to be in the lift, Comrade Diogo, it falls outside the scope of the law.
– What do you mean scope ? For a start, the service lift is out of order. It was your wife who spent a whole day ferrying great loads up and down in it. And now look what's happened. Secondly, the piglet is merely in transit, it isn't going up and down. And was it the piglet that brought fever into the building ?

They stopped on the seventh floor. The piglet resisted, but Diogo managed to drag it out with the rope. He already had his key in the door when he looked back and saw that his neighbour had gone.
– Mama, Papa's brought a piglet !
– Calm down, Zeca. Let Papa through.
– Out of the way !

Diogo walked across the living room to the broad balcony that looked onto the street, lifted up some of the clothes hanging on the line there and tethered the pig to the metal frame separating the shutters.
– Just listen to him grunt. Ruca had gone up to the piglet to try and make friends with it.
– That's all very well, but first we must get ourselves organised. Liloca, turn the radio right up, and Zeca and Ruca, nip down to Comrade Nazário's place and see if our neighbour Faustino is there. Quickly !

Suddenly, the house was transformed : the pig's terrified squeals alerting the whole neighbourhood, the radio on full blast, and the two kids haring off. They pressed the button. No sign of the lift. They raced down the stairs to the second floor.
– Good evening, Dona Xica. We wondered if we could borrow Beto's crayons.
– Beto ! Ruca's here. Come in.
– In my role as magistrate, I cannot possibly allow such a breach of discipline. Nor can you, Comrade Nazário. After all, you are in charge of the building. Tomorrow we must send the inspector to his flat, find that pig and either fine him or run them out of the building.

As soon as Zeca heard those last few words at the far end of the corridor, he grabbed the box of crayons, not even bothering to say goodbye. His brother was right behind him.
– So they're sending an inspector.
– That's what they said, Papa, Ruca confirmed.

The family were eating their fried fish and rice, but the children couldn't take their eyes off the piglet right there on the balcony, grunting and sniffing at its new abode, its voice drowned out by the sound of the radio.
– Well, no inspector's coming in here. And I'll see that bastard Faustino gets his come-uppance, bloody Catete busybody !
– Now you're being tribalist !
– Me ? I've got no quarrel with the pig. He's the one's who's being tribalist. To the pig. And just because the pig's mine. Tribalism ! Don't talk to me about isms, woman, they don't fill your belly. What we need is friedfishism, mushroomism and other isms relating to the belly. It's blokes like that Faustino who are tribalist, getting in the way of the isms of people's bellies. That's why things aren't getting any better and that's why I should be the one talking on the radio not these nincumpoops. Right in the middle of the football commentary, I'd start in discussing nosh and the isms of the belly. Nothing but fried fish and talk. He belched.
– But we're going to eat the piglet, aren't we ?
– Not yet, Zeca. You must always plan ahead. We're going to rear it and fatten it up, and then there'll be lots of meat.

A flicker of disappointment crossed the faces of the two children. Their mother piled up the plates and carried them into the kitchen. Then she came back and asked :
– How are we going to rear a pig up here on the seventh floor ?
– Don't worry, Liloca. We'll draw up a plan. Hotel scraps for food, then all we've got to do is teach it not to squeal. And no pig is going to squeal if he's got plenty of food inside him. It's a law of nature.

His wife looked at the piglet. She was still pondering the question. How could they rear a pig like that on the seventh floor ? In a building full of clerks and secretaries, civil servants working in government departments, a local government aide, even a security man who drove a car with two aerials, not to mention Party activists.
– This is going to cause trouble with the Housing Association.
– What, Liloca ?
– With the Housing Association.
– To hell with the Association, they're just a bunch of swindlers who arrange housing for their friends. I always pay the rent. And there are houses without a pig that are more like pigsties than this one.

He got up and went over to the piglet. Liloca and the children followed and the family all stood round in a semicircle studying the new tenant. The pig snorted and waggled its ears as if demanding to know the reason behind the change in its living arrangements.
– We'll have to give it a name, said Zeca in euphoric mood.
– We should call him « Carnival. »
– I think you're right, Ruca. « Carnival » it is. And at carnival time we'll kill it and eat it, inspector or no inspector. The pig is ours.

Liloca's face shone with happiness to see father and children all blissfully of one mind, and then there was the prospect of a piglet becoming a pig with all that implied : crackling, lard, meat, chops, bones to pickle. She yawned.
– We must turn the radio down.
– Turn it off, Liloca. We must be bold, for reason is on our side. No one fines a pig for grunting in the street. If there's a minute's silence and he squeals, no one arrests him. This little piggy isn't harming anyone, is he ? Only in the eyes of the law of that shit of a lawyer. They should get the water problem sorted out first. I'm not going to any more of those residents' meetings. It's always the same people who speak, and now it seems you can't even keep a pig.

Before going to bed, Zeca and Ruca began to get acquainted with « Carnival ». They gently stroked its back and the pig let them, until Zeca went too far and pulled its tail and the piglet oinked loudly in the quiet left by the silenced radio.
– Honestly, the pig has only just got here and already you're tormenting it. Faustino might be listening. Go to bed. And tomorrow, if your mother's not here, don't let any inspectors in. Now, off to bed with you.

At half past seven in the morning, before going to work, Diogo warned them again not to let the inspector in.

Then their mother went off to join the queues and Zeca and Ruca soon began playing with the pig.
– Ruca, let's give him a bath.

They untied the rope from the shutters and led « Carnival » to the bathroom. They turned on the shower and just as they were lifting the struggling piglet into the bathtub, the doorbell rang.

Zeca immediately locked the bathroom and hid the key in a drawer in the china cabinet. They went to the front door. Ruca half-opened it and said :

– Good morning. What can I do for you ? Papa's not at home.

– That doesn't matter.

And the man pushed the door open.

– You can't just come into people's houses like that.

– Says who ?

– My cousin Cinquenta, who works in security. I'll shout and they'll come and arrest you, said Ruca.

He and his brother were shaking with fear. They weren't doing as their father had told them to do. They shouldn't even have opened the door.

– Come on, lads, where's the pig ? Just tell me where the pig is.

– You're the pig, retorted Zeca, taking refuge behind the table. We haven't got a pig.

– We'll see about that. And the man began scouting around. First, he went into the kitchen. Then back into the living room and the two bedrooms. He stopped on the balcony.

– It smells of pig out here !

– That's because Comrade Faustino usually keeps a pig, said Ruca firmly. If you're a pig-thief, you'd be better off going there.

– Less of your lip. And I'm not a thief, I'm an inspector.

– Oh really ? Then that's the place for you, his wife has a stall selling palm nuts...

– And they brew up their own hooch at night, added Zeca.

– And they sell it on Saturdays for a hundred kwanza a jam jar, said Ruca.

With the smile of an inspector happy to have fulfilled his mission, he stood there for a while thoughtfully scratching his head. Then, hearing the noise of the shower, he pointed to the door and said :

– Who's in there ?

– It's our cousin Cinquenta from security. He works nights and there's no water in his flat, so he came to have a shower here.

– In security you say.

– Yes, said Zeca. And the inspector started heading for the front door.

– Well, if you haven't got a pig, you haven't got a pig... He stopped by the kitchen.

– Zeca, phone the teacher. Tell her there's a man here who looks just like the thief who broke into our school and killed two children. It's him ! Ruca looked accusingly at the inspector. The man ran for the door.

– You're mad ! I've been sent here by the authorities, how could you possibly mistake me for a thief ?

But Zeca was already dialling the number and his brother only closed the door when he saw the inspector ringing the bell of Faustino's flat.

– Didn't the old factionalist squeal ! shouted Ruca.

– Now the pig's name isn't just « Carnival ». What is it then ? It's « Victory Carnival ».

They went into the bathroom, turned off the shower, ant Ruca, carried away by the joy of victory, wanted to go still further.

– Zeca, go down to the lower floors, ring all the doorbells and say that there's a thief in the building. Go and ring for Beto and tell him to go and ring on people's doorbells too and to get the others to do the same and to tell people to stand by their doors because. there's a thief about.

– I'm sorry. There's no need to get so angry ; I'm just doing my job as an inspector. It's my duty.

– But why here ? My husband's a magistrate and you come snooping around with some story about us having a pig in the house. What are you up to ?

– That just makes it worse, it being the house of an official I mean. Because the fact is, it does smell.

– Smell of what ?

– Pig. And the inspector started sniffing.

– Come in and see for yourself, then, if you must.

The woman was furious and she led the inspector through the apartment without saying another word to him. At last, they reached the balcony and the inspector rubbed his hands together. The floor of the balcony was covered in palm nuts.

– Aha !

– What ?

The inspector took a small notebook from his pocket, saying the words as he wrote them down :

– Secret store of palm nuts private dwelling and counter-revolutionary speculating. Then he asked : – So where do you make the hooch, then ?

– How dare you ! My mother-in-law sends me the palm nuts from Ambrizete for us to eat and to share with our friends. Now get out of here ! And the first thing she picked up was a frying pan. The inspector instinctively ducked ; the frying pan hit the wall, but the woman then picked up the broom and the man only just made it out of the door. At the end of the corridor, he took the stairs rather than wait for the lift. When the inspector reached the fifth floor, Zeca, hidden in the stairwell, shouted out :

– Stop thief !

And the whole building echoed with the cries of other children in a kind of frenzied game of Chinese whispers. The women came bustling out of their front doors to block the path of the thief, « call the police », « don't let him escape down there », « put a bullet through him », « call the militia », and Zeca took advantage of the confusion to go back up to his own apartment where he and Faustino's wife, broom in hand, yelling furiously : « kill that thief, he came here disguised as an inspector and he tried to attack me ! »

Ruca opened the door to Zeca at once.

– How's it going ?

– Quick, close the door. Everything's fine. Let's go and watch :from the balcony.

Down below, the battle had intensified. The inspector in the middle, brandishing his identity card. The women, children and other people who just happened to be passing surrounding the intruder. Cars honking because of the hold-up to the traffic. Insults from new arrivals providing fresh fuel for the dispute and the women still bawling : « arrest that thief », « he's the one who was here last week », « he was the one who stole my equipment », « that identity card's probably fake ». A police car arrived and Zeca lowered the blinds, turned the radio up loud end said to his brother :

– It's not our problem any more, but now we won't open the door to anyone. That's what Papa told us. And he closed the door with bolt, latch and lock.

Extract from Quem me dera ser onda (I wish I were a wave), Ed. Cotovia Lda, 1991.
Translation Margaret Jull Costa

Manuel Rui Monteiro was born in 1941 in Huambo, Angola A lawyer, writer, teacher of literature and newspaper columnist, he has also worked for radio and cinema. He lives in Luanda. Publications : Quem me dera ser onda, Ed. Cotovia Lda, 1991 ; Crónica de um Mujimbo, 1989 ; 1 Morto & os Vivos, Ed. UEA, 1992 ; Rio Seco

Manuel Rui Monteiro

AH, QUE J'AIMERAIS ÊTRE UNE VAGUE !

Tant que l'ascenseur n'arrivait pas, Faustino appuyait sur le bouton d'appel.

– Ça alors ! Un cochon dans l'ascenseur ?

– Pas vraiment un cochon, camarade Faustino. Un cochon de lait.

– C'est du pareil au même si on s'en tient au règlement.

– Quel règlement ?

– Celui qui a été approuvé à l'unanimité par l'assemblée des locataires. Et vous étiez présent : l'ascenseur, pour les gens, uniquement ; le monte-charge, pour les choses.

– Mais est-ce qu'un cochon de lait est une chose ?

– Non, mais en ce qui concerne les animaux on s'est mis d'accord sur les chiens, les chats, les petits oiseaux. Maintenant, si c'est de la poule plumée et vidée, du cochon de lait ou du chevreau, à condition qu'il soit mort, nettoyé et emballé, c'est considéré comme de la viande, on l'a aussi prévu. Mais un cochon de lait vivant comme celui-là, ça n'a pas droit à l'ascenseur, camarade Diogo, ça tombe sous le coup du règlement.

– Tiens donc ! Sous le coup du règlement ? Pour commencer, le monte-charge est en panne. Votre femme elle-même a passé toute la journée à monter et à descendre des affaires. Alors, le monte-charge, voyez un peu. Ensuite, mon cochon de lait est en transit, il ne se balade pas de haut en bas et de bas en haut. Et puis, est-ce qu'on peut l'accuser d'avoir apporté des maladies dans l'immeuble ?

Il s'arrêtèrent au septième étage. Le cochon se montrait réticent mais Diogo le tira par la corde. Et, la clé dans la serrure, il regarda derrière lui, vérifiant que le voisin n'était pas là.

– Maman ! Papa a apporté un petit cochon !

– Du calme, Zeca. Laisse passer ton père.

– Poussez-vous de là.

Diogo traversa le salon, arriva sur le large balcon donnant sur la rue. Il souleva quelques pièces de linge qui séchaient sur le fil et attacha la corde du cochon à la barre de jointure des stores.

– Oh là, qu'est-ce qu'il grogne ! – dit Ruca, s'approchant de l'animal et essayant de sympathiser.

– Bon, avant tout, de l'organisation. Toi, Liloca, mets la radio à fond, et vous deux, Zeca et Ruca, allez voir si notre voisin Faustino n'est pas chez le camarade Nazário. Allez, filez, ouste !

La maison se trouva soudain transformée. Le cochon manifestait son inadaptation par des cris propres à alerter tout le voisinage tandis que la radio hurlait, poussée au maximum ; les deux enfants sortirent en coup de vent et – l'ascenseur tardant à venir – dévalèrent les escaliers jusqu'au deuxième étage.

– Bonsoir, madame Chica. Je viens seulement demander des crayons de couleur à Beto.

– Beto ! Beto ! Viens, Ruca est là. Toi, entre donc.

« Moi, en tant que conseiller du peuple, je ne peux admettre le manque de discipline. Comme vous, certainement, camarade Nazário. Et vous, êtes-vous oui ou non le premier responsable de l'immeuble ? Alors, dès demain il faudra envoyer le contrôleur chez ces gens et, quand il aura constaté la présence du cochon, qu'il leur colle une bonne contravention ou qu'il les fiche tous dehors. »

Entendant des bribes de cette conversation qui se tenait au fond du couloir, Zeca s'empara de la boîte de crayons et fila, son frère aux trousses, sans prendre congé.

– Alors c'est ça ? Un contrôleur ?

– C'est exactement ce qu'ils ont dit, papa – réaffirma Ruca.

La famille était attablée devant le poisson frit au riz, mais les enfants ne quittaient pas des yeux le cochon de lait qui, tout près d'eux, sur le balcon, flairait son nouveau lieu de vie en poussant des grognements que dominait la radio.

– Eh bien, je peux vous assurer qu'ici pas un contrôleur ne mettra les pieds. Quant à ce salaud de Faustino, ce Catete* de merde, je finirai bien par savoir pourquoi et comment il a été purgé.

– Mais tu es en train de faire du tribalisme...

– Je fais du tribalisme, moi ? D'abord, je n'ai rien contre les cochons. C'est lui qui fait du tribalisme. Et avec le cochon. Simplement parce qu'il m'appartient. Tribalisme ! Oublie un peu les ismes, ma petite, ça ne remplit pas le ventre. En fait d'isme, il y a le poisson-fritisme, le manioquisme et les autres ismes du ventre. Et le tribaliste, c'est celui qui combat les ismes du ventre du peuple, comme ce crétin de Faustino. C'est pour ça qu'on n'avance pas, c'est moi qui devrais parler à la radio et non ces macaques. Ce serait là, au beau milieu des reportages de foot, que je te leur parlerais de bouffe et des ismes du ventre. Mais au lieu de ça, ce n'est que poisson frit et bla-bla-bla – et il rota.

– Alors on va manger le cochon de lait, hein ?

– Pas question, Zeca. Le plan, toujours le plan. On va faire de l'élevage, on va le mettre à l'engrais. Ça nous fera de la viande, beaucoup de viande.

Un voile de désappointement s'étendit sur le visage des deux gamins. La mère empila les assiettes et les porta à la cuisine. En revenant elle posa la question :

– Comment allons-nous pouvoir élever un cochon à un septième étage ?

– Du calme, Liloca. On va étudier un plan. Pour ce qui est de la nourriture : les restes des hôtels. Puis il faudra le dresser à ne pas crier. Et quand il y a de la bouffe même un cochon se tait. C'est la loi de la vie.

La femme porta son regard sur le cochon, se répétant la question : comment serait-il possible d'élever un cochon à un septième étage ? Un immeuble plein de gratte-papier, de secrétaires. Des employés de ministères. Un conseiller du peuple, et même un agent de la Sécurité qui roulait en voiture à deux antennes, sans compter les militants du Parti ?

– Ça va faire des histoires avec l'Office de l'Habitat.

– Avec quoi, Liloca ?

– Oui, avec l'Habitat...

– Qu'est-ce que tu viens me seriner avec cette saloperie d'Habitat, tous des corrompus juste capables de faire obtenir des logements à leurs amis. J'ai toujours payé mon loyer. Il y a des maisons où il n'y a pas de cochon et qui sont plus sales que la nôtre.

Sur ce, il se leva et s'approcha du cochon. Liloca et les enfants l'imitèrent et bientôt toute la famille en demi-cercle se mit à contempler ce nouveau locataire. Le cochon reniflait, remuait les oreilles, comme s'il s'interrogeait sur son nouveau statut.

– Il faut lui donner un nom – dit Zeca, euphorique.

– Oui, et ce sera « Carnaval » !

– Pas mal, Ruca. Marchons pour « Carnaval ». Et justement, quand arrivera le jour de carnaval, contrôleur ou pas, on le tuera et on le mangera. Le cochon nous appartient.

Le bonheur apparut sur le visage de Liloca à la vue du père et des enfants heureux d'avoir eu la même idée, d'imaginer le cochon de lait devenu adulte et tout ce qu'on pourrait en tirer : les rillons, le saindoux, la viande, les côtelettes et les os pour la salaison. Elle bâilla.

– Mais il faut baisser le son de la radio...

– Arrête-la complètement, Liloca. Courage, la raison est de notre côté. Si dans la rue un cochon grogne, personne ne songera à lui dresser une contravention. S'il grogne pendant qu'on observe une minute de silence, personne ne le mettra en prison. Qui donc peut être dérangé par un cochon si petit ? Que ce fichu avocat avec sa loi à la gomme. Pas vrai ? Qu'on s'occupe plutôt du problème de l'eau. Moi, je n'irai plus à ces réunions de locataires. C'est toujours les mêmes qui parlent et voilà que maintenant on ne peut même plus avoir un cochon.

Avant d'aller au lit, Zeca et Ruca voulurent lier connaissance avec « Carnaval », lui passant doucement la main sur l'échine ; le cochon se laissait faire mais Zeca, allant jusqu'à lui tirer la queue, provoqua de bruyants grognements dans le silence de la radio éteinte.

– Bon sang ! Ce cochon vient tout juste d'arriver et déjà vous l'agacez, qui sait si Faustino n'est pas en train d'écouter. Allez, au lit ! Et demain, si votre mère n'est pas à la maison, pas question de laisser entrer un contrôleur. Au lit, je vous l'ai déjà dit !

A sept heures et demie le lendemain matin, avant d'aller au travail, Diogo renouvela aux enfants la consigne de ne laisser entrer aucun contrôleur chez eux.

La mère partit ensuite faire la queue devant les magasins. C'est alors que Zeca et Ruca s'empressèrent de jouer avec le cochon.

– Ruca, on va lui donner un bain.

Ils détachèrent « Carnaval » et l'entraînèrent dans la salle de bain. Ils ouvrirent le robinet de la douche et, au moment même où ils forçaient l'animal à entrer dans la baignoire, la sonnette de la porte retentit.

Zeca prit soin de fermer immédiatement la porte de la salle de bain et d'en cacher la clef dans le tiroir du vaisselier. Tous deux se dirigèrent ensuite vers la porte d'entrée que Ruca entrouvrit, demandant :

– Bonjour, camarade. C'est pour quoi ? Notre père n'est pas là.

– Pas besoin.

Et l'homme tenta de forcer la porte.

– Vous ne pouvez pas entrer comme ça chez les gens.

– Qui a dit ça ?

– C'est mon cousin Cinquante, qui travaille pour la Sécurité. Je peux crier et vous faire mettre en prison – insinua Ruca.

Son frère et lui tremblaient, pris de remords. Ils avaient désobéi au père, n'auraient jamais dû ouvrir la porte.

– Allons, pionniers. Où est le cochon ? Où est-il, ce cochon ?

– Le cochon, c'est vous – répliqua Zeca en allant se mettre de l'autre côté de la table. – Ici il n'y a pas de cochon.

– C'est ce qu'on va voir. – Et l'homme se mit à inspecter les lieux. Il commença par la cuisine, puis revint au salon, visita les deux chambres et s'arrêta au balcon.

– Mais ça sent le cochon !

– Ça sent parce que chez le voisin, le camarade Faustino, il y a souvent des cochons – affirma Ruca avec conviction. – Et si vous, Monsieur, vous êtes voleur de cochons, vous n'avez qu'à aller chez lui.

– Monsieur, non, camarade. Et je ne suis pas voleur, mais contrôleur.

– Ah oui ? Alors vous pouvez y aller, parce que, en plus, la femme fait du commerce de noix de palme...

– Et la nuit, ils font de l'eau-de-vie – renchérit Zeca.

– Pour, le samedi, vendre chaque bulgare* cent kwanzas* tout rond – ajouta Ruca.

Le contrôleur se mit à rire, satisfait de la mission accomplie ; il resta un moment encore, l'index pointé sur le front, mettant de l'ordre dans ses idées. Puis, entendant couler l'eau d'une douche, il s'enquit, montrant la porte du doigt :

– Qui est là-dedans ?

– C'est le cousin Cinquante de la Sécurité, il a travaillé toute la nuit et, comme il n'a pas d'eau chez lui, il est venu prendre un bain ici.

– De la Sécurité ?

– Oui – affirma Zeca tandis que le contrôleur commençait à se diriger vers la sortie.

– Bon. S'il n'y a pas de cochon, c'est qu'il n'y a pas de cochon et... – Il s'arrêta près de la cuisine.

– Zeca, appelle la maîtresse au téléphone, dis-lui qu'un camarade est ici, qui ressemble comme un frère au voleur qui est venu dans notre école et a tué deux pionniers. C'est lui, c'est sûr.

Pour le coup, l'homme se précipita vers la porte.

– Vous êtes fous, pionniers. Qu'est-ce que c'est que cette salade ? Je suis une autorité, moi.

Mais Zeca continuait à composer des numéros de téléphone et son frère ne referma la porte qu'après avoir vérifié que le contrôleur sonnait bien chez Faustino.

– Il s'en est pris plein la gueule, ce fractionniste* – s'écria Ruca.

– Maintenant, le cochon ne peut plus s'appeler seulement « Carnaval ».

– Et alors ?

– Ce sera « Carnaval de la victoire* »!

Ils allèrent dans la salle de bain, arrêtèrent le robinet de la douche et Ruca voulut ajouter un plus à la joie de la victoire :

– Zeca, descends chez les voisins du dessous et dis-leur qu'un voleur est en train de se balader dans l'immeuble. Sonne chez Beto, qu'il prévienne les autres et que tout le monde garde sa porte parce qu'il y a un voleur dans la maison.

– Excusez, il ne faut pas vous fâcher comme ça. Moi, je ne fais que mon travail de contrôleur, c'est mon devoir.

– Et dans cette maison, par-dessus le marché ? Mon mari est conseiller populaire au tribunal et c'est vous qui venez inspecter chez nous sous prétexte que nous élevons un cochon ? Qu'est-ce que ça veut dire ?

– D'autant plus grave. Chez un responsable. La vérité, c'est que ça sent.

– Ça sent quoi ?

– Le cochon. – Et le contrôleur se mit à renifler.

– Alors cherchez-le, si vous voulez.

La femme, exaspérée, conduisit le contrôleur à travers la maison sans dire un mot. Ils arrivèrent ainsi au balcon et le contrôleur battit des mains : le sol était jonché de noix de palme.

– Nous y voici !

– Quoi ?

Le contrôleur sortit un petit calepin de sa poche et y inscrivit à voix haute :

– Vente clandestine de noix de palme dans un immeuble d'habitation, trafic contre-révolutionnaire. – Puis il demanda : – Et la petite fabrique de gnôle ?

– Bandit ! Espèce de bandit ! La noix de palme, c'est ma belle-mère qui me l'envoie d'Ambrizete uniquement pour qu'on y goûte et qu'on en offre un peu aux amis. Fichez-moi le camp. – Et elle brandit la première chose qui lui tomba sous la main, une poêle que le contrôleur esquiva en se baissant et qui alla contre le mur. Lorsque la femme se saisit du balai, l'homme prit la poudre d'escampette. Arrivé au bout du couloir, il s'engouffra dans l'escalier sans attendre l'ascenseur. Zeca, qui l'épiait, se mit à crier :

– Au voleur ! Arrêtez-le !

Dans l'immeuble retentirent alors des cris poussés par d'autres gamins – et l'agitation se répandit en un éclair. Les femmes, sur le pas de leur porte, se disposaient à barrer le passage au voleur : « téléphonez à la police », « ne le laissez pas passer en bas », « tirez-lui dessus », « appelez l'O.D.P.* »... Zeca profita de la confusion pour remonter les escaliers afin de rentrer chez lui, et c'est alors qu'il croisa la femme de Faustino, vociférant, le balai à la main : « Qu'on le tue, ce bandit, il a voulu me cambrioler déguisé en contrôleur de gnôle ! »

Ruca ouvrit la porte sans tarder :

– Et alors ?

– Ferme vite. Ça marche. Allons sur le balcon voir ce qui se passe.

En bas, les choses s'étaient amplifiées. Le contrôleur, au milieu de l'agitation, exhibait des papiers. Les femmes, les enfants et les passants entouraient l'intrus. Les voitures klaxonnaient à cause de l'embouteillage. Les nouveaux venus ajoutaient leurs vociférations à celles des femmes qui réclamaient à tue-tête : « Qu'on mette le voleur en prison », « c'est le même que celui de la semaine dernière », « c'est celui qui a volé la chaîne de radio », « ses papiers sont faux »... Comme une voiture de police arrivait, Zeca tira les stores, augmenta le volume de la radio et dit à son frère :

– Ne bougeons pas ; la bagarre ne nous regarde pas. Maintenant on n'ouvrira plus la porte à personne, comme papa nous l'a recommandé – et il ferma à clé, poussa le verrou et mit la bâcle.

Extrait de Quem Me Dera Ser Onda, Ed.Cotovia, Lisboa 1991
Traduction Michel Laban
Ah, que j'aimerais être une vague ! (titre provisoire) est à paraître aux Éditions Dapper à l'automne 1999.

Catete : Habitant de la zone de Catete, bourgade située à une cinquantaine de kilomètres de Luanda. Les gens de Catete sont réputés pour leur esprit de contestation. (N.d.T.)
Bulgare : A la fin des années 70, la pénurie de verres amena les Angolais à utiliser, pour boire, les pots de confiture importés de Bulgarie. (N.d.T.)
Kwanza : Unité monétaire de l'Angola. (N.d.T.)
Fractionniste : Contestataire au sein du Parti. (Allusion aux diverses luttes pour le contrôle du pouvoir en Angola. N.d.T.)
Carnaval de la Victoire : Il s'agit également du nom qui a été donné officiellement au carnaval de Luanda, après l'indépendance. (N.d.T.)
O.D.P. : Police (Organisation de la Défense Populaire). (N.d.T.)

Manuel Rui Monteiro est né en 1941 à Huambo, Angola. Avocat, écrivain, professeur de littérature et chroniqueur, il travaille également pour la radio et le cinéma. Il vit à Luanda. Publications : Quem me dera ser onda, Ed. Cotovia Lda, 1991 ; Crónica de um Mujimbo, 1989 ; 1 Morto & os Vivos, Ed. UEA, 1992 ; Rio Seco

Souvenirs des temps passés

LEMBRANÇAS DO ANTIGAMENTE
MEMORIES OF BYGONE TIMES

Mário Rui Silva

A cultura musical luandense é fruto de vários encontros. Diversos grupos populacionais chegaram a Luanda provenientes de várias regiões de Angola, com preponderância para os grupos Kimbundu, Kikongo e Umbundu. Estes grupos traziam consigo o seu próprio universo cultural. Um deles, vindo de Mbaka, trouxe o kaduke, ritual que era dançado ao ar livre, acompanhado por instrumentos musicais rudimentares. Esta dança, o kaduke, caracteriza-se pela semba (umbigada) : homens e mulheres entrechocam-se. É uma dança erótica, propícia para aqueles que se encontravam sozinhos. Em Luanda, em contacto com novas realidades, *tornou-se dança de salão, onde entra a sanfona, os homens vestidos de smoking e as mulheres com os seus belos panos* (1). *Os nobres portugueses exilados como consequência das invasões francesas a Portugal, chegados a Luanda sem as mulheres e habituados a uma vida social muito influenciada pela cultura francesa, influenciaram (...) os nativos do país (...) Por essa ocasião fundaram-se associações, onde se organizavam bailes. Estes tinham por base um tipo de movimentação coreográfica que é exactamente a do « cotillon ». francês.* (2) Luanda deste tempo era já uma cidade mestiça, sob vários aspectos da vida musical quotidiana. Os efeitos da cultura musical exportada pelos escravos, já se faziam sentir em alguns pontos do planeta. O tango, o samba, os blues, o jazz e o merengue têm um grande impacto nos músicos em Luanda, sensíveis a esse retorno dos seus ritmos e danças. Entre eles manifestam mais simpatias pelo samba, talvez por estar mais próximo de um ritmo local e mais directamente ligado à população de cultura mestiça. A música suburbana luandense é fruto do encontro longínquo entre Europeus e Africanos. Eram cantares feitos, provavelmente, de sentimentos relacionados com a nostalgia do passado. Gente de 15 a 30 anos que veio para Luanda sem família. Esta nova gente recém-chegada deve ter polarizado uma parte da população de Luanda com as escalas musicais vindas do campo. As composições que terão sido criados nestas novas condições de vida, estabelecem um corte com o música tradicional, na sua temática, embora a linha melódica tenha guardado alguns elos de ligação, não muito evidentes.

Com a geração dos anos 40 vão-se criando, naturalmente, condições que dão origem, em 47, ao aparecimento do famoso Ngola Ritmos que, ao princípio, teve dificuldades em ser aceite pelo público europeu quando cantava em kimbundu. Liceu , um músico desse grupo, magoado com este tipo de reccções, decide cantar músicas portuguesas. Quando o « zé povinho », já se encontrava no salão em dança animada com as músicas da « santa terrinha », o nosso Liceu, já combinado com os outros elementos do Ngola

The musical culture of Luanda is a watershed fed by many streams. As a variety of ethnic groups arrived in Luanda from different regions of the country, the largest being the Kimbundu, Kikongo and Umbundu groups, they all added in their own cultural world. One of them, from Mbaka, brought the kaduke, a ritual which consisted of a dance in the open air, accompanied by simple musical instruments. The dance kaduke, is typified by the semba (a dance where the couples bump bellies), where men and women come into close physical contact. It is an erotic dance, the right thing for people who are by themselves. In Luanda, under the influence of a new environment, *it became a dance for the ballroom, where the squeeze box came into its own, and where the men dressed in dinner suits and the women in cloth of great beauty.* (1) *The Portuguese nobility, exiled as a result of the French invasion of Portugal, arriving in Luanda without their wives and used to a social life highly influenced by French culture, influenced (....) the local people (...) Associations were created at the time and dances were held. The basis of these was a type of choreographic movement exactly like the French « cotillon »* (2). Luanda at that time had already become racially mixed, influenced by a number of different aspects of day to day musical life. The effects of a musical culture exported by the slaves were making themselves felt in various parts of the world. The tango, the samba, the blues, jazz and merengue had a major impact on our musicians in Luanda, sensitive to this return of their rhythms and dances. Among them, they showed more sympathy for the samba, maybe because it was closer to a local rhythm and more directly connected to the culture of the racially mixed part of the population. The suburban music of Luanda is the result of a distant encounter between Europeans and Africans. The songs were almost certainly created from the feelings of nostalgia for the past, by youngsters between 15 and 30 years old who came to Luanda without a family. These newcomers must have enchanted part of the population of Luanda with their music from the countryside.

La culture musicale de Luanda est un bassin nourri par de nombreux courants. À mesure que des groupes ethniques variés arrivaient à Luanda de différentes régions du pays – les plus importantes étant les Kimbundu, les Kikongo et les Umbundu – ils apportèrent tous leur propre monde culturel. L'un d'entre eux, de Mbaka, introduisit le kaduke, un rituel qui consistait en une danse en plein air, accompagnée par des instruments simples. La danse kaduke se caractérise par le semba (une danse où les ventres des couples s'entrechoquent), où les hommes et les femmes parviennent à un contact physique très fort. C'est une danse érotique, parfaite pour les gens seuls. À Luanda, sous l'influence d'un environnement nouveau, *cela devint la danse des salles de bals, où la boîte à comprimer arriva d'elle-même, où les hommes revêtaient des smokings et les femmes des pagnesd'une grande beauté* (1). *La noblesse portugaise, exilée à la suite de l'invasion française au Portugal, débarquant à Luanda sans leurs épouses et habitués à une vie sociale largement influencée par la culture française, influencèrent (...) les autochtones (...). Des associations furent immédiatement créées et des soirées dansantes organisées. Leur base était une sorte de mouvement chorégraphique totalement inspiré du « cotillon » français (2)* . Luanda, à cette époque, était déjà devenue métissée et influencée par de nombreux aspects d'une vie musicale quotidienne. Les effets de la culture musicale exportée par les esclaves se faisaient ressentir dans de nombreux endroits du monde. Le tango, le samba, le blues, le jazz et le merengue avaient une grande influence sur nos musiciens à Luanda, sensibles à ce retour de leurs rythmes et de leurs danses. Parmi elles, ils montraient plus d'inclianation pour le samba, peut-être parce qu'il était plus proche de la culture de la partie métissée de la population. La musique des faubourgs de Luanda est le résultat d'une rencontre lointaine entre Européens et Africains. Les chansons étaient certainement toutes le fruit de sentiments de nostalgie à l'égard du passé éprouvés par les jeunes de 15 à 30 ans qui étaient arrivés à Luanda sans aucune famille. Les nouveaux venus durent polariser une partie de la population de Luanda avec leurs musiques des campagnes. Les compositions qui émergèrent de ces nouvelles conditions de vie établirent une rupture avec la musique traditionnelle au niveau du thème, même si la ligne mélodique avait conservé quelques rapports ténus avec ce qui existait avant.

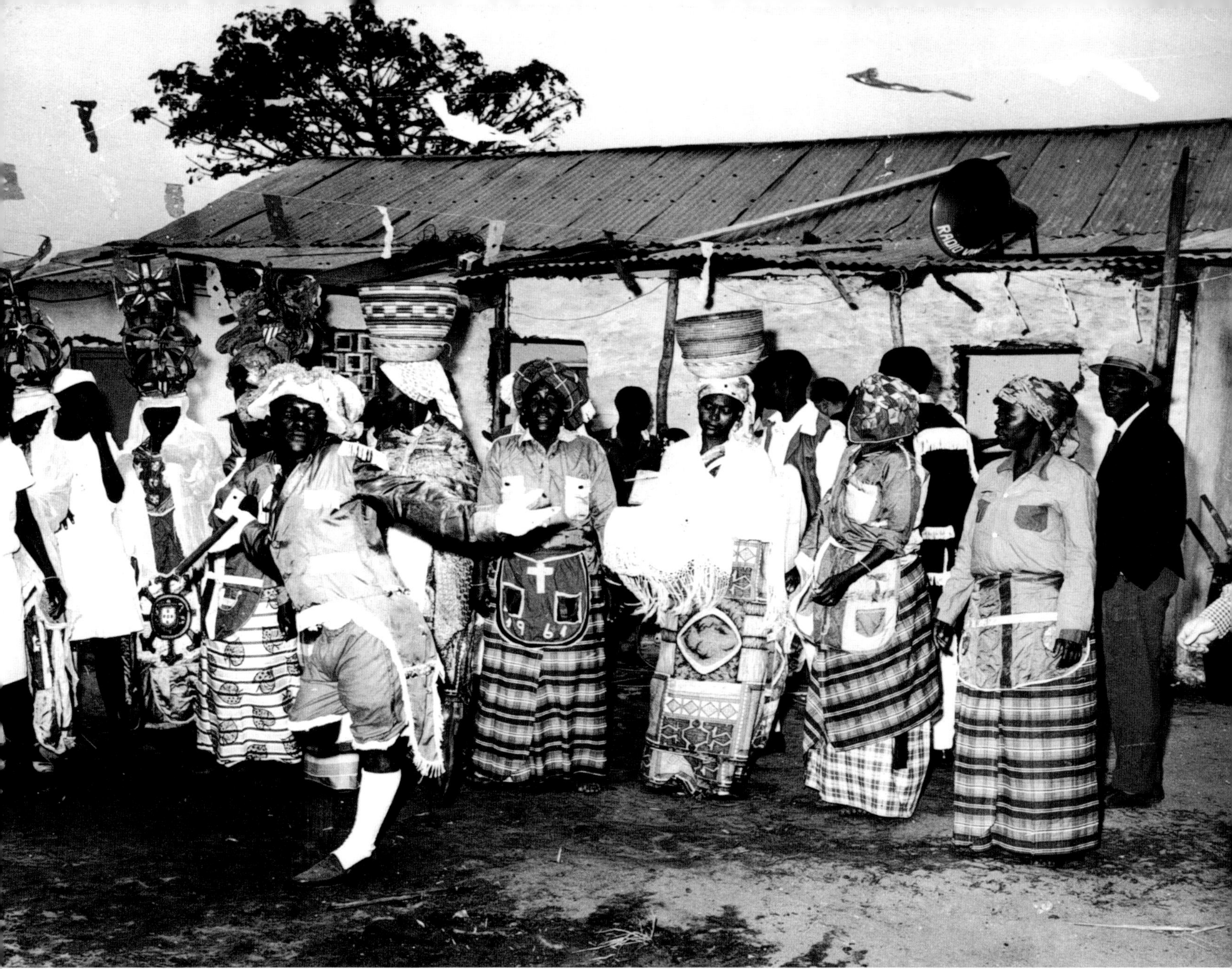

Legião dos Pescadores Folclore do Prenda, Luanda, 1957 © Photo A Foto

Ritmos, ia metendo aos poucos os ritmos da terra em kimbundu. Os dançantes, de fato e gravata, continuavam a marcar o passo na dança, um pouco surpreendidos. *Afinal não é nada mau !* E lá foram aos poucos aceitando as músicas em kimbundu. A geração dos anos 40 apareceu com um lote de canções, a maior parte de origem popular, que refletiam alegrias e tristezas de um povo subjugado ao colonialismo. O Ngola Rilmos faz delas o seu reportório favorito, introduzindo novos acordes e uma mescla de ritmos, criando uma música aculturada, no bom sentido do termo, onde o ritmo, melodia, harmonia e poesia iriam delinear, de uma forma mais nítida, a diferença entre a música suburbana e urbana.

A década dos anos 60 é apaixonante. Nela vamos encontrar os efeitos, nos nossos músicos, do regresso dos elementos intrínsecos da cultura angolana, que viajaram para vários pontos do mundo. Qualquer coisa que se faça em Angola, não poderá deixar de ter semelhanças com o que já foi feito noutras partes do mundo. Será difícil poder ligar a Angola de amanha uma música que seria facilmente identificada como angolana, como nós hoje podemos ligar o Tango, o Kachimbu e a Milonga à Argentina, o Samba e a Bossa Nova ao Brasil, a Rumba e o Bolero a Cuba, o Merengue à Republica Dominicana, o Beguine a Guadalupe, a Bamba e

The compositions that came out of these new living conditions represented a break with traditional music in terms of theme, though the melodic line has held on tenuously to some of the connections.

With the onset of the 40s, the conditions are ripe for the appearance of Ngola Ritmos in 1947. At first they found it difficult to be accepted by a European public when they sang in Kimbundu. Liceu,one musician of the group, was hurt by this kind of reaction and decided to sing portuguese tunes. When « Zé povinho » was in the dance hall drinking in these tunes from his own blessed land, Liceu, on a pre-arranged signal with the Ngola Ritmos, gradually put in some of the rhythms from the land of the Kimbundu. The dancers, in their suits and ties, continued on the floor, somewhat surprised. *This wasn't so bad after all !* And so, little by little, the songs sung in Kimbundu came to be accepted. The generation of the 40s came up with a cluster of songs, many of popular origins, reflec-

Avec les années 40, les conditions sont réunies pour qu'apparaissent Ngola Ritmos, en 1947. Au départ, ils éprouvèrent des difficultés à se faire accepter par un public européen lorsqu'ils chantaient en Kimbundu. Liceu, un musicien de ce groupe blessé par ces réactions, décida de chanter des airs portugais. Lorsque « Zé provihno* » se trouvait dans la salle de bal buvant sur ces airs venus de son pays béni, Liceu, après un signal convenu d'avance avec les Ngola Ritmos, ajoutait progressivement des rythmes Kimbundu. Les danseurs, dans leurs costumes et leurs cravates, continuaient à danser, légèrement surpris. *Ce n'était pas si mauvais, après tout !* Et ainsi, graduellement, les chansons interprétées en Kimbundu commencèrent à être acceptées. La génération des années 40 arriva avec une multitude de chansons dont beaucoup étaient d'origine populaire et reflètaient le bonheur et la mélancolie d'un peuple sous le joug du colonialisme. Elles devinrent le repertoire des Ngola Ritmos qui introduisirent de nouveaux instruments à cordes et un mélange de rythmes, créant une musique acculturée - et ceci dans le bon sens du terme, avec les rythmes, la mélodie, l'harmonie et la poésie qui délimitaient clairement la frontière entre musique suburbaine et musique urbaine.

Les années 60 sont une captivante décade. Des éléments intrinsèques de la culture angolaise sont découverts par nos musiciens qui ont voyagé à travers le monde. Tout ce qui est fait en Angola ne peut pas ne pas présenter de similarités avec ce qui est fait dans les autres parties du

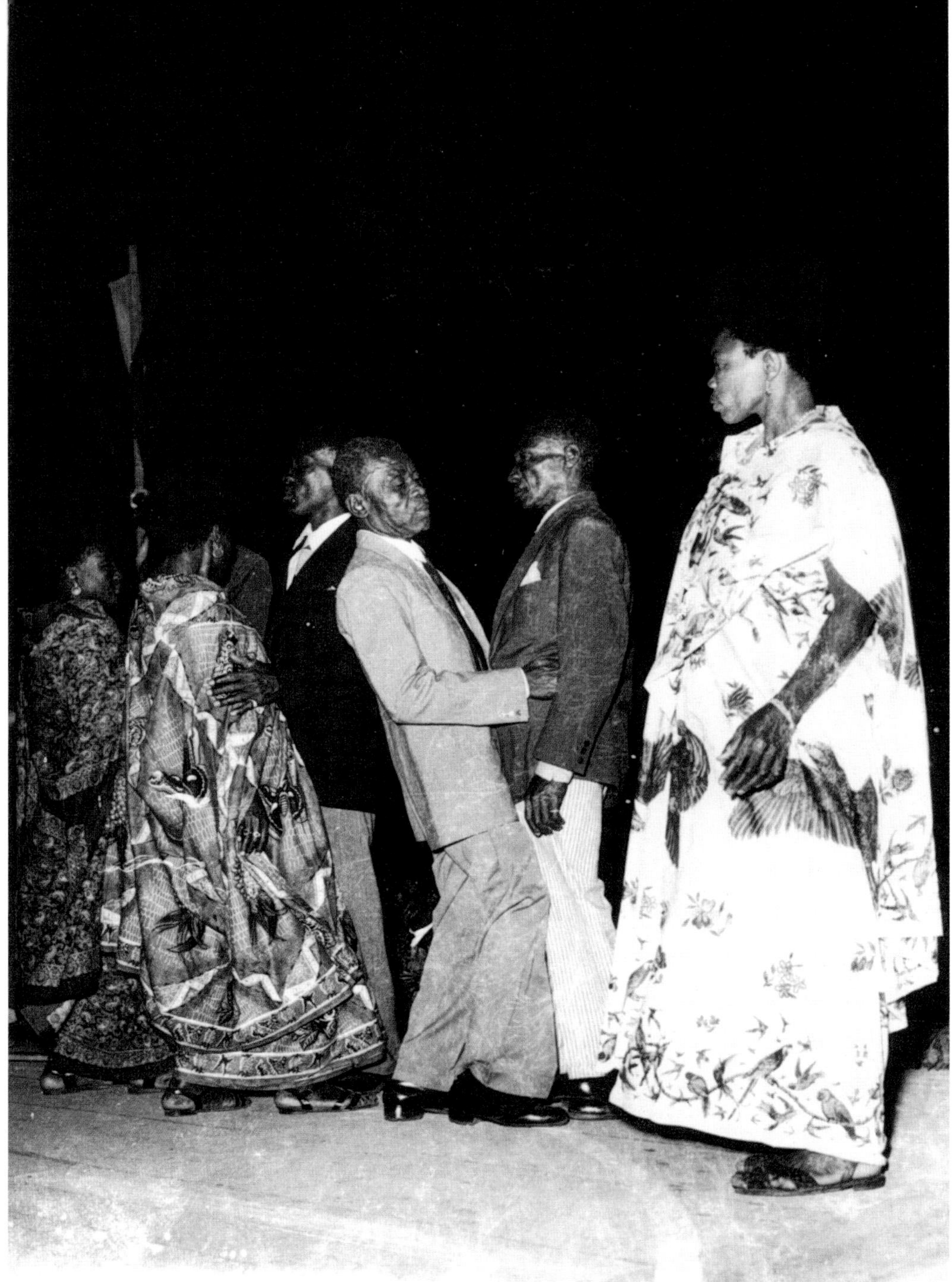

Dança nativa Semba, Luanda, 1957 © Photo A Foto

a Plena a Porto Rico, a Cumbia e o Curulao à Colombia, o Mento e o Reguê à Jamaica, o Blues e o Jazz aos Estados Unidos. Não obstante, qualquer angolano que se preze, não pode hoje deixar de reagir às melodias eternizadas pelo Ngola Ritmos, à voz de Lourdes Van-Dúnem, de Euclides Fontinhas, da falecida Belita Palma, a um solo de viola do Zé Kenu, a uma marcação ritmica do Joãozinho da Ngoma, juntamente com a viola do Carlitos, no ritmo de Semba, como só ele sabe marcar, ou a uma melodia do Elias dya Kimwezu, para não falarmos do falecido Artur Nunes, na altura já adorado pelos mais velhos. Quando ouvimos as poucas gravações antigas da época, nas vozes de alguns já falecidos, não conseguimos evitar lembranças de um tempo passado, e damos conta dum trabalho que não teve a continuidade devida, por certos erros cometidos que ninguém quer hoje assumir.

Mário Rui Silva, músico e investigador angolano.
(1) Oscar Ribas
(2) M. Silva, Meus encontros com Liceu Vieira Dias

ting the happiness and melancholy of a race under the yolk of colonialism. They became the repertoire of Ngola Ritmos, who introduced new chords and a mixture of rhythms, creating a music which was not culture-bound – and this in the good sense of the term, with the rhythms, the melody and the harmony and poetry delineating more clearly the difference between urban and suburban music.

The 60s is an enthralling decade. Intrinsic elements of Angolan culture are discovered by our musicians who had travelled around the globe. Anything done in Angola cannot fail to have similarities with what has been done in other parts of the world. It would be difficult tomorrow to identify what is Angolan, as we can do with the Tango, Kachimbu and Milonga (Argentina), the Samba and Bossa Nova (Brazil), the Bolero (Cuba), the Merengue (Dominican Republic), Beguine (Guadaloupe), the Bamba and Plena (Porto Rico), the Cumbia and Curulao (Columbia), the Mento and Reggae (Jamaica) and Blues and Jazz (the US). In spite of this, any Angolan worthy of the name cannot fail to be moved by the everlasting melodies of the Ngola Rilmos, the voice of Lourdes Van-Dúnem, of Euclides Fontinhas, of the late Belita Palma, of a guitar solo by Zé Kenu, of a rythmic beat by Joãozinho da Ngoma, along with the guitar of Carlitos, to the rhythm of the Semba, as only he knows how to play it, or of a melody by Elias dya Kimwezu, not to mention the late Artur Nunes, who was in his time so adored by the older generation. When we hear the few old recordings from those times and the voices of some now dead, the memories of bygone times well up and we realise that here is work which had no follow-up, because of the wrongs for which nobody now wants to bear responsibility.

Mário Rui Silva, Angolan musician and researcher. Extract from Stories of the music in Angola
(1) Oscar Ribas
(2) M. Silva, Encounters with Liceu Vieira Dias

monde. Il sera difficile, demain, d'identifier ce qui est angolais comme nous pouvons en fait, le faire avec le Tango, le Kachimbu et le Milonga (Argentine), la Samba et la Bossa Nova (Brésil), le Bolero (Cuba), le Merengue (République Dominicaine), la Biguine (Guadeloupe), la Bamba et la Plena (Porto Rico), la Cumbia et le Curulao (Colombie), le Mento et le Reggae (Jamaïque) et le Blues et le Jazz (Etats-Unis). Malgré tout, n'importe quel Angolais digne de ce nom ne manquera pas d'être ému par les immortelles mélodies des Ngola Ritmos, les voix de Lourdes Van-Dúnem, Euclides Fontinhas, et de la défunte Belita Palma, du solo de guitare de Zé Kenu, de Joãozinho da Ngoma accompagné à la guitare par Carlitos au rythme du Semba, comme seul il sait le jouer, ou par une mélodie de Elias dya Kimwezu, sans parler du défunt Artur Nunes qui, à son époque, était adoré par l'ancienne génération. Lorsque nous écoutons les rares vieux enregistrements de ces temps-là et les voix de certains qui sont aujourd'hui disparus, les souvenirs des temps passés se réveillent et nous réalisons qu'il s'agit là d'un travail qui n'a pas été suivi, à cause des erreurs dont personne, désormais, ne veut endosser la responsabilité.

Mário Rui Silva, musicien et chercheur angolais
(1) Oscar Ribas
(2) M. Silva, Mes rencontres avec "Liceu" Vieira Dias
*** Petit colon**
Traduction S.N.

On connaît Pif & Hercule, Laurel & Hardi, Gilbert & Gilles, mais en passant par Luanda on ne peut manquer le tandem choc de la ville : Cajó & Didi. Coqueluches des nuits mondaines et branchées, anciens danseurs de la CDC, ils se connaissent depuis l'enfance et partagent la même passion : la mode. Ne chercher pas leurs créations dans ces pages, il n'y en a point. Cajó & Didi font du spectacle : habillage de soirées, défilés aux allures de tragédie grecque ou happenings euphorico-mystiques, il n'y a aucune déclinaison, aucune immortalisation. Tout se vend à la fin d'un show. Enfants de la nuit, ils partagent le rôle « d'ambianceurs » avec une autre famille : les musiciens.

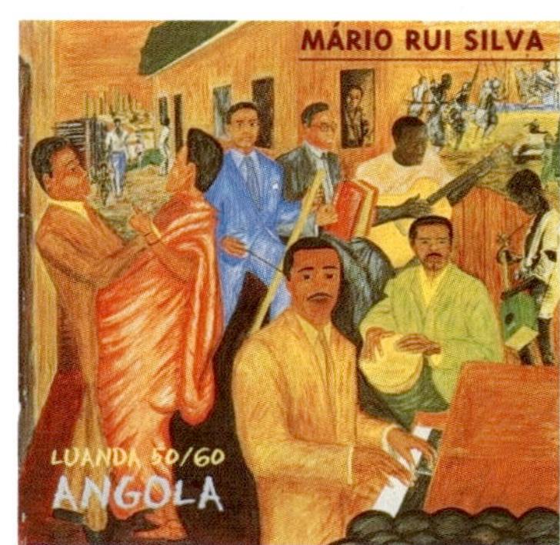

Mário Rui Silva
Luanda 50/60 – Angola
Night & Day
Dans le cadre de ses recherches sur la musique angolaise, Mário Rui Silva a produit ce disque avec la complicité de Amadeu Amorim, de Fontinhas et la voix incomparable de Lourdes Van-Dúnen. Une compilation de chants anonymes populaires et de compositions de Fontinhas qui font revivre les premières notes de la rencontre musicale entre portugais et angolais. Nostalgie, nostalgie ce CD est un hommage à Liceu et un clin d'œil au célèbre groupe Ngola Ritmos.

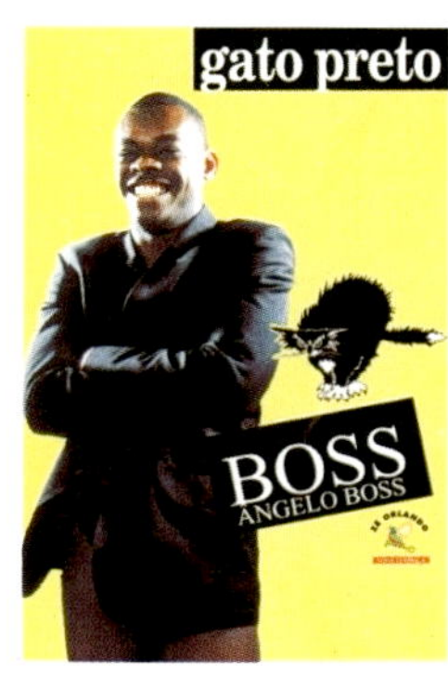

Angelo Boss
Gato Preto
Zé Orlando
Luanda s'ouvre via Angelo Boss. Un groove de fond kuduro (cul dure) dans une caisse clair et la techno angolaise est née. Un album plein d'humour entrecoupé de tempos zouk et des miaulements incongrus d'un chat.

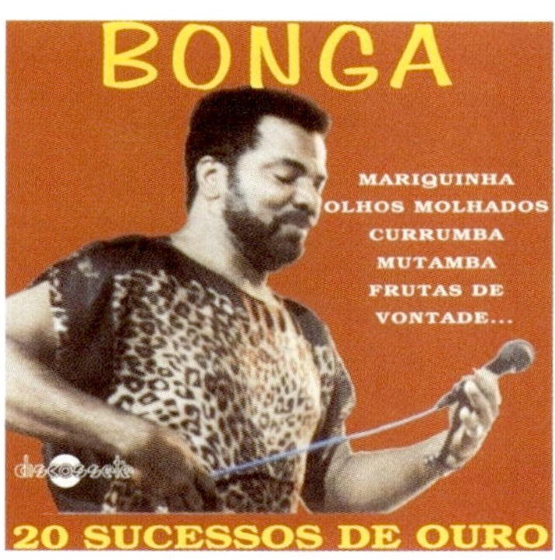

Bonga
20 sucessos de Ouro
Discossete
Bien sûr l'incontournable Bonga dont la voix chaude fera toujours frémir de bonheur la gent féminine. Semba et kizomba mâtinés de rumba congolaise. Un bel exemple de la musique angolaise d'aujourd'hui avec un tendre hommage à sa ville : Luanda.

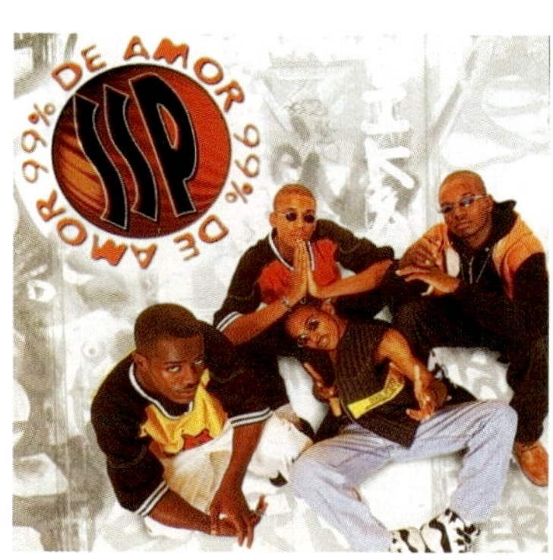

SSP
99% Love
Vidisco
SSP et 'NSex Love. Les méconnaître serait un affront à toute la jeunesse luandaise. SSP (South Side Posse) est une bande de quatre amis contaminés par le virus du rap en 92. Leur premier album, sorti en 96, est un succès à Luanda et à Lisbonne où ils sont n°1. Du soft soul rap en portugais avec quelques phrases en anglais, espagnol, Umbumdu et Kimbundu pour leur deuxième album. Tendance douce ou hard core, leurs références sont Baby Face, Naughty by Nature ou Boys II Men. L'Amérique est trop présente et un tempo angolais leur permettrait de se démarquer de la cohorte même si dans le milieu lusophone ils sont en passe de devenir des légendes.

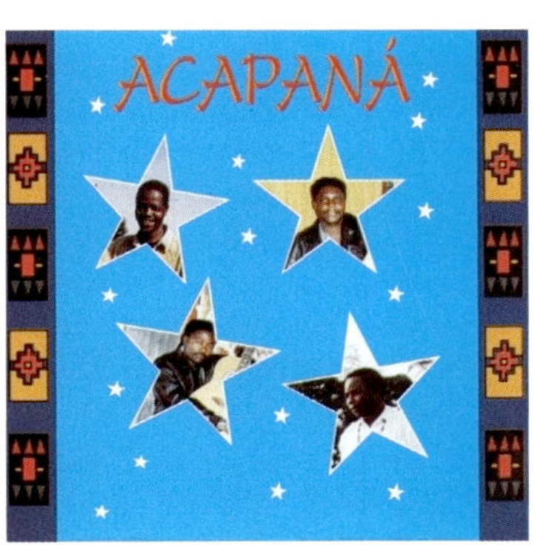

Acapaná
Endipu/Sonovox
Rumba Congolaise et Semba pour cet album qui rappelle que Kin-La-Joie n'est pas très loin. Une belle balade au tempo rythmé qui renvoie à l'âge d'or de la musique angolaise avec la participation de Paulino Pinheiro. Des swings angolais forts plaisants que les orgues de Staline et les raids sud-africains nous avaient empêchés d'écouter avec bonheur.

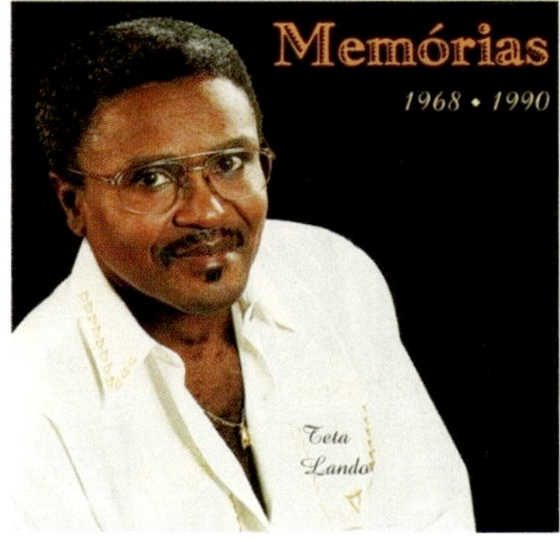

Teta Lando
Memórias 1968-1990,
Collection Ritmos Angolanos
Teta Lando Produções
Musicien, producteur et éditeur, Teta Lando a entrepris un travail de revalorisation de la musique typiquement angolaise dans une ville submergée par le zouk pour se démarquer du standard aliénant de la world music. Ce double CD est une compilation de ses meilleurs tubes qui nous replongent dans l'atmosphère sensuelle de Luanda. Au programme : semba, méringué ou boléro cubain avec la basse de Carlito Vieira Dias. La plage 10 du premier disque est un enchantement.

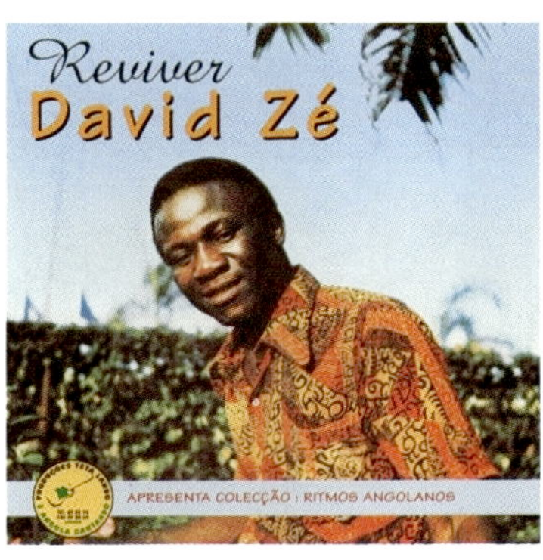

David Zé
Reviver David Zé
Teta Lando Produções
À mi-chemin entre la musique urbaine et suburbaine, ce CD est un savant dosage de méringué, de rumba congolaise et de tempos langoureux. Plage 10 : ne pas manquer une version angolaise du célèbre tube Ziboté de Ernesto Djédjé.

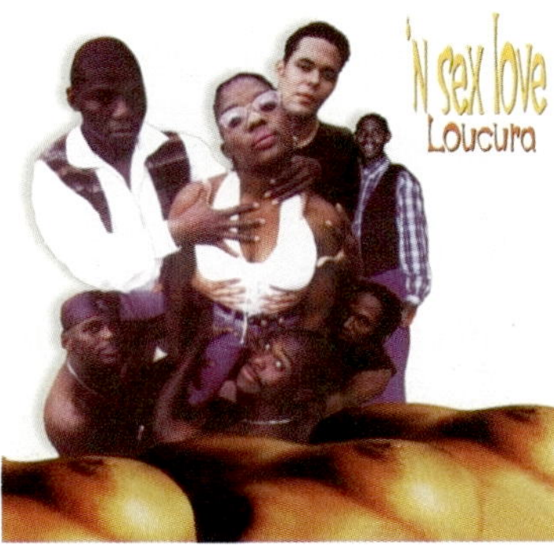

'NSex Love
Loucura
RMS
Autre légende locale avec 'NSex Love. Un mix de zouk et de soul qui se rattache aux Caraïbes et aux USA avec des clins d'œil aux rythmes angolais. De la pure « dance » dont les recettes ont déjà prouvé leur efficacité.

Bamako a Salif Keita et le Mafé, Kinshasa, Papa Wemba et les sapeurs, Dakar, Youssou N'Dour et l'île de Gorée. Reste donc a découvrir Luanda, son Palais de Fer, sa morue salée et sa musique.

Dak'art 1998

THE BIENNALE OF PAN-AFRICAN ART

THE BIENNALE OF PAN-AFRICAN ART

La Biennale Panafricaine des Arts

All events, actions and institutions created by an established power-structure are inevitably subjected to criticism. Dak'Art, (the Biennial of Pan-African Art) itself the object of a certain amount of protestation and soul-searching, is no exception to this rule - even if its necessity, identity, management and fundamental right to exist cannot be challenged. In an Africa lacking art museums, whose spiritless art schools - when they exist - are incapable of producing a new generation of young artists and where world-class exhibitions are the rarest of events, the Dakar Biennial is unique: a veritable oasis of the fine arts. In addition to providing an opportunity for African artists to meet each other and offering professionals from all over the world an intimate encounter with new approaches and techniques, the Biennial also occupies an important place among the Senegalese themselves, offering an uncommon overview of the artistic production of their own continent. Since its creation, Dak'Art has proved that it is veritably international in scope; despite a certain youthful inexperience and modest financial means, it has gradually attained the popularity and influence of another well-known and pan-African event: the Ouagadougou Film Festival. One of the forces of the Dakar Biennial is that the Senegalese government - like that of Burkina-Faso for the cinema - is totally committed to promoting and to a great extent, supporting it financially. Given the scope and importance of the event, the contribution of the European Union and to a lesser extent, the French organisations for cultural co-operation leave much to be desired. As for the South African Biennial, little can be said other than its absence of vision, authenticity and bland internationalism - all of which are reflected in the public's the lack of enthusiasm for the event.

While not in formal opposition to the tenets of modernity - and quite naturally - the Dakar Biennial has managed to remain free from the international criteria governing contemporary art. Today, it is obvious that no exhibition desirous of being considered truly international in scope can escape from influences of New York or the rare European capitals still attempting to maintain a semblance of independence relative to the grab-bag of currents common to post-modern art. In France itself, only a handful of artists have attained international stature during the two previous decades. Nevertheless, one of the Biennial's objectives - and increasingly so, judging by the increasing presence of critics and professionals from Europe, North America and Asia - is the acceptance of African artists on an international level.

If we consider the role played by the members of the Biennial's international jury - despite the misplaced authoritarian and paternalistic attitude of its president - it would appear that the relative liberty in the selection of participating artists limited the strict application of criteria that are usually employed in similar situations. Nevertheless, what at first appeared to be an inherent weakness ultimately became a distinct advantage. Our feeling is that an ideal solution for the future would be a balance between works selected by jury-members representing little or under-exposed regions, combined with a larger and more open selection of non-regional artists.

In terms of exposure, Dak'Art 98 seemed to privilege artists from the Cameroon. The IFAN museum (which also exhibited Mourtala Diop's artistic bric-a-brac), was the home to the MAM Gallery's presentation of a beautiful series of paintings by Joël Mpadooh. His personality - which has matured over the years - was forcefully expressed in the works displayed. Among other works, the building devoted to the international exhibition housed the canvas constructions of Salifou Lindou, a somewhat disappointing video installation by Goddi Leye, the sculpted rubber pieces of Joseph-Francis Sumegné, as well as works by the much-praised (and still relatively unknown) Togolese artist Paul Ahyi. Conspicuous by their absence were the less « contemporary » but admirable sculptures of Pascal Kenfack, who has yet to receive the recognition merited by his great talent. Although South African and Ivory Coast artists also made a strong showing, we were nevertheless left with the impression of numerous omissions relative to the continent as a whole. Even if it is clear that the objective of the Biennial should not be that of a United Nations-style artistic free-for-all, the absence of works from artists (and countries) which receive little or no media exposure is extremely regrettable.

Il est inévitable pour tout événement, toute initiative, toute institution représentant un pouvoir, de devenir très rapidement l'objet de critiques, de frustrations, et de mises en question. Dak'Art, la biennale panafricaine de l'Art, n'y échappe point, même s'il faut noter qu'elle n'a jamais été critiquée sur l'essentiel : son existence, sa nécessité, son identité et la qualité de sa direction. Dans une Afrique sans musée des Beaux-Arts et dont les écoles exsangues - lorsqu'elles existent, ne parviennent plus à assurer la relève des générations, peu ou pas d'expositions de qualité venant de l'extérieur, la Biennale de Dakar fait figure d'oasis unique. Non seulement elle donne l'occasion aux artistes du continent de se rencontrer et aux professionnels du monde entier de s'ouvrir à des pratiques parfois inconnues d'eux, mais elle a su occuper une vraie place auprès du public sénégalais qui trouve là une occasion unique de s'ouvrir à son propre continent. Dak'Art a su prouver qu'elle était une vraie rencontre internationale qui devrait au fil des éditions atteindre, malgré une certaine jeunesse et des moyens modestes, l'audience et l'impact de l'autre grande manifestation panafricaine - on pense notamment au festival du film de Ouagadougou. L'une des forces de la biennale de Dakar est qu'ici comme au Burkina-Faso pour le cinéma, l'engagement de l'Etat Sénégalais jusque dans ses plus hautes instances est total et financièrement majoritaire. Les apports conjugués de l'Union Européenne et plus légers de la Coopération française, pour importants qu'ils soient, restent cependant en deçà de ce qu'une manifestation affichant de telles ambitions serait en droit d'attendre. Nous ne reviendrons pas ici sur l'autre grande biennale voulue par les Sud-Africains, tant cette dernière, faute de ligne politique originale, se fourvoie dans le trompe-l'œil de la côterie de l'art international, une attitude sanctionnée par l'indifférence de son public.

La Biennale des Arts de Dakar est parvenue, sans complexe, à échapper à l'essentiel des critères qui régissent l'art international dit contemporain, sans pour autant les nier. Il est évident qu'aujourd'hui aucune manifestation internationale de quelque ambition n'échappe aux tendances venues de New York et de quelques capitales européennes qui tentent malgré tout de maintenir un semblant d'indépendance dans le fourre-tout post-moderne. Pour prendre l'exemple de la France, on peut tout au plus dénombrer une poignée d'artistes qui sont parvenus à entrer dans l'art international au cours de ces deux dernières décennies. Néanmoins l'un des objectifs - de plus en plus concret, si l'on en juge par la présence accrue de critiques et professionnels d'Europe, d'Amérique ou d'Asie - est l'entrée sur la plateforme internationale, des artistes du continent africain.

Si l'on est en droit de se poser sur le rôle réel que doit jouer le jury international tant l'attitude autoritaire et paternaliste de la personnalité qui le présidait, cette année, fut déplacée, la liberté octroyée par l'appel aux

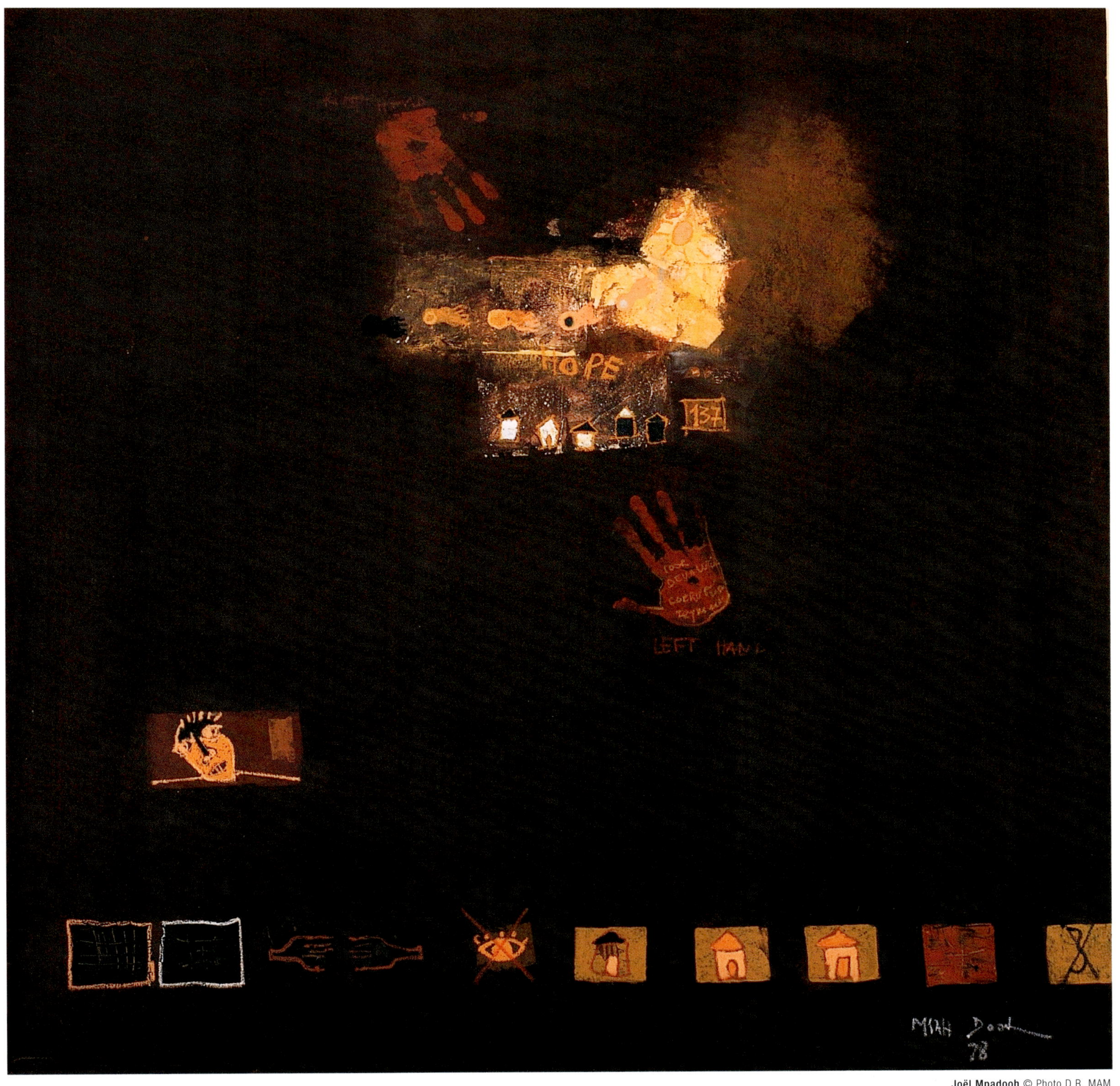

Joël Mpadooh © Photo D.R. MAM

These errors of omission will certainly be rectified, for the Biennial will certainly be recognised as the absolute reference for those interested in contemporary African art. Although the number of participating artists was less in comparison to last year's show, each was able to exhibit his or her works to even better advantage. Hung in the National Gallery, the works of the South African artist Willie Bester, the Angolan Antonio Ole (see page 6 to 11 of this issue) and the American Carrie Mae Weems (whose presence represented a tentative, albeit timid reference to the African Diaspora) were set off handsomely by the generous amount of space available for their display.

The Citroen-sponsored exhibition area displayed works by Ivory Coast artists Tamsir Dia, Issa Kouyaté, Tiénaba Dagnogo, Etienne Lydie, Murielle Diallo, Djo-bi, Jacobleu, Jonas Anoma, Mohamed Diabaté and Youssouf Bath, all united under the aegis of the art critic Yacouba Konaté. The Lizard Gallery hosted the powerful works - marked by a new and innovative palette - of our friend Amadou Sow. Viye Diba obtained a well-deserved first prize in addition to his one-man-show at the Gallery Arte. This year's Biennial also included photographic exhibitions. Although some of the works on display were amateurish and not always of the highest quality, photography should be an imperative part of all serious contemporary fine arts exhibitions. Insofar as the emphasis was on the purely creative

candidatures libres limitait la stricte application des critères comunément employés par le milieu. Ainsi, ce qui à l'origine semblait être une faiblesse, est devenu un atout. Ce qui amène à penser que la solution idéale serait peut-être un équilibre entre des expositions mises en place par des commissaires choisis selon des zones géographiques peu ou mal représentées et un appel plus ouvert, qui élargirait le champ des artistes sélectionnés.

Dak'Art 98 semblait faire la part belle au Cameroun. Au musée de l'IFAN (dans l'ancien bâtiment qui abritait également le bric à brac de Mourtala Diop) l'exposition organisée par la galerie MAM présentait un bel ensemble de peintures où la personnalité de Joël Mpadooh, qui ne cesse de s'affirmer au fil des années, pouvait s'exprimer avec force. Dans l'autre bâtiment, dévolu à l'exposition internationale, ce sont Salifou Lindou et ses toiles-matière, Goddi Leye et son installation video un peu décevante, Joseph-Francis Sumegné et ses sculptures-caoutchouc. Manquera le sculpteur Pascal Kenfack, moins "contemporain", certes, mais auquel un hommage devra être un jour rendu, à l'instar du togolais Paul Ahyi (inconnu de la plupart des professionnels) qui fut à l'honneur cette année. L'Afrique du Sud et la Côte d'Ivoire n'étaient pas

aspects of photography, the Dakar Biennial could in no way be said to compete with or even diminish the importance of the Bamako exhibition.

There was an unfortunate lack of coherence in the Ivory Coast photographer Ananias' choice of images to illustrate his fictional accounts. Equally disappointing was the cancellation of the Touré Mandémory photo exhibition that was scheduled to take place at Rufisque. One exhibition that we found particularly attractive consisted of the photographs taken by thirteen children roaming the streets of Dakar. The project, directed by Jean Michel Bruyère, was only one aspect of the creation *Poèmes à l'Infect.*

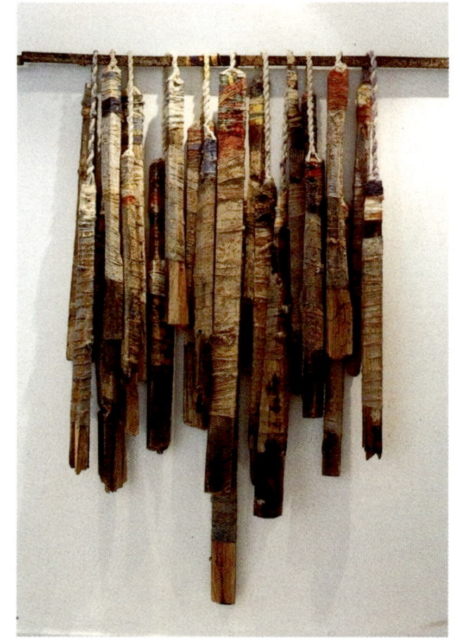

Viyé Diba © Photo Ananias Dago

In addition to the international exhibition, the Biennial offered other official and non-official shows, events and installations. Much to the dismay of Serigne N'diaye, the show's director, the exhibition of painting « under glass » (*souwere*) at the French Cultural Center suffered both from a lack of appropriate display space and the need for stricter criteria of selection. Other noteworthy events included the group show at the Villa Aman, which featured artists Mohamed Coulibaly, Boubacar Diagne, Cheick Diouf, Abdoulaye Mane and Martine Nostron. Aïssa Dione's charming shop hosted the works - in addition to those already on view at the international exhibition - of Serigne Mbaye Camara. The Goethe Institute presented a younger group of artists, including Soly Cissé, Camara Guèye, Modou and Jean Marie Bruce, whose works reflected an ever-increasing level of maturity. Presided by Cheik Niass, the Joal Studio opened its doors to an international group of artists. Occupying a vast hangar located on the outskirts of Dakar, the studio's interior had been divided by cloth partitions into a series of smaller rooms, while a communal dining-hall completed the magical impression of an ephemeral artist's colony. The overall effect was that of a work of art in itself, suggesting the possibility of a way of life marked by the energy and intensity of creation, with no other finality than that of open-ended exchanges and a sense of shared endeavor. The same magical atmosphere could be found in Babacar Sedikh Traoré's studio, where the installation entitled « The Bridge » spilled out from the gardens surrounding the studio onto the neighboring sidewalks.

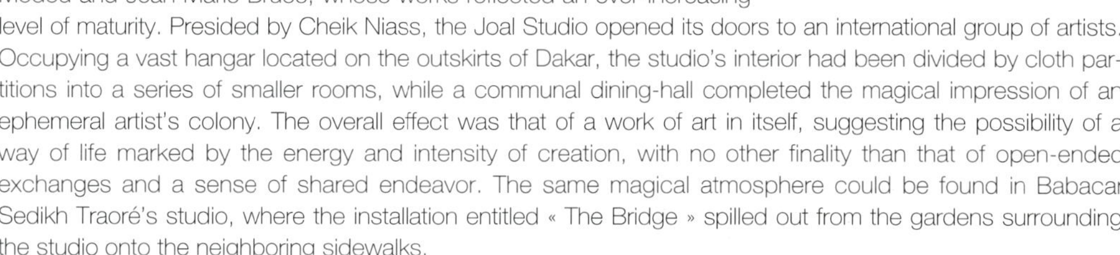

By a fortunate coincidence in timing, it was also possible to attend the International Fashion Week's evening presentations, organised by Oumou Sy in his Metissacana gallery. Participants included Katoucha, Alphadi, Oumou Sy, Claire Kane, Alpha Sidibé, Agnés Hekpazo and Joël Andrianomearisoa. The latter, a young Madagascar artist, presented a stunning show featuring nude male and female models wrapped in sheets of transparent plastic film, covered - in the appropriate places - by geometric collages of knotted fabrics. It was as if the very concept of the ready-made had been reinvented. Presenting his creations for the first time before a large public, Fagueye, the young and talented designer from Saint Louis du Sénégal, impressed the audience with the purity of his lines and the simplicity of his materials - a style light-years away from the trademark flamboyance of many of the best-known African designers.

en reste. Ces trois présences fortes ne doivent pas masquer les lacunes liées à la représentation du continent dans son ensemble. Car, si nous sommes d'accord pour dire qu'une telle biennale ne saurait consister en une espèce d'ONU artistique, on regrettera de n'avoir pas eu l'occasion de faire des découvertes sur des pays dont les artistes sont encore peu ou pas médiatisés. Cela viendra sans doute avec la notoriété de la biennale qui devra, à terme, être perçue par tous comme le rendez-vous incontournable de l'art africain contemporain. Il n'en reste pas moins que si le nombre d'artistes présentés était réduit par rapport à la précédente édition, ceux-ci avaient plus d'espace pour mieux exprimer leur œuvre. Ainsi à la Galerie Nationale où le Sud Africain Willie Bester, l'Angolais Antonio Ole (voir le dossier Angola), l'Américaine Carrie Mae Weems (dont la présence marquait une ouverture, fut-elle timide, à la diaspora), disposaient d'un espace suffisamment dépouillé pour laisser respirer leurs œuvres.

La Côte d'Ivoire avait réalisé à l'espace Citroën une exposition regroupant Tamsir Dia, Issa Kouyaté, Tiénaba Dagnogo, Etienne Lydie, Murielle Diallo, Djo-bi, Jacobleu, Jonas Anoma, Mohamed Diabaté et Youssouf Bath sous la houlette du critique Yacouba Konaté. Notre ami Amadou Sow réalisa son exposition à la Galerie Lezard avec une force et une palette nouvelles. Tandis que Viye Diba remportait un premier prix mérité et multipliait sa présence avec en plus une exposition individuelle à la Galerie Arte. Cette biennale était aussi celle de l'introduction de la photographie. Elle fut maladroite et pas toujours de bonne qualité, mais indispensable dans une biennale moderne des arts. Il était évident que cela ne porte nullement préjudice aux Rencontres de Bamako puisque Dakar s'intéressera essentiellement à la photographie de création. On regrette qu'Ananias de Côte d'Ivoire n'ait pas réalisé un choix homogène autour de sa fiction. Parallèlement l'initiative du photographe Touré Mandémory qui devait se dérouler à Rufisque, n'a malheureusement pas eu lieu. Restait une exposition, à la mise en scène séduisante, de photos prises par treize enfants errants de Dakar à l'initiative de Jean Michel Bruyère, dans le cadre de sa création multiforme *Poèmes à l'Infect*.

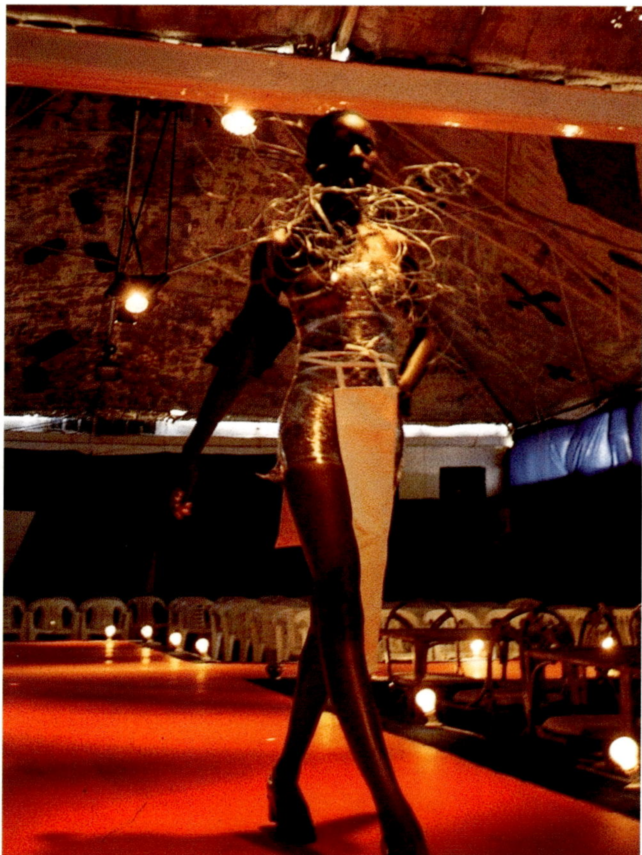

Joël Andrianomearisoa © Photo Revue Noire JLP

La Biennale en dehors de l'exposition internationale comptait bien d'autres manifestations in et out qui se sont déroulées parallèlement : exposition de peinture sous-verre (le souwere) au Centre Culturel Français, qui mériterait à la fois une plus grande rigueur et un lieu aménagé pour que Serigne N'diaye puisse correctement exercer son commissariat. Exposition collective dans la villa Aman avec Mohamed Coulibaly, Boubacar Diagne, Cheick Diouf, Abdoulaye Mane et Martine Nostron. La belle boutique d'Aïssa Dione exposait Serigne Mbaye Camara déjà présent à l'exposition internationale et à l'Institut Goethe, et les jeunes Soly Cissé, Camara Guèye, Modou, Jean Marie Bruce dont les œuvres affirment de plus en plus de maturité. L'atelier de Joal sous la houlette de Cheik Niass accueillait des artistes de diverses nationalités dans un hangar en pleine campagne dont une partie avait été réaménagée à l'aide de toiles qui délimitaient les chambres, la salle à manger et donnait le sentiment magique d'une vie communautaire réinventée. Une œuvre en soi, ce qui pose peut-être la question de la pratique artistique comme vie, intensité, moment de fabrication, sans autre finalité que celle de la rencontre. La magie opérait aussi dans le jardin de l'atelier de Babacar Sedikh Traoré, avec l'exposition "le Pont", sorte d'installation dans le jardin merveilleux prolongé sur les trottoirs du quartier.

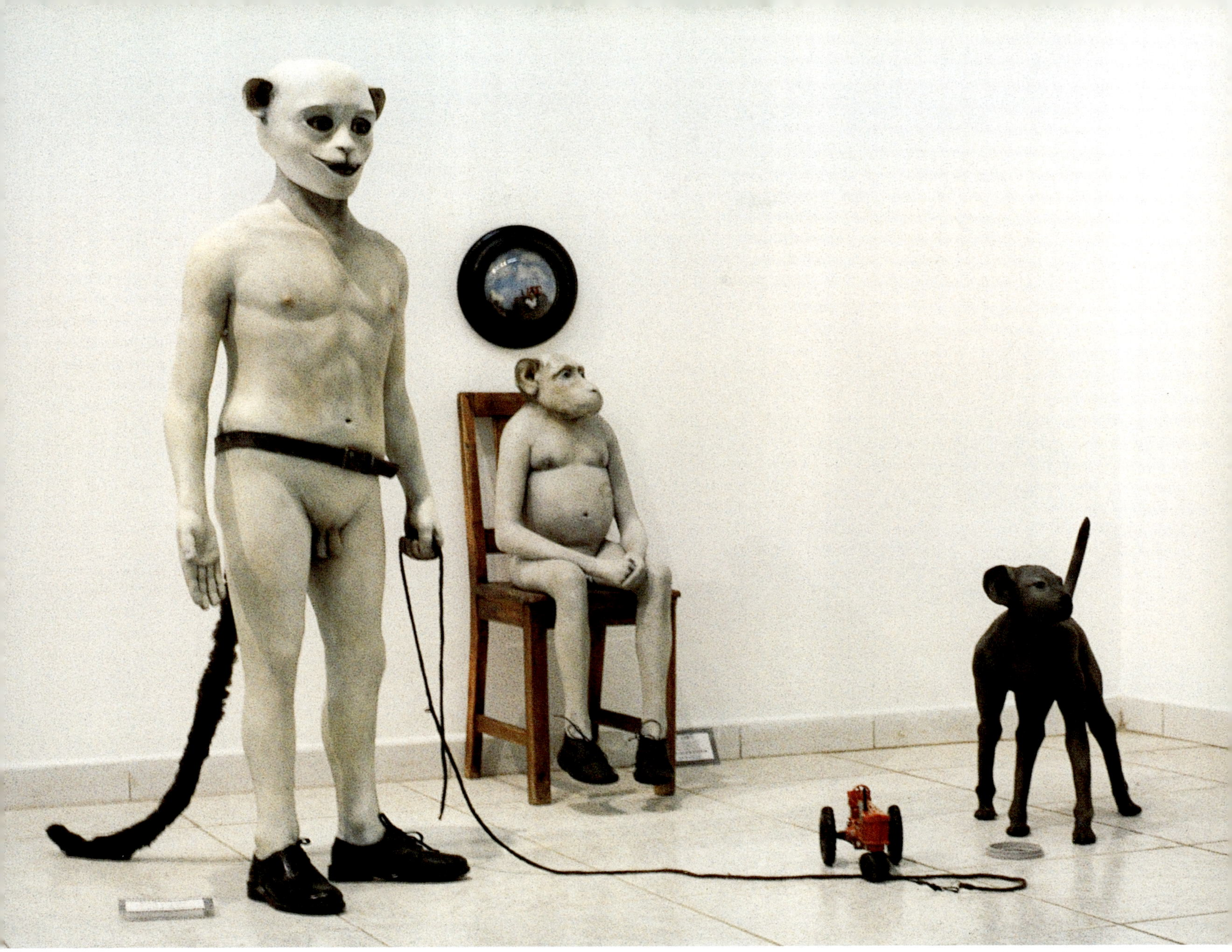

Jane Alexander © Photo Ananias Dago

Above all, Dak'Art 98 was exceptional in the warmth and enthusiasm of the participating artists, the general public and the ever-widening circle of art-lovers and professionals attracted by the Biennial. It also offers the possibility of discovering styles and techniques which are known only to connoisseurs and specialists. In addition to this and perhaps even more important was the simple pleasure of viewing vast quantities of excellent art. The next Dak'Art exhibition, scheduled to take place in the year 2000 presided by Rémi Sagna and Ousmane Sow Huchard, its two tireless and praiseworthy godfathers, promises to be the major cultural event of the year in Africa. Along with a richer and more geographically representative selection of artworks, high-quality events and the improvement of the main exhibition facilities (accompanied by an exhibition catalogue worthy of its name) we can only wish the Dak'Art organisers even wider artistic perspectives and the financial means necessary for including examples of all of the fine arts in the show. Our sincere hope is that they succeed in displaying the authentic creative energies of the entire African continent.

Translation Jonathan Kundra

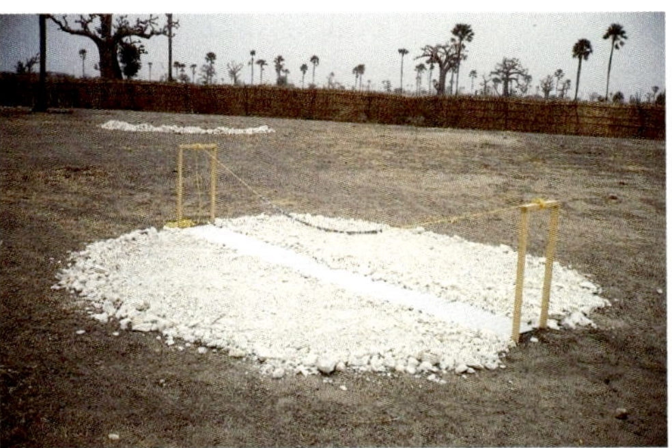

Kan-Si © Photo Revue Noire JLP

La coïncidence des dates permit aux soirées d'être occupées par la Semaine Internationale de la Mode qu'Oumou Sy organisait dans son espace Metissacana : Katoucha, Alphadi, Oumou Sy, Claire Kane, Alpha Sidibé, Agnès Hekpazo et Joël Andrianomearisoa y étaient présents. Le jeune artiste malgache fit sensation avec un défilé-spectacle qui présentait des femmes et des hommes emballés, nus, de film transparent, que des collages de pièces de tissus géométriques nouées les unes aux autres habillaient : un ready made provocateur était réinventé. Pour la première fois sur une scène de couture, la jeune styliste de Saint Louis du Sénégal, Fagueye, fit un défilé marqué par la sobriété et les matériaux simples, très décalé des inventions flamboyantes de nos grands couturiers africains.

Dak'art restera avant tout un rassemblement chaleureux des artistes et du cercle de plus en plus large des quelques amoureux et professionnels qui tournent autour, pour des découvertes de pratiques et d'univers jusque-là invisibles, sinon sur le papier des rares publications sur le sujet. Et le simple plaisir de redécouvrir l'innombrable. La prochaine édition, sous la houlette de ses deux infatigables pères auxquels il faut ici rendre hommage, Rémi Sagna et Ousmane Sow Huchard devra être la principale manifestation d'envergure du continent pour l'an 2000. On lui souhaite de multiplier la pluralité de ses regards et d'avoir enfin les moyens de ses ambitions en montrant un continent par l'intérieur, avec un lieu central plus riche et mieux animé, un catalogue digne de ce nom et des événements de qualité affirmant bien par l'exemple la fin des barrières entre les arts.

Jean Loup Pivin et Simon Njami

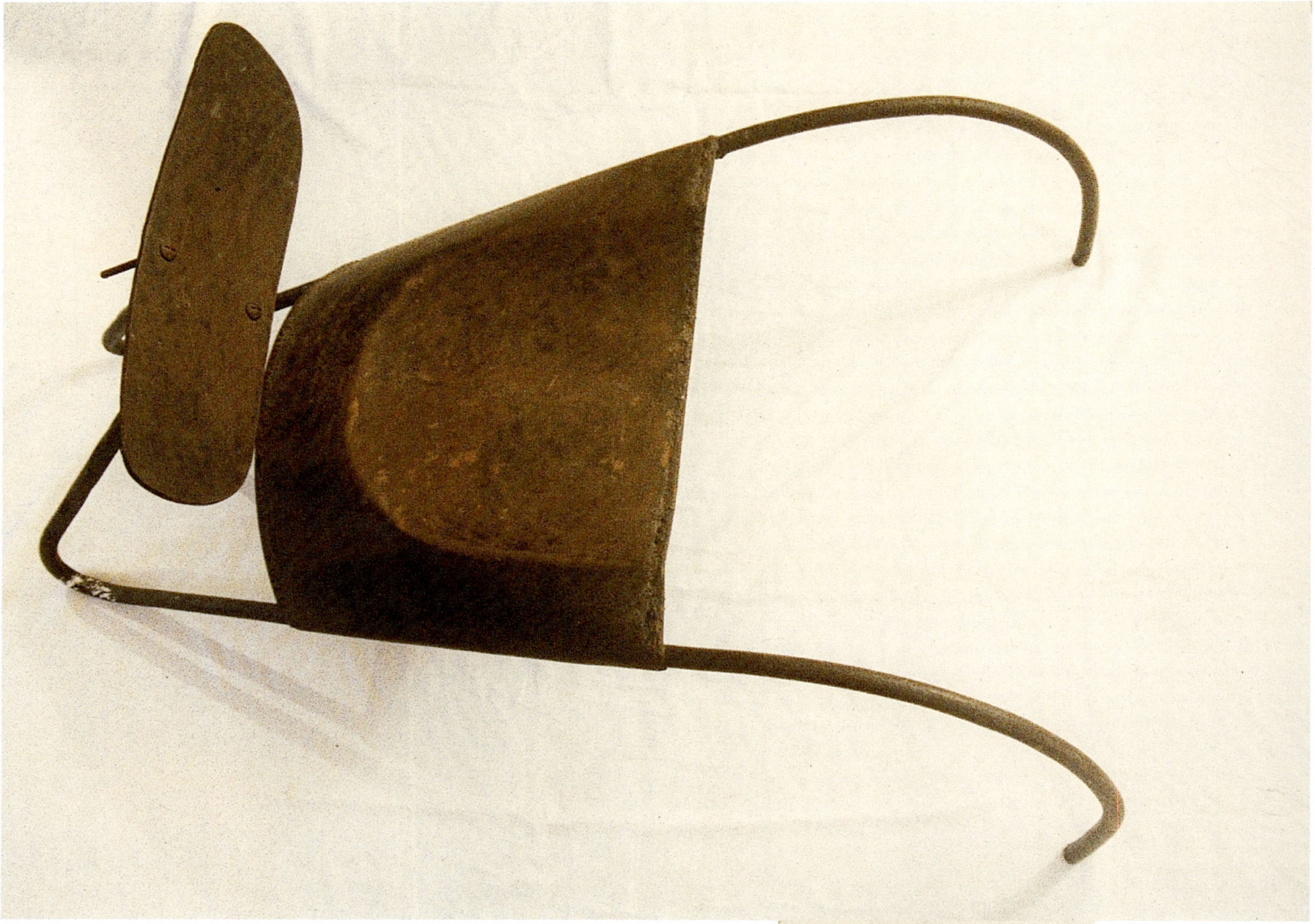

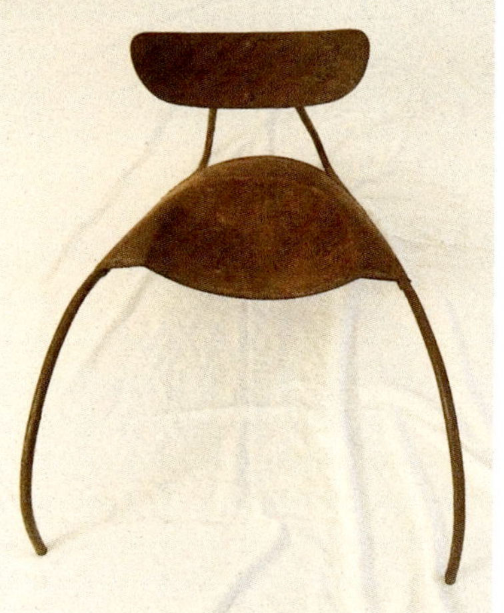

Issa Diabaté © Photo Ananias Dago

Young Design Fair

Although a totally separate event, the the International Designers' Show is an essential aspect of the Dakar Biennial.

With the exception of Yamo, based in Paris, and whose principal market encompasses the Arab-speaking countries and particularly Tunisia, the commercial activity of most of the other participants is extremely limited - often to just the prototypes presented at the show. The exhibition was more a means of demonstrating or in some cases encouraging further activity. If today the fashion and textile industries generate hundreds of thousands of jobs as well as an enormous market for its products, the show itself was more representative of the future potential of its participants than their current and generally low-volume commercial activity.

The exhibition was nevertheless rich in new and exciting creations, such the stark sobriety of Issa Diabaté's prize-winning designer chairs, constructed in iron, steel and concrete elements unadorned by any decorative motifs. Textiles were also a part of this year's show, yet their presence was so rare as to appear derisory in comparison to the variety and richness of African production as a whole. The overall impression was of a total absence of creative activity, despite the immense talent of designers like Aissa Dione, Claire Kane and Oumou Sy. Also noteworthy was the hand-crafted furniture from Madagascar, produced under the direction of the European Union's Adeva Project. The intrinsic qualities of these items which generated neither open enthusiasm nor overt rejection is perhaps of lesser importance than the question of applying European methods and expertise to the traditional system of local handicraft production. A poten-

Le Salon du Design en herbe

Le Salon International du Design est intégré à la Biennale de Dakar tout en y étant autonome.

En dehors de Yamo dont le marché international est issu de l'endroit où il habite, Paris, et qui est très orienté vers le marché arabe ce qui le conduit à jeter un pont avec la Tunisie, les autres concepteurs n'ont qu'une production marginale souvent réduite aux seuls prototypes exposés. Il s'agit davantage d'une démonstration, d'une incitation, sans véritable base arrière, que d'une production qui s'enracinerait dans un phénomène plus global. Parmi les arts appliqués, la mode et le textile, aujourd'hui sont seuls à intégrer une pratique et une dimension économique de masse avec des centaines de milliers d'emplois et un marché réel. La Biennale du Design joue la préfigura-

tial success or an ultimate failure ? As could be seen in the items on display, African furniture created by local designers and craftsmen working within their respective national contexts appears to be a better solution. There is also the question of whether the Designers' Show should continue in its present form. In our opinion, it would be more advantageous to make it an integral feature of the Dakar Arts Biennial itself, while at the same time enlarging its scope to include textiles, design, fashion and home furnishings. This enlarged and enriched Biennial would fill all of the available exhibition space of any African capital, be it Dakar, Ouaga or Bamako.

Design According to Cheick Diallo and Issa Diabaté

At the end of the day on a seaside wharf in Gorea, a stone's throw from the design exhibition at the Espace Wema, two aesthetic visions encounter each other. Both men are trained architects: the first, Cheik Diallo, 38 years old, was educated in France and is also a successful designer. The second, Issa Diabaté, 28 years old, is a Yale graduate whose many professional activities include urban planning and furniture design. He is also highly critical of African cities, judging them to be chaotic, amorphous and totally lacking in imagination - qualities which also can be said to characterise a number of today's African governments themselves. Issa Diabaté's approach is founded upon the rational analysis of basic urban needs and the creation of practical solutions to meet them, ranging from bus-stop shelters to shaded pedestrian walkways. In the domain of home furnishings, Diabaté also has plans for designing a new line of furniture to replace the blandly identical, mass-produced items found almost everywhere in Africa.

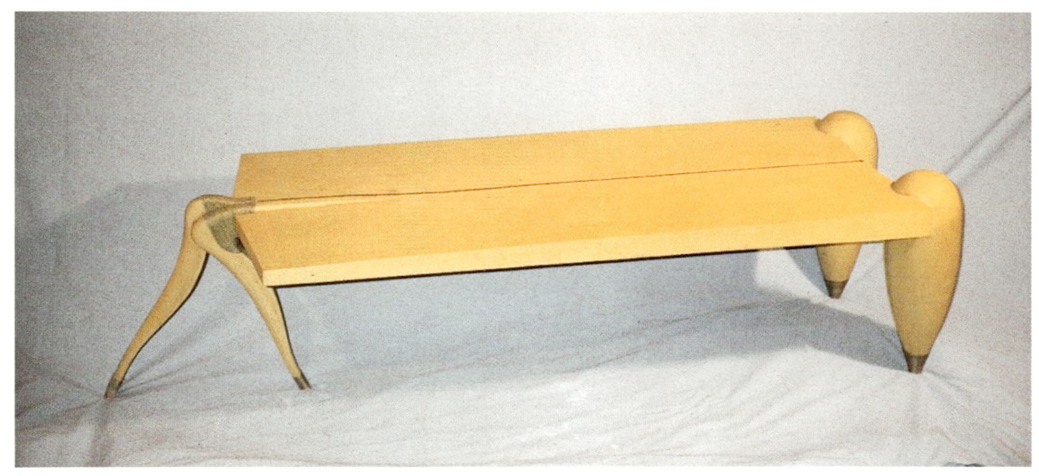

Cheik Diallo, *Ipo* © Photo Ananias Dago

Based in the Ivory Coast, Diabaté firmly believes in Africa's potential for growth. As an artist, designer and architect, he sees the possibilities offered by the continent as far richer and more exciting than in industrialised nations over-saturated by their own products.

After initially difficult professional debuts and complementary studies in design, Cheick Diallo has taken an artistic and selective approach to his activities. He prefers limited series to mass-produced products, unsuitable to the quality and individuality of his own work. For Diallo, a hand-crafted version is always superior to a mass-produced item - even if it is more expensive. His own work is characterised by low production runs, subtle humor, gentle irony, an appeal to the senses and faultless design. Although based in France, he is gradually extending his activities to his native Mali and several other western African countries.

Both Issa Diabaté and Cheik Diallo are keenly aware of Africa's emergence into a global economic context. From their separate vantage-points in two different African countries, both are at ease with this idea, for each of them is who and what he is in countries which are what they are : their own.

Translation Jonathan Kundra

tion d'une pratique plus que la mostration d'un phénomène général.

Il n'en reste pas moins, que l'exposition était riche, et la découverte des sièges nus, en fer, acier et béton et sans trace décorative d'Issa Diabaté, un plaisir (il reçut le prix de la Biennale). Cette fois-ci, l'exposition intégrait le textile qui à dose homéopathique devenait incongru et donnait l'impression d'une pauvreté desservant la richesse et la multiplicité du textile africain. Et ce malgré l'immense qualité des designers-producteurs exposés : Aïssa Dione, Claire Kane et Oumou Sy. On peut aussi évoquer la présence d'objets venus de Madagascar et réalisés dans le cadre d'une opération menée par l'Union Européenne, l'Adeva : il s'agit moins de se poser des questions sur la qualité propre des objets qui n'ont créé ni enthousiasme ni répulsion, que sur la nature de ce type d'intervention d'un savoir-faire européen sur une production artisanale locale. Une voie ou une impasse ? La prise en main du mobilier en Afrique par des créateurs se revendiquant avec raison comme tels et travaillant dans leur pays semble plus saine : l'exposition le montrait bien. Reste la légitimité de cette Biennale du Design et du textile sous cette forme : on aimerait que dans le cadre de la Biennale des Arts de Dakar, ce ne soit qu'une exposition - ce que c'est réellement - qui intégrerait plus généralement les arts appliqués comme la mode et la couture. Et que si Biennale, il doit y avoir, ce ne soit pas celle du design et du textile mais bien celle du textile et du design liée au marché de l'ameublement. Une Biennale qui remplirait avec délectation tous les espaces d'exposition d'une capitale, quelle qu'elle soit : Dakar, Ouaga, ou Bamako, la plus légitime.

Du design selon Cheick Diallo et Issa Diabaté

Sur l'embarcadère de Gorée, à deux pas de l'exposition design de l'espace Wema, alors que la journée se finit, deux visions se confrontent : deux architectes dont l'un, Cheik Diallo, formé en France, 38 ans, s'est délibérément tourné vers le design, même s'il n'exclut pas l'architecture et l'autre, Issa Diabaté, formé à Yale aux USA, 28 ans, qui conçoit aussi des meubles dans une pratique large qui s'étend à l'urbanisme. Issa Diabaté rêve d'intervenir sur la ville africaine qu'il trouve de plus en plus sans projet, sans dessin, sans imagination comme peuvent le paraître les desseins des états d'aujourd'hui. Une intervention qui agirait du plan-masse au mobilier urbain marquant la ville de ses fonctions de base : de l'abri-bus aux pare-soleil des trottoirs. Il rêve aussi d'un renouvellement des modèles actuellement multipliés à l'infini et sans aucune personnalité, des quelques meubles de toutes les maisons de presque toutes les villes africaines.

Cheick Diallo, après avoir connu une vie professionnelle plus difficile et avoir reçu une formation complémentaire spécifique en design, a une vision plus artistique de son travail. La reproduction en série, il n'y croit pas, sinon en petite série car l'outil industriel multipliant à l'infini un modèle n'est pas pour l'Afrique de demain. Que la copie par l'artisan aura toujours le dernier mot. Et pense plutôt à des petites séries dont il garderait l'humour pour ceux qui savent le goûter et ...les moyens de l'acheter. Ses objets, il les conçoit comme des clins d'œil, des intégrations de sens, avec une certaine dérision, dans une esthétique sans reproche. Installé en France, il cherche à se rapprocher prudemment de son Mali d'origine et de l'Afrique de l'Ouest. Issa Diabaté, installé en Côte d'Ivoire, fait partie de ces artistes et architectes qui croient au devenir général de l'Afrique, au rôle que chacun peut y jouer tellement plus passionnant que dans les pays riches saturés et corsetés, malgré le poids des potentats et de la prévarication. Tous deux savent que l'Afrique est dans le monde et qu'ils sont dans un marché mondial et des comportements mondiaux : ils y sont sans complexe tout en sachant que chacun est ce qu'il est dans des pays qui sont encore ce qu'ils sont, le leur.

JLP

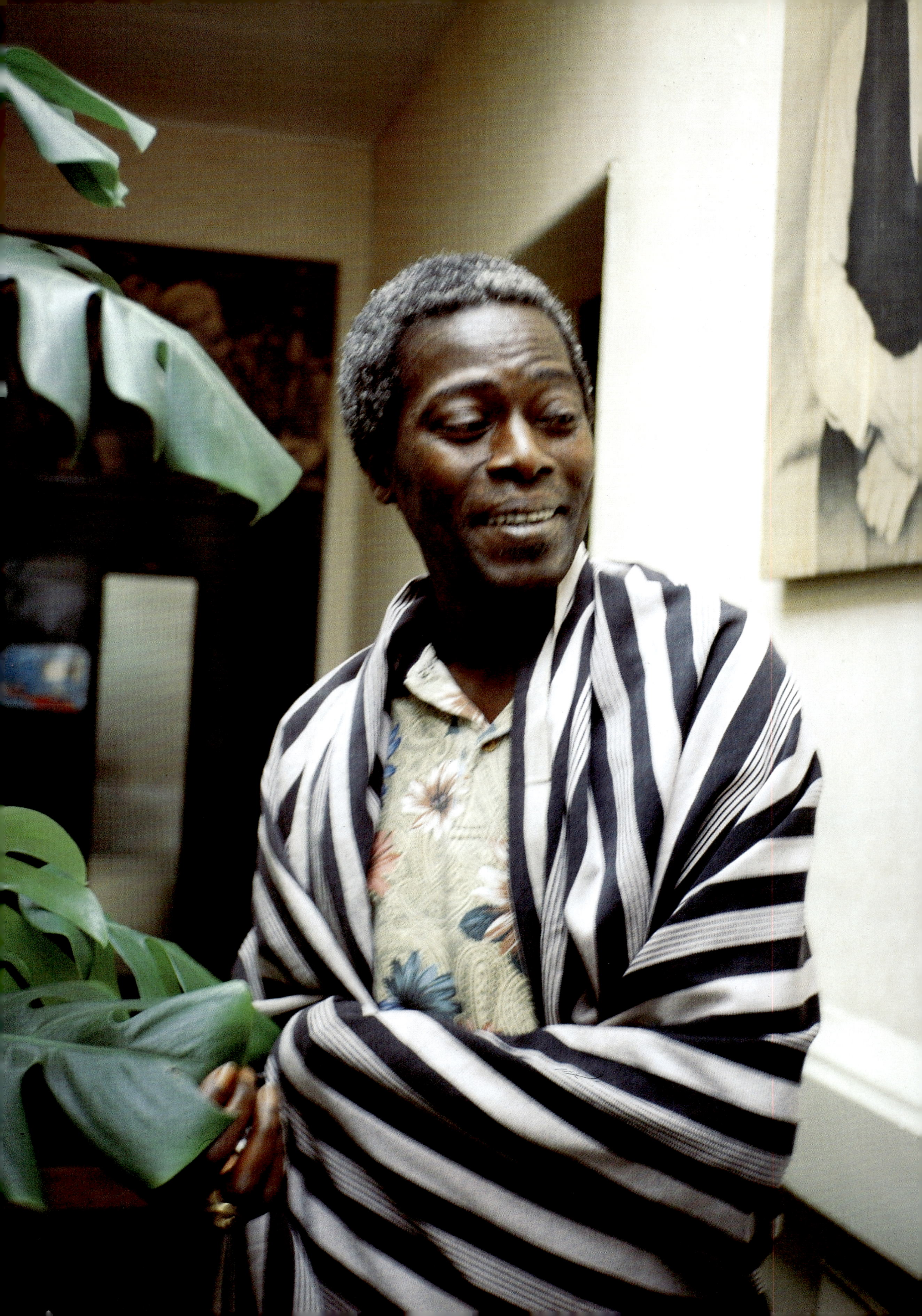

Djibril Diop **Mambéty**

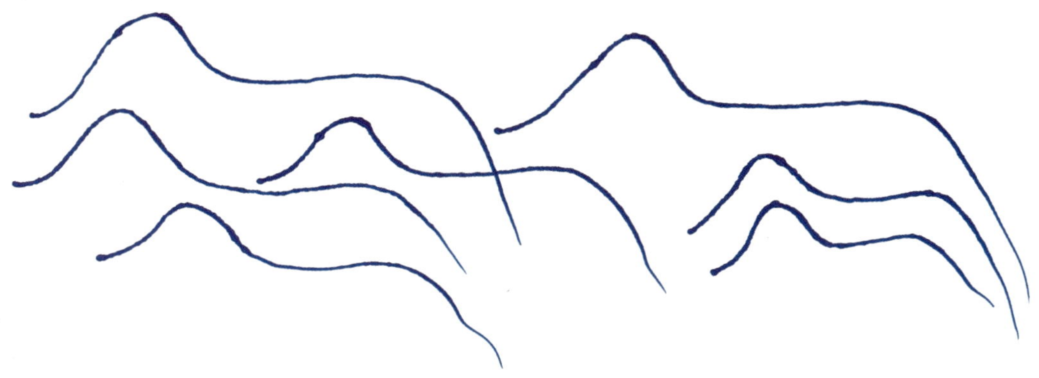

Generique debut et fin.
Et les elephants s'en allaient
toujours
Puis laterale puis de dos

Somewhere between late night and the break of day, a man's body, lying on the sidewalk. Is he hurt, dead or simply asleep ? As we approach him, a hand pushes us away : You'll find out tomorrow.

A rare friend of Dakar nights and brilliant, sun-filled daytime conversations, of moments spent doing everything and nothing, failed to wake in the arms of his brother Waziz in a Paris hospital this July. His death was perhaps not the one he apparently desired, living at the limits of his own existence each day for the last twenty years. In leaving us, he abandoned an exhausted body for a realm of pure spirit perhaps even more sublime than the images contained in his films. He had long - and perhaps always - inhabited this death, offered to destiny like a sensual sacrifice to the winds of a forgotten world. A symbolic act which each day destroyed a little more of his body. A living sacrifice that overwhelmed the senses and a sensuality which overflowed into his films. Films whose construction was less important than their images of sacrifice. Djibril's images are beyond our understanding, for they were not created to be understood. We can feel them arising as if from somewhere inside of us, from a world which could have been our own : images that we dare not interpret, fearful of destroying their force and eloquence. Djibril - both the man and his films - are life-giving : they speak to us of the will to live, and of our desire for eternity.

Translation Jonathan Kundra

Dans la nuit tard, pas encore tôt, sur le trottoir, allongé, un corps dont on ne sait s'il est blessé, mort ou simplement endormi. On s'approche pour s'inquiéter. Une main vous écarte : tu verras demain. Le compagnon rare des nuits de Dakar, des conversations brillantes au soleil de la pleine journée, du temps qui passe pour rien ou pour tout, ne s'est pas réveillé d'entre les bras de son frère Waziz, à Paris, dans un hôpital, en ce mois de juillet 1998. Cette mort n'est peut-être pas celle qu'il semblait se souhaiter presque chaque jour depuis plus de vingt ans au bord du précipice de lui-même, comme pour abandonner ses derniers grammes d'os au profit d'un pur esprit habité d'images probablement plus belles encore que celles tournées dans ses films. Cette mort était habitée depuis longtemps, peut-être toujours, offerte au destin comme un sacrifice sensuel au vent d'un monde oublié. Une symbolique qui ruinait chaque jour un peu plus son propre corps. Un sacrifice qui faisait couler, déborder les sens et les sensualités que l'on retrouvait dans ses films, entiers. Des films dont peu importait la construction du moment qu'il y avait les images du sacrifice. Djibril fabriquait des images que nous ne comprenions pas et qui n'étaient pas à comprendre, mais que nous sentions si intérieures et venues d'un univers qui aurait pu être le nôtre, que nous n'osions chercher à les interpréter de peur d'en perdre la force et le poids. Djibril - lui et ses films - fait partie des images qui vous font vivre et devenir éternel.

JLP

Djibril Diop Mambéty was born in Dakar, Senegal in 1945. He was formerly an actor at the Daniel Sorano National Theater of Dakar before turning to filmmaking in 1969.
Cinematic Works:
1969 : Contras' City. 27 minutes, 16mm, color.
1978 : Badou Boy. 65 minutes, 16mm, color. Awarded a gold medal at the 1978 MIFED in Milan and the Silver Tanit in Carthage in 1978.
1973 : Touki Bouki (The Hyena's Voyage). 95 minutes, 35mm, color. Selected for the Quinzaine des réalisateurs, Cannes Film Festival, 1973; International Critic's Award and Special Prize of the Moscow Film Festival, 1973.
1979 : Diagubu. 9 minutes, 16mm, color. Selected for television screening in Germany on ASPEKTE -ZDF.
1989 : Grandmother, Let's Talk. 34 minutes, 16/35mm, color. Adapted from a story by Yaaba d'Idrissa Ouedraogo. Perugia Film Festival Award.
1992 : Hyenas. 118 minutes, 35mm, color. Adapted from The Old Woman's Visit by Friedrich Dürrenmatt. Official Selection of the Cannes Film Festival Jury, 1992.
1994 : The Franc (Stories of the Common Folk). 44 minutes, 35mm, color. Grande Selection, International Film Festival of Lucerne, 1994; SCAD Award at the International French-language Film Festival of Namur, Belgium, 1994; Golden Tanit for the best short film, Journées Cinématographiques of Carthage, 1994; Official Selection, International Film Festival of Berlin, 1995.

Uncompleted:
The Little Girl Who Sold the Sun («tories of the Common Folk).
The Apprentice Thief (Stories of the Common Folk).

Djibril Diop Mambéty est né en 1945 à Dakar, Sénégal. Il a été acteur au Théâtre National Daniel Sorano de Dakar, puis cinéaste à partir de 1969.
Filmographie :
1969 : Contras'City. 27 mn, 16mm couleur
1979 : Badou Boy. 65 mn, 16 mm couleur. Médaille d'or MIFED 1978 Milan, Tanit D'argent 1978 Carthage
1973 : Touki Bouki (le voyage de l'hyène). 95 mn, 35 mm couleur. Quinzaine des réalisateurs du Festival de Cannes 1973, prix de la Critique Internationale 1973 Moscou, prix spécial du jury Moscou 1973
1979 : Diagubu. 9 mn, 16 mm couleur. Émission ASPEKTE – ZDF
1989 : Parlons grand-mère. 34 mn, 16/35 mm couleur. D'après Yaaba d'Idrissa Ouedraogo, prix de la Ville de Perugia
1992 : Hyènes. 118 mn, 35 mm couleur. D'après La visite de la vieille dame de Friedrich Dürrenmatt, sélection officielle au Festival de Cannes 1992
1994 : Le Franc (histoires de petites gens). 44 mn, 35 mm couleur. Sélection Plazza Grande, Festival International du Film de Loncarno 1994, prix SCAD (Belgique) au Festival International du Film Francophone de Namur 1994, Tanit d'or du meilleur court-métrage aux Journées Cinématographiques de Carthage 1994, sélection au Forum International du Jeune Cinéma festival International du Film de Berlin 1995

En préparation :
La petite vendeuse de Soleil (histoires de petites gens)
L'apprenti voleur (histoires de petites gens)

L'image, va où le vent...

IMAGE, BLOWING IN THE WIND...

Interroger le cinéma pour parler de la photographie était une folie. Plus grande folie encore était d'interroger Djibril Diop Mambéty, le cinéaste qui montre une autre Afrique en inventant un autre rythme, une autre image, un autre propos que ceux attendus, le cinéaste que ses admirateurs désespéraient voir tourner à nouveau : presque vingt ans ont passé entre ses deux films cultes - *Touki Bouki* et *Badou Boy* - et son dernier long-métrage - *Hyènes* adapté de *La visite de la vieille dame* de F. Dürrenmatt. Nous n'avons pas été déçus ; nous cherchions ce que nous voulions trouver : laisser la parole autour de la nature de la photo et ne pas chercher à la pénétrer. Laisser la parole se promener au gré du vent, puisque seul le vent...

« Tout me destinait à faire du cinéma mais ma propre démarche ne me destinait pas à être un professionnel du cinéma. Et si je n'ai pas fait de film coup sur coup c'est parce que, vraiment, je n'en ai pas eu envie. De même que ce n'est pas le milieu du cinéma qui m'a causé des problèmes pour faire de nouveaux films. Un jour, je me suis presque culpabilisé : je me suis dit que j'aurais dû faire plus de films. Mon désir profond était, et est toujours, de continuer le western que j'ai vu dans mon enfance. C'est ça qui m'a amené au cinéma. Mais ce n'était pas pour raconter des histoires... Ce qui m'en a détaché un temps, sont des priorités sur un plan autant personnel que social. Et quand on voit la façon dont nous sommes distribués en Afrique, on se dit que le cinéma n'est vraiment pas le meilleur moyen de s'adresser à son peuple.

J'ÉCRIS MON TESTAMENT DEPUIS L'AGE DE SEPT ANS.

Je ne suis que littéraire, mais j'ai la flemme d'écrire. Mes derniers instants seront consacrés à la rédaction d'un testament. Je l'écris d'ailleurs depuis l'âge de sept ans. Depuis le jour où j'ai rêvé mourir. Et c'était doux. C'était chez ma grand-mère. Il y avait une grande volée de marches dans un escalier. Je tombe dans les marches. Et puis, un souffle de vent frais, frais : c'est là que je suis mort. Au nom de Dieu. Mourir en respirant. Mourir par la respiration. Je jure que je l'ai fait. C'est pour cela que je n'aime pas être malade. Je dois mourir de respiration. Volontairement, presque. Je ne mourrai qu'avec la respiration. Sinon je trahis la mort et la mort me trahit aussi.

To address film in order to discuss photography was a crazy idea. And crazier still was interrogating Djibril Diop Mambety, the filmmaker who's given Africa a new rhythm, a new image, an unexpected point of view, the filmmaker whose fans had given up hope that he'd ever make another film. Almost 20 years have elapsed between his two cult films, *Touki Bouki* and *Badou boy*, and *Les Hyènes*, his last feature, an adaptation of F. Durrenmatt's « La visite de la vieille dame ». The interview was not a disappointment. We knew what we were after : a loose discussion of the nature of photography, the meanderings and digressions of a conversation blowing in the wind, because only the wind...

« Everything led me toward cinema, but my personal style got in the way of becoming a professional filmmaker. If I didn't make one film right after the other it's because I really didn't want to. Nor was it the industry which prevented me from making more. I almost starting feeling guilty one day, I told myself I should have made more films. My deepest desire was, and still is, to make Westerns, like the ones I saw when I was a child. That's why I went into film, not to tell stories... I was distracted for a while by social as well as personal considerations. And when you see how films are distributed in Africa you wonder if filmmaking is really the best way to reach people.

I'VE BEEN WRITING MY WILL SINCE I WAS SEVEN.

I'm nothing if not literary, but I'm sick of writing. My last moments will be devoted to editing my will. I've been working on it since I was seven, since the day I dreamt I died. It was gentle, soft. It was at my grandmother's house. There was a long staircase and I fell down the steps. Then there was a gust of cool wind ; that's when I died. In the name of god, to die breathing, to die of breath. I swear, that's what I did. That's why I don't like to be sick, I have to die breathing, almost willingly. I'll only die with a breath, otherwise I'll betray death and death will betray me. It's cinema that chose me, because I always, always wanted to remake *High Noon*. If I hadn't seen this film I might not have become a filmmaker, I would have written, maybe. Why *High Noon*? Because I heard : "if you desert me too..." and in fact it's solitude that characterizes my life, despite myself. In *Touki Bouki* there are lone men. In *Badou boy* it's lone children. In *Contrats'city* it's a lone town. *Hyènes* is about a lone man, who dies breathing, a cigarette in his mouth.

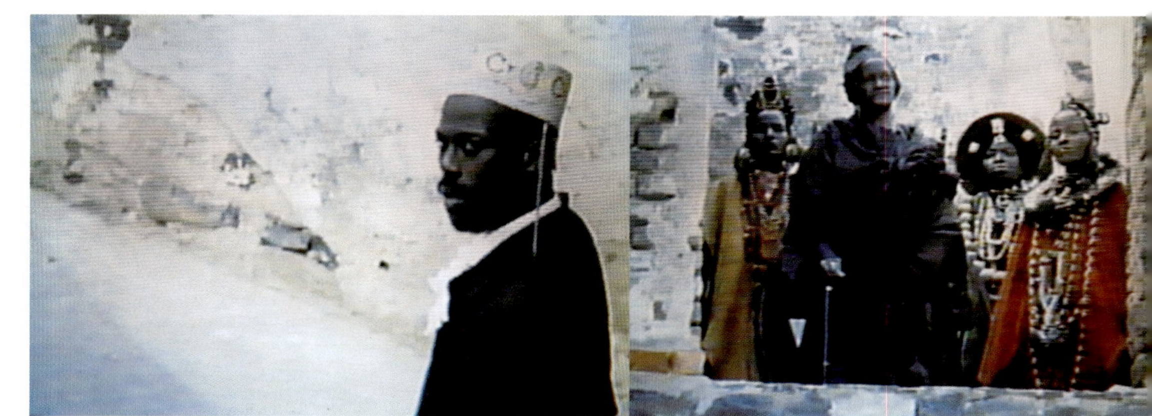

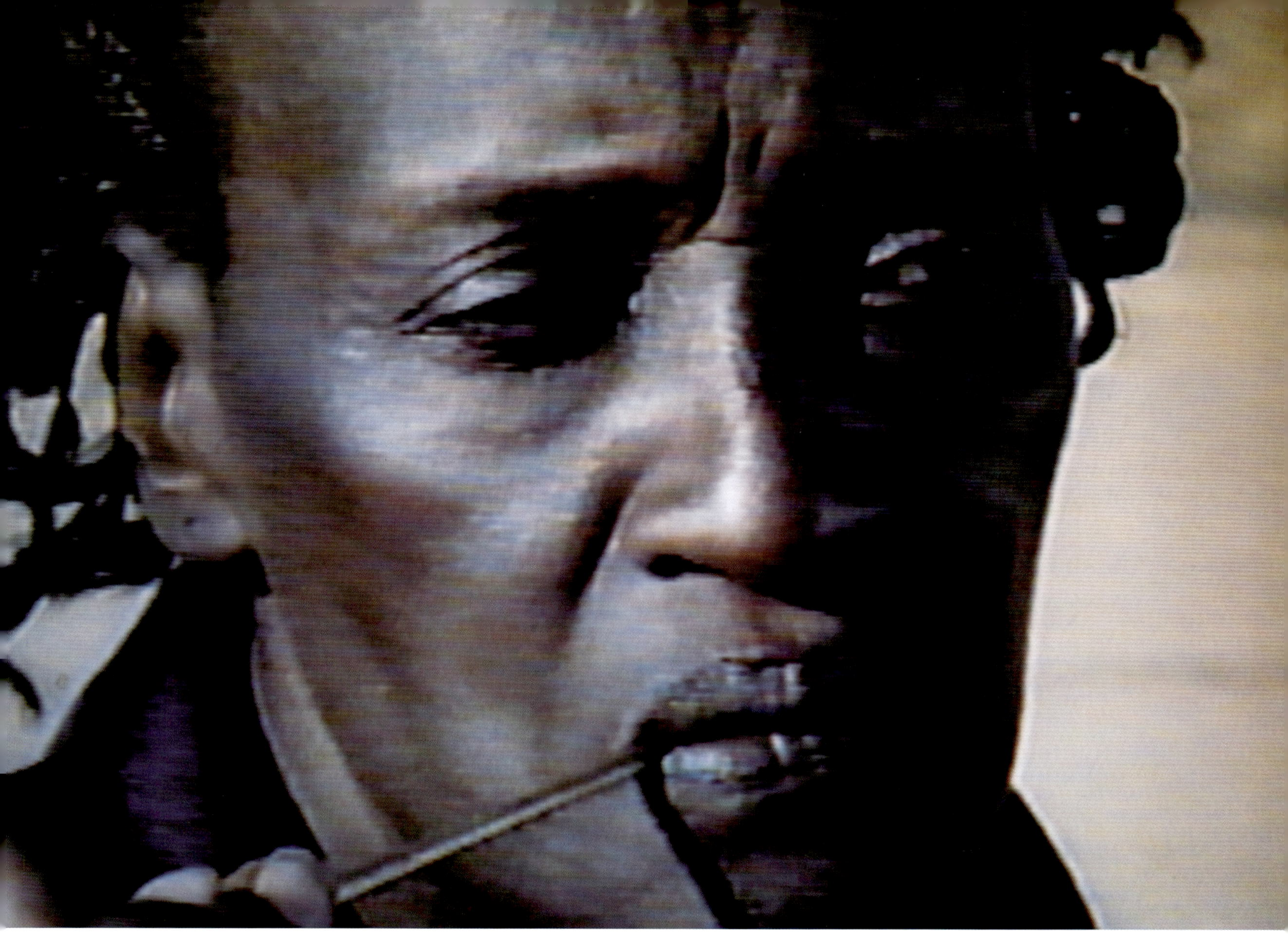

Hyènes de Djibril Diop Mambéty © Photo Revue Noire PMSL

I HATE PHOTOGRAPHY.

I hate photography, but I always wanted my brother to be a photographer. I like other people to do it, but personally, I'm too ambitious, it doesn't suit me. Photography is a death, a frozen moment. When you take a picture you can never retake it, because time has gone by. When you know a gesture lasts for generations... and a photo yellows. I respect musicians because when they're sick the music stops. They are, in fact, the only artists for whom I have absoute respect. Film is a little cowardly as well, because what I said for photography holds true for film too.

IMAGE, WHERE ARE YOU ?

The image doesn't have a role, it takes orders. In film, an image by itself doesn't exist until you tell it what to do. But you have to follow up on your instructions. You have to say : "O.K. image, where are you ?". And it answers : "here I am". And you say : "go and do this". And it does it if you asked nicely and politely. The only divine act of creation accessible to man is the act of

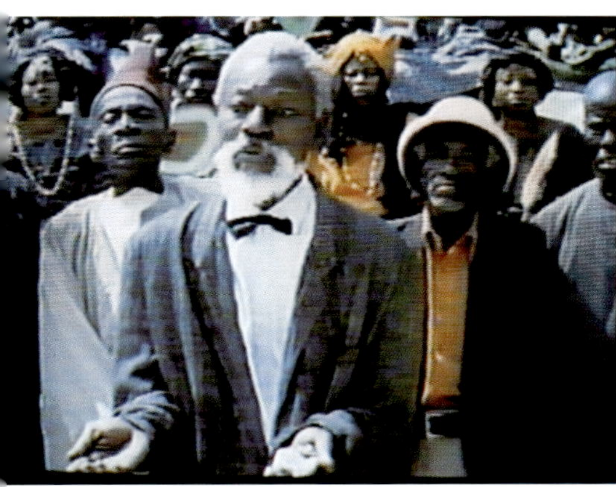

C'est le cinéma qui m'a choisi. Parce que je voulais toujours, toujours refaire *Le Train Sifflera Trois Fois*. Peut-être que si je n'avais pas vu ce film je n'aurais pas fait de cinéma. J'aurais écrit, peut-être. Pourquoi *Le Train Sifflera Trois Fois* ? Parce que j'avais entendu : *si toi aussi tu m'abandonnes*... En fait, c'est la solitude qui caractérise ma vie. Malgré moi. Dans *Touki Bouki*, c'est des hommes seuls. *Badou boy*, c'est des gamins seuls. *Contrats' city*, c'est une ville seule. *Hyènes*, c'est un homme seul. Qui meurt en respiration, la cigarette au bec.

JE DÉTESTE LA PHOTOGRAPHIE.

Je déteste la photographie mais j'ai toujours voulu que mon frère soit photographe. J'aime que d'autres en fassent, mais je suis tellement ambitieux que cela ne me convient pas. La photo c'est une mort. Un instant figé. Quand tu fais une photo, tu ne referas plus jamais la même parce que le temps aura passé. Quand tu sais que c'est un mouvement qui dure pour des générations... Une photo ça jaunit. J'ai du respect pour les musiciens parce que quand ils sont malades il n'y a plus de musique. Ce sont les seuls artistes pour lesquels, en fait, j'ai un absolu respect. Le cinéma est un peu lâche, parce que ce que je dis pour la photo pourrait être valable pour le cinéma.

IMAGE, OU ES-TU ?

L'image n'a pas de rôle. L'image reçoit des ordres. Une image en elle-même dans le cinéma n'existe que quand tu lui donnes un ordre. Mais il faut accompagner cet ordre. Il faut lui dire : "bon, image, où estu ?", elle te dit : "je suis là", et tu lui dis : "va me faire ça". Et elle le fait si tu lui en donnes l'ordre correctement et poliment.

La seule création qui appartienne à Dieu et qui soit accessible à l'homme est de créer le vent. T'es-tu jamais posé la question de savoir où va le vent ? Moi je n'ai jamais arrêté de me la poser. Le destin de l'image, le destin du vent, le destin d'un homme, le destin d'un souffle, le destin d'un sentiment, le destin d'une cause, c'est là où va le vent.

creating the wind. Have you ever asked yourself where the wind blows ? I've never stopped asking myself this question. The fate of the image, the fate of the wind, man's fate, the fate of a breath, a feeling, a cause, is where the wind blows. To show the course of men is a solemn act, and you can't get it wrong.

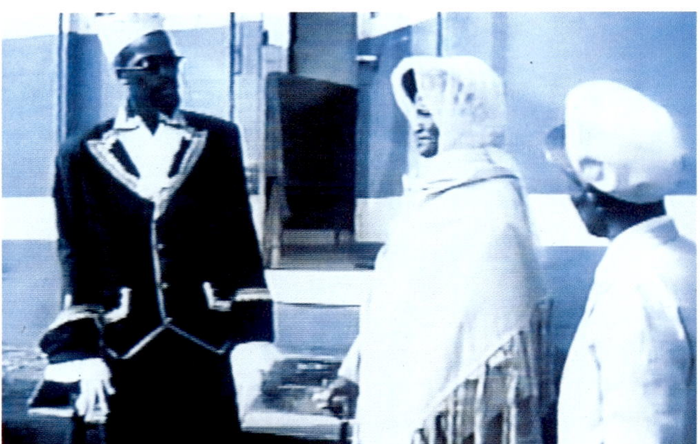

Hyènes de Djibril Diop Mambéty © Photo Revue Noire PMSL

You have to be ill bred to die badly.

There's an old Dioula song that says : *when I'm talking about you, you'll never be mean*. It's a solemn act to show the paths of men because you shouldn't show their baseness ; they're redeemable. Men are redeemable because they all wear the same shroud. When I say man, I'm talking about birds, about nature, about every living thing... according to a certain ideal of beauty, which is the happy ending. Like the last breath I mentioned a minute ago, you have to be ill bred to die badly. The role of my image is to go with the wind, I am the wind. For me, photography is like an unfinished foetus. I'm not good at unfinished things. God save me from ever making films that grow old and yellow. Live with the wind and live with death. The wind is complete, and to be complete is to die. That's why I'll never finish. If I finish, I'll be complete. It's crazy to have power over life. While the filmmaker doesn't have power over his own life, I don't underestimate the power to show life on film. If indeed it is a power, it's a power that belongs to the wind.

And the wind remains.

I respect film as a social act. A social act in the sense that films will exist for generations. It's a contribution and I fully acknowledge this aspect of the thing. That's why I'm totally frustrated to have had only one *High Noon* in my life. That's why I want to make more. I'm in the process of making a Western that would make even Gary Cooper blush. If there's one thing I hate, it's lying, when I get caught in a lie. On the other hand, I'm the world's biggest schemer. »

Interview by Simon Njami, december 1991

C'est un acte grave que de montrer des hommes en mouvement et il ne faut pas se tromper.

Il faut etre mal éduqué pour mourir mauvais.

Il y a une vieille chanson dioula qui dit : *là où je suis en train de parler de toi, tu ne seras jamais vilain*. Quand tu mets les hommes en mouvement c'est un acte grave parce que tu ne dois pas les montrer vilains. Parce que l'homme est corrigible. Corrigible, parce que de toute manière ils ont le même linceul. Quand je dis l'homme, je parle aussi des oiseaux, de la nature, de tout ce qui vit... selon un idéal de beauté, c'est-à-dire de belle fin. Comme ce dernier soupir dont je parlais tout à l'heure. Il faut être mal éduqué pour mourir mauvais. Le rôle de mon image c'est d'accompagner le vent. Je suis le vent. La photo, pour moi, c'est comme un fœtus non abouti. Je suis nul pour tout ce qui n'est pas abouti. Dieu veuille que je ne fasse jamais de films qui jaunissent. Que vive le vent donc que vive la mort. Le vent aboutit. Aboutir, c'est mourir. C'est pour cela que je n'aurai jamais fini. Sinon j'aurais abouti. Avoir du pouvoir sur la vie est fou. Le cinéaste n'a pas de pouvoir sur sa propre vie. Si c'est un pouvoir que de montrer la vie au cinéma, je ne dédaigne pas ce pouvoir-là. Mais c'est un pouvoir qui appartient au vent.

Et que le vent demeure.

Je respecte le cinéma dans la mesure où c'est un acte social. Acte social dans le sens où pour de nombreuses générations des films existeront. C'est un don. Je ne dédaigne pas cet aspect de la chose. C'est pourquoi je suis totalement frustré de n'avoir pas eu plus de *Train Sifflera Trois Fois* dans mon enfance. C'est pour ça que je veux en faire. Je suis en train de faire un western. Gary Cooper même en rougirait un peu. S'il y a une chose que je déteste, c'est quand je mens. Quand je suis pris en flagrant délit de mensonge. Pourtant, je suis un manipulateur professionnel. »

Propos recueillis par Simon Njami, décembre 1991

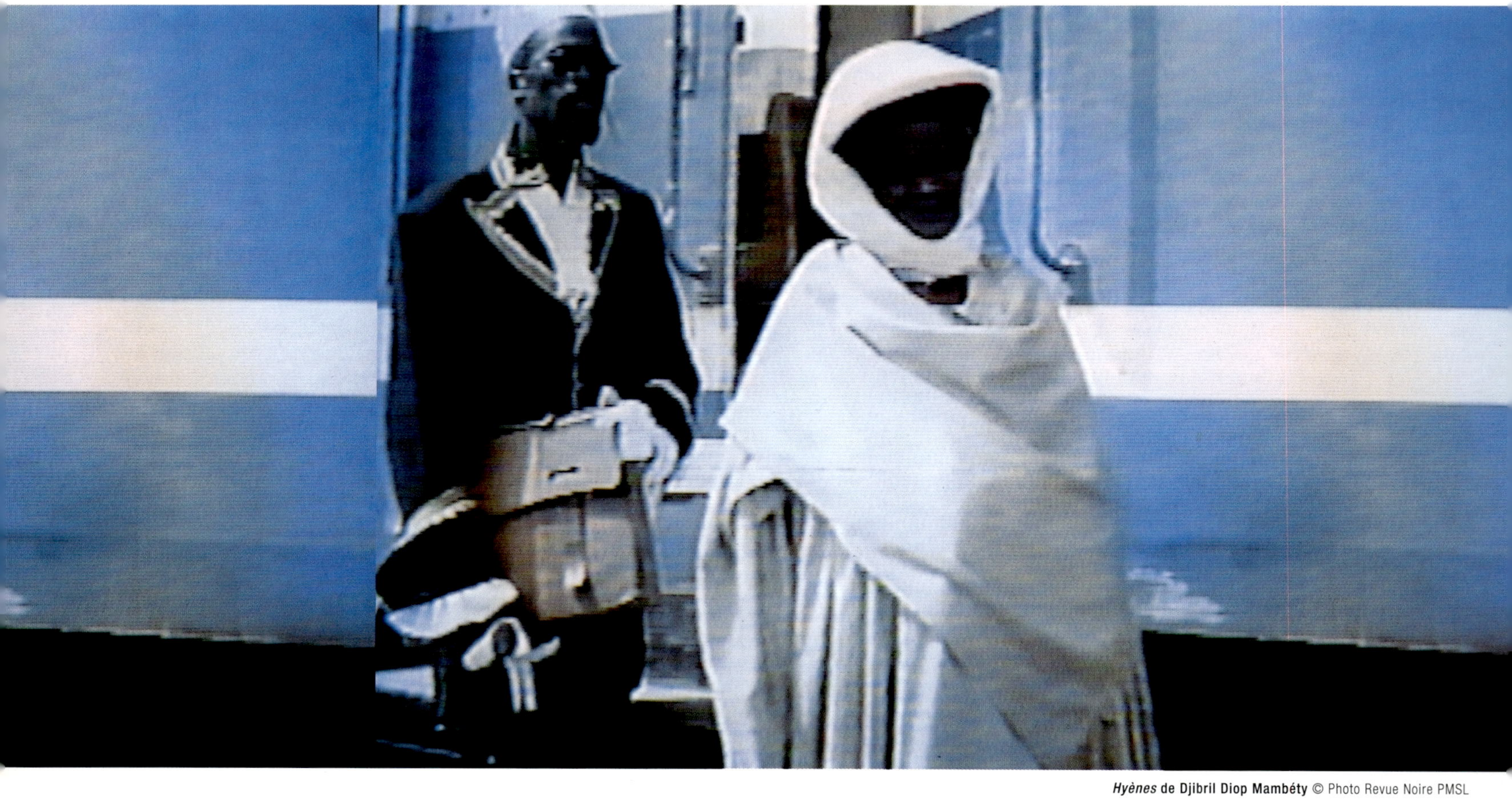

Hyènes de Djibril Diop Mambéty © Photo Revue Noire PMSL

L'appel de l'île

NO MAN IS AN ISLAND...

Mohammed Kacimi à Moustapha Dimé

I salute you, Ebony-man.
On your island overflowing with bougainvillea and the resonance of secret voices: echoes of lives seized by the whirlpool of time and the sea.
From afar, with a secret and lovely smile, he pointed to an ancient colonial fort: *That's my studio over there,* said Dimé softly... Our adventure had brought us from Saint-Louis to Paris *Suites Africaines* and the Biennial of Dakar.
I always called him Moustapha Ebony-wood. In Saint-Louis, Dimé was intent on becoming a Mouride. We spoke of identity, of meaning and mysticism in art. I evoked Ibn Arabi: after that, our friendship became vertical, charged with the weight of materiality.
The regard and the hand of Dimé, seizing elements in their passage, their inner exhaustion, loss and annihilation... Salt-pitted wood, the wind, the grating sounds of the shore-line or an abandoned boat. Things found, taken up, tied together, knotted, losing their reality in the hands of the artist: becoming more real than reality itself, inhabited by their own poetic splendor and a language beyond all language. The mind's eye penetrating the center of matter, the accidental idea of things opening the way to a world whose wholeness and reality are beyond us.
Moustapha Dimé's sculptures were always like himself: tall, slender, reaching for the heavens in all of their uncertain certitude. Turning on their own axis, aspired by the center of a ritual circle, they become prayer and dance, ruin and life.
Dimé was proud of the tower he had commandeered, rising above the rolling waves of the sea and the deathless horizon.

Mohammed Kacimi

**Je te salue le bois d'ébène.
Sur l'île incrustée de bougainvilliers et de voix secrètes, habitée par des résonances, des échos de corps pris dans le tourbillon du temps et de la mer. De loin, avec un sourire secret et vivant, il me montrait le « fort colonial » : là-bas c'est mon atelier me dit Dimé... Notre aventure nous a mené à Saint-Louis, à Paris Suites Africaines, à la Biennale de Dakar...
J'ai toujours appelé Moustapha le bois d'ébène. À Saint-Louis, Dimé était occupé par son désir de devenir Mouride. Nous avons parlé de l'identité, du sens de la mystique dans l'art. Je lui ai évoqué Ibn Arabi et depuis notre lien a pris le sens vertical et le poids de la matière.
Le regard, la main de Dimé prennent les éléments dans leur dérive, leur usure, leur perte, leur rupture... Le bois usé par le sel, le vent, le frottement venant d'une rive ou d'un bateau mort. Les éléments ramassés, récupérés, ficelés, noués, perdent le sens du réel entre les mains de l'artiste où ils deviennent encore plus réels que la réalité elle-même une fois habités de leur splendeur poétique, de cette langue au-delà du langage. L'œil de l'esprit que l'on promène au centre de la matière, l'idée accidentelle des choses pour les approches de l'unicité ou d'une réalité qui nous échappe.
Les sculptures de Moustapha Dimé lui ont toujours ressemblées : élancées, elles piquent vers le ciel, avec un aspect formel incertain. Elles tournent autour d'elles-mêmes, aspirées par un centre, par un cercle rituel. Cela évolue entre la prière et la danse, la déchéance et la vie.
Dimé était fier de sa tour squattée, penchée sur les vagues océaniques et l'horizon qui ne meurt jamais.**

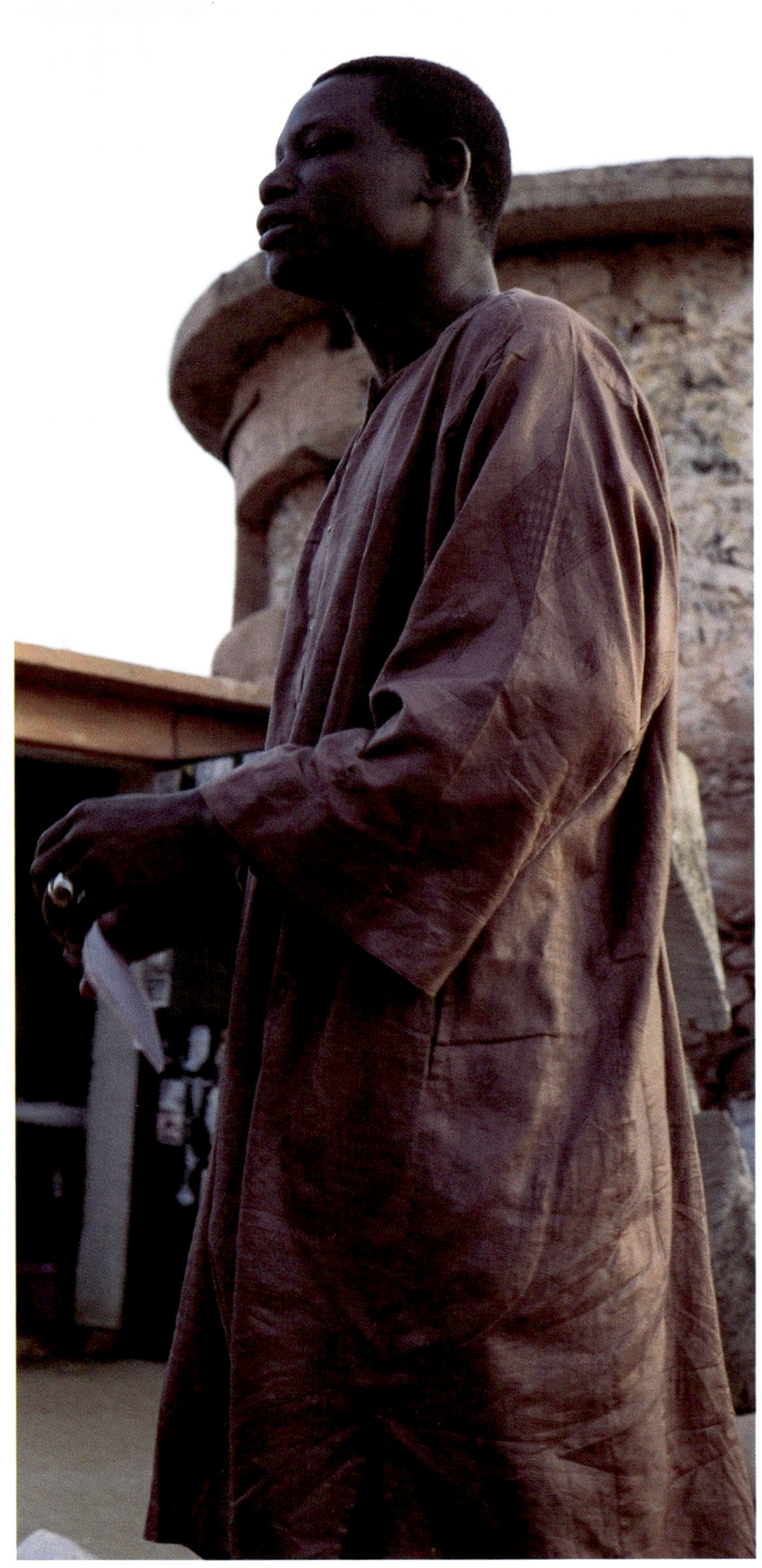

Moustapha Dimé © Photo Revue Noire PMSL

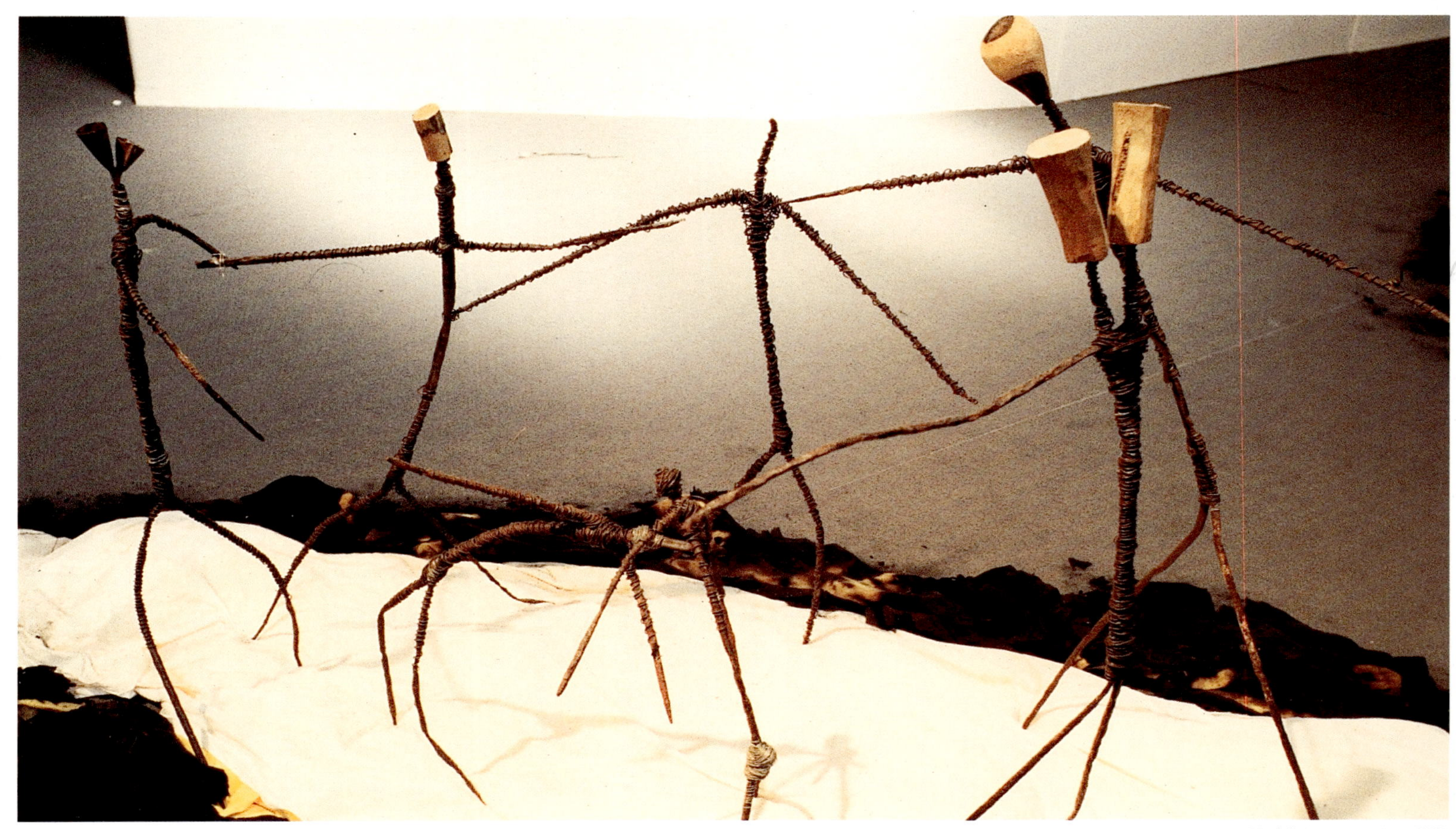

Moustapha Dimé © Photo Revue Noire PMSL

Moustapha **Dimé**

I ONLY DREAM OF LIGHT...

Je ne rêve que de lumière

Born in 1952 in Louga, the sculptor Moustapha Dimé died in July 1998 in Saint-Louis du Senegal. During the last years of his life, Dimé withdrew from the world to inhabit an ancient Portuguese fort on the island of Gorée, opposite Dakar. A particularly discreet and reserved individual who avoided journalists, he nevertheless accepted to be interviewed by the artist Pascale Marthine Tayou : for Dimé, only artists are capable of understanding other artists.

I'VE BEEN « CIRCUMCISED » MANY TIMES IN MY LIFE...

As a child, I was involved in theater, danced a great deal, and was always getting into fights. When I was growing up, being part of the group was extremely important. Circumcision was the first step of this process : a means of separating the masculine from the feminine. It's the kind of experience that one never forgets. Radical. There's pain, but also dignity. It's a place somewhere beyond feeling : your father is there, your uncle is too, and the idea is to emerge from the experience with your honor intact. It's an incredible moment, a real transformation of your inner self. This physical mutilation can also reoccur symbolically at other moments of your life. In this sense, I've gone through many other circumcisions, including my relationship to sculpture, the people around me, and with myself. All these moments were important passages in my life.

MY CHILDHOOD WAS INHABITED BY THE NIGHT

I'm like a child in quest of himself, trying to harmonise his inner self with the outside world, a child continually searching for inner harmony relative to exterior reality. It's all a question of balance. I try to feel good about myself and

Né en 1952 à Louga, Moustapha Dimé est décédé en Juillet 1998 à Saint-Louis du Sénégal. Sculpteur, il vivait à l'abrit des turbulences du monde dans un vieux fort portugais sur l'île de Gorée, au large de Dakar. Discret, réservé, il n'aimait pas les interviews. Il a cependant accepté de jouer le jeu avec l'artiste Pascale Marthine Tayou car selon lui, seul un artiste peu en comprendre un autre.

J'AI VÉCU PLUSIEURS « CIRCONCISIONS » DANS MA VIE

Enfant, j'ai fais du théâtre, beaucoup de danse et j'étais très bagarreur. En réalité, dans nos milieux, il est fondamental de s'initier à la force du groupe. La circoncision, première étape de cette initiation, est un moyen de séparer le masculin du féminin. Une séparation radicale extrêmement marquante que l'on n'oublie jamais. Il y a une douleur mais aussi une dignité parce qu'il y a cet espace de dépassement par rapport à la douleur qui t'agresse. Ton père est là, ton oncle est là, et il faut sortir de cette histoire avec honneur. C'est un grand événement. Un passage. Une mutilation du corps qui réintervient à certains moments de la vie. J'ai vécu plusieurs circoncisions dans ma vie : les rapports que j'ai eu avec la sculpture, avec les autres et avec moi-même. Des passages déterminants.

IL Y A BEAUCOUP DE NUITS DANS MON ENFANCE

Je suis toujours un enfant qui se cherche, qui a envie d'une certaine harmonie vis-à-vis de sa vie intérieure et extérieure. Un équilibre. Un enfant qui vit cette quête quotidienne par rapport à ce que le monde lui propose. Je cherche à être bien avec moi-même, à avoir une certaine ouverture, la capacité de recevoir et de donner toute la générosité que j'ai en moi. La meilleur chose que l'homme puisse faire c'est d'avoir cette richesse et de la partager. Je suis le même depuis l'enfance. Des valeurs nouvelles se sont greffées au fil de mes expériences. Par exemple mai 68 qui a bousculé le monde car on voulait changer de cap, avoir une autre lecture du monde. J'étudiais la sculpture et je me suis retrouvé dans le mouvement des anarchistes... Chaque fois qu'il y

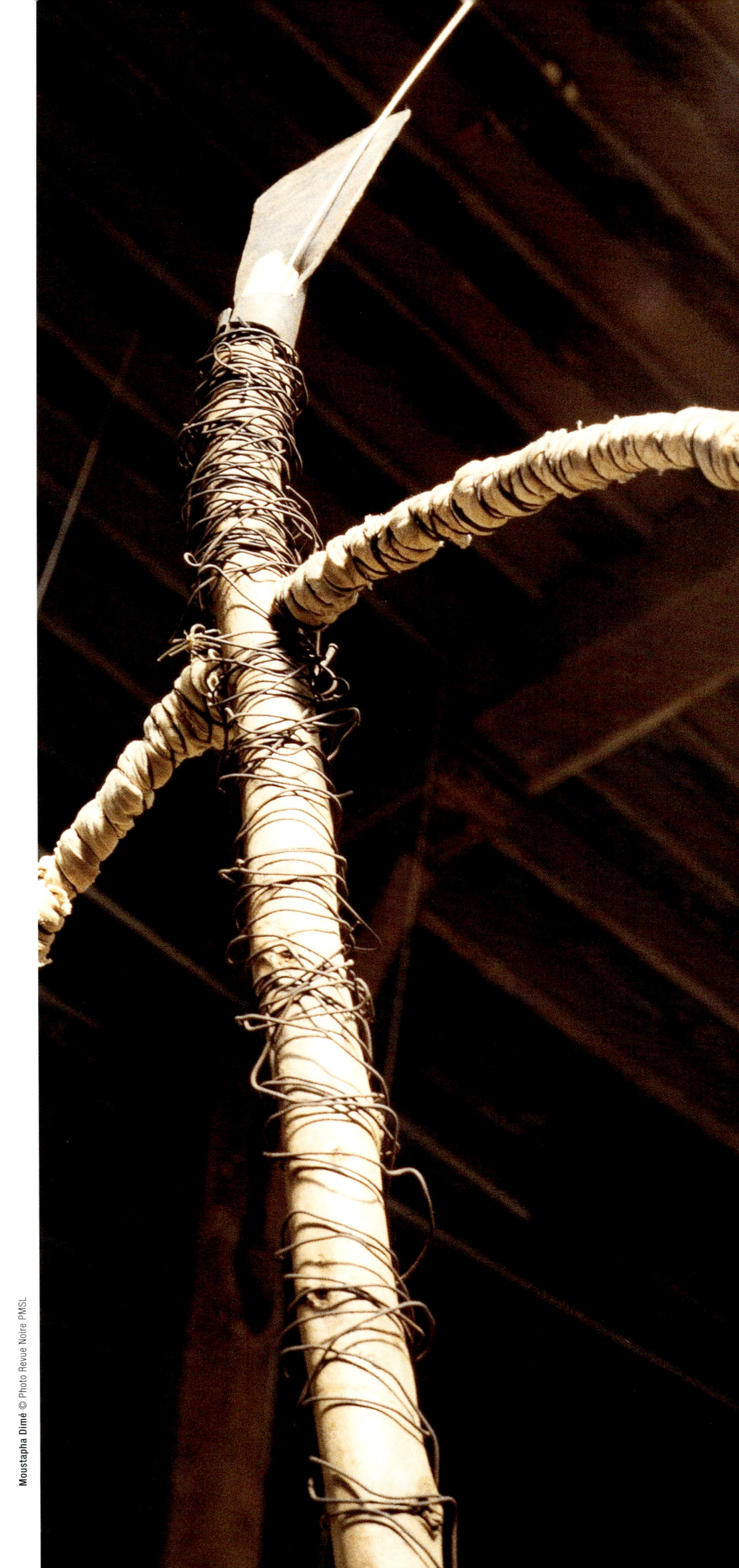

Moustapha Dimé © Photo Revue Noire PMSL

still remain open to others : to give and receive and not lose contact with all the good things that exist in me. The most admirable thing a man can do in life is preserve this inner richness and share it with others. I'm basically the same person since childhood, even if life and experience have progressively transformed some of my values. For example, there was May '68, when for a moment, the whole system shook. People wanted change, a different way of looking at and dealing with the world. I was studying sculpture at the time, and all of a sudden I found myself involved with a group of anarchists... But each time a movement develops, people try to find theories to justify their actions. I didn't and still don't believe that it is always necessary to justify one's acts. The experience of May '68 had a deep impact upon my work. I became more rigorous and demanding, and much more committed to what I was doing. I dropped out of school and began studying sculpture and wood-working in a handicrafts center. But I was unsatisfied with what I was doing there : I had to go even farther. I left Senegal, and for the next three years lived in Mali, Burkina, Ghana, Togo, Benin and Nigeria. I became aware of the differences between all of these West African cultures: the different ways of life, the ways of looking at things, the value-systems. And one day, I asked myself : What am I actually doing here ? So I went back to Senegal, and the process of my own transformation began. In reality, what I had to do was the accomplishment of myself and my own destiny. For me, that's a personal and not a collective experience.

There seems to be a separation between Moustapha Dimé the man, and Moustapha Dimé the artist. A certain distance between the idea of the group as the central point of reference, for example. My feeling is that there were periods in your life where you had to fight hard just to be recognised and accepted for yourself.

My personal history is made up of everything I've come in contact with. Everyone tries to add his particular grain of sand to the construction of a new culture in Senegal. There is a sort of group consciousness concerning the cultural values of this country, and I'm quite comfortable feeling part of it. The idea stimulates me, even though I try to transcend it in my work. Some of my choices in life put me in conflict with my family. In the 1970s, sculptors were considered as ordinary craftsmen: there was no other place for them in society. There were also no examples to follow. At school, the prevailing model was European and the approach to art was totally academic. For me, the best way to educate a person is to allow him to discover own identity through his nation's history, art and cultural heritage... I've revolted agains that sort of thing more than once, but my travels through the traditional regions Senegal gave me a precise idea of who I was and what I wanted to do. I discovered this in the provinces, rather than in beating my head against the walls of the cities. It has conditioned the work I do today. Am I going in the right direction ? I don't even ask myself that. But I do have other doubts. For instance, what really is an artist? Or the role of an artist? I ask myself these questions every day.

My territory is an angle of convergence...

I don't like the expression « recuperation ». I don't go digging at random through trash cans and garbage dumps. I look for the exact item that will help me create exactly what I want to create. My territory is an angle of convergence along the coast, where the choppy water of the open sea meets a calmer stretch of ocean: a convergence of masculine and feminine, where the sea washes up its offerings between the rocks. There are also abandoned pirogues - each with their own special past - that I sometimes resurrect. I'm drawn to certain types of materials by their potential for expressing my message : the sense of harmony between things.

At the moment, I'm trying to finish my house in Dakar and move my family into it. It will also be open to artists passing through Senegal. I want to share it with them, and hopefully create a network of relationships with creators from other countries.

People are what I think about the most, particularly the ones that the system has crushed and rejected. Those who put their shoulders to the wheel and were overtaken by it : the slaves and the nobodies. That's one reason I came to Gorée. It's a timeless place : far from everything and surrounded by the ocean. I feel a great sense of harmony there....

In fact, I only dream of Light.

From an interview with Moustapha Dimé by Pascale Marthine Tayou , on March 6, 1997 at the Couvent des Cordeliers, Paris .
Translation Jonathan Kundra

a un mouvement, les gens cherchent à créer une théorie, un discours pour justifier leurs actions. Il ne faut pas toujours justifier ses actes. Cela a radicalisé mon travail. Je suis devenu plus rigoureux, plus exigent et je me suis beaucoup investi dans mon travail après cette expérience. J'ai quitté l'école pour aller dans un centre de formation artisanale où j'ai étudié la sculpture et l'ébénisterie. Mais j'étais confronté à une insatisfaction de ce que je faisais. J'avais envie de voir autre chose. Je suis parti au Mali, au Burkina, au Ghana, au Togo, au Bénin et au Nigéria pendant trois ans. Cela m'a permis de prendre conscience des différences qui existent en Afrique de l'Ouest : la manière de vivre, la conception des choses, la gestion des valeurs. Je me suis dit : qu'est-ce-que je fais ici finalement ? Je suis rentré chez moi et la métamorphose a commencé. Parce qu'en réalité, ce que je dois faire c'est moi, mon histoire à moi. Ce n'est pas une aventure collective mais personnelle.

Il y a une séparation entre Moustapha Dimé l'homme et Moustapha Dimé l'artiste. Une certaine distance par rapport à l'idée de groupe, de référence. J'ai l'impression qu'il y a des époques de ta vie ou tu as du combattre pour trouver des issues pour te faire reconnaitre.

Mon histoire c'est tout ce qui tourne autour de ma vie. Chacun essaie de mettre son grain de sable dans la construction d'une nouvelle culture au Sénégal. Il y a une prise de conscience collective de la valeur culturelle du pays et je me sens bien dans ce bain de foule. Cela me stimule. J'essaie de me transcender dans ce travail. Je me suis battu contre ma famille pour imposer ma voie. Dans les années 70, le sculpteur était considéré comme un artisan et non comme un acteur social. Il n'y avait pas de références qui me permettaient d'avancer. A l'école, le modèle était Occidental avec l'enseignement de l'art académique. La meilleur façon d'éduquer un homme c'est de lui permettre d'apprendre tout de suite qui il est à travers son histoire, son art, son patrimoine... Il m'est arrivé de me révolter contre la tradition. La découverte du Sénégal à travers mes nombreux voyages m'a permis de comprendre que ce que j'avais envie de faire je le trouvais dans les provinces et non dans les milieux urbains qui sont des murs où l'on se cogne tous les jours. Cette découverte est le résultat de mon travail aujourd'hui. Est-ce la bonne voie ? Je ne me pose pas la question. Beaucoup de choses ont été remises en cause dans mon esprit : le statut d'artiste, c'est quoi être un artiste ? Quel est son rôle ? Je me pose ces questions tous les jours.

Mon espace est un angle de convergence

Je n'aime pas le terme « récupération ». Je ne vais pas fouiller dans les poubelles et dans les décharges. Je cherche des matériaux qui vont avec la nature de ce que je veux faire. Mon espace est un angle de convergence entre la grande et la petite côte, la mer bouillonnante et la mer féminine. La mer trie et moi je trie entre les rochers ce qu'elle me propose. Il y a aussi les pirogues abandonnées et leur histoire à qui j'offre une seconde vie. Je sens la nécessité de m'investir dans des moyens d'expression que certains matériaux me proposent et que j'utilise pour dire ce que j'ai envie de dire. Ce que je cherche c'est l'harmonie entre les choses, les matériaux. C'est tout ce qui m'intéresse et pas autre chose.

Mon grand projet en ce moment c'est de terminer ma maison à Dakar et d'y installer ma famille. De permettre aussi aux artistes de passage au Sénégal de partager ce lieu avec moi et de créer une interrelation avec les autres pays. La plupart des artistes africains que je connais, je les ai rencontré hors du continent.

Ce qui me préoccupe le plus c'est l'homme. L'homme négligé, piétiné par les systèmes qui le font fonctionner et qui n'est plus rien dans ce système qui le dépasse et dont il est l'esclave. Cela m'a poussé à m'installer à Gorée, hors du temps, où je vois tout le temps la mer. J'y trouve mon équilibre.

Je ne rêve en fait que de lumière.

Entretien avec Pascale Marthine Tayou
Couvent des Cordeliers, Paris le 6 mars 1997.

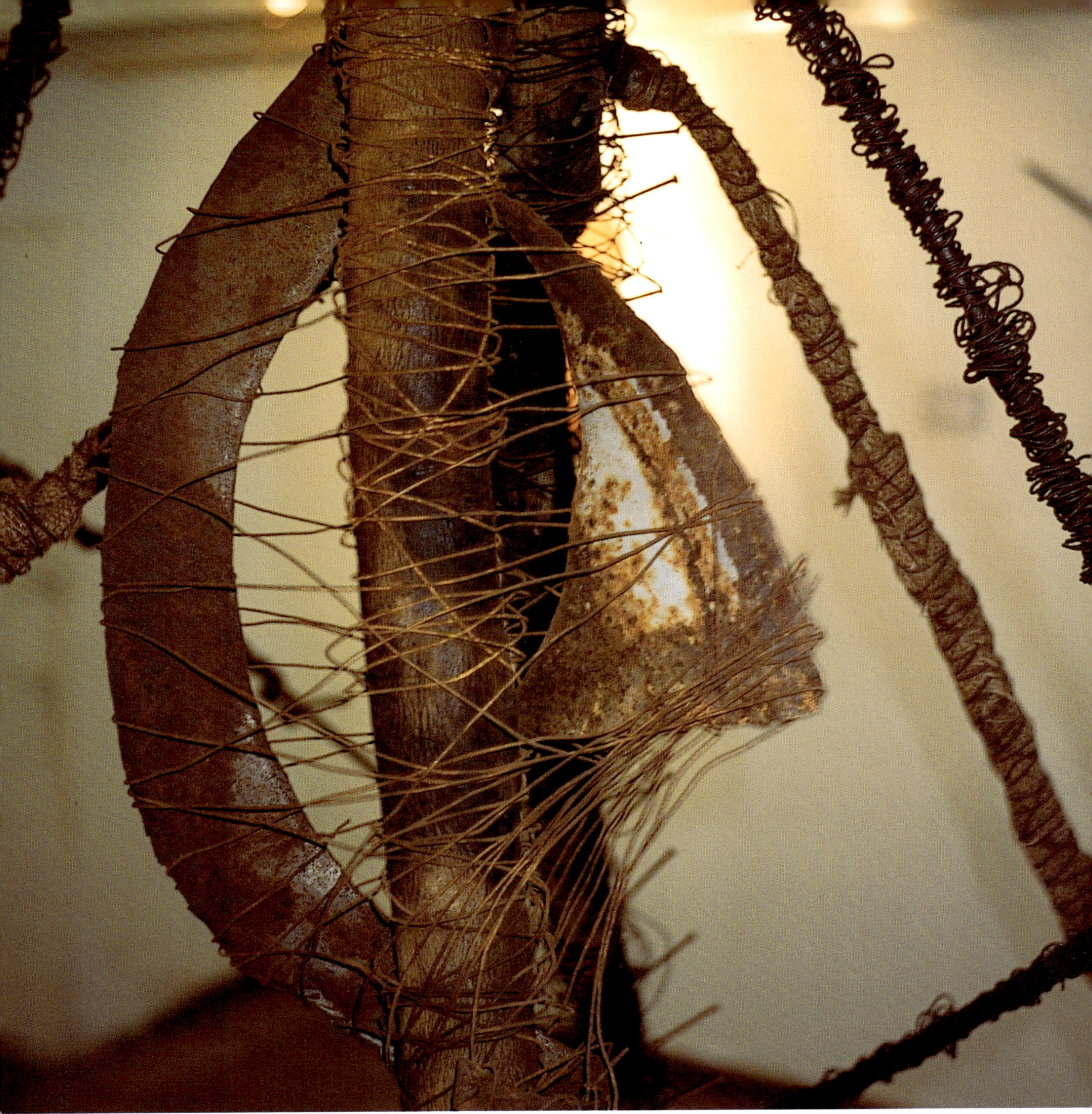

Moustapha Dimé © Photo Revue Noire PMSL

«Basel is contemporary art's most influential trade fair»
(Newsweek, New York)

«Weltweit wichtigste Messe für moderne und zeitgenössische Kunst»
(Neue Zürcher Zeitung, Zürich)

«La plus belle foire du Monde»
(Le Monde, Paris)

«Kunst in ihrer besten Art – Unangefochten: Die Art in Basel»
(Frankfurter Allgemeine Zeitung, Frankfurt)

«Mostra leader per l'arte del XX secolo»
(Il Sole 24 Ore, Milano)

«Numéro un mondial des foires»
(Le Figaro, Paris)

«Jung, schön, überraschend»
(Süddeutsche Zeitung, München)

«Billed as the biggest and best contemporary art fair in the world»
(Financial Times, London)

Art
29'98
Basel 10.–15.6.1998
Messe Basel.

Sponsored by
Swiss Bank Corporation

The catalogue will appear in May 1998.
Reservations: Tel. +49 89 12 69 90 46
or Fax +49 89 12 69 90 11
USA: Toll Free 800 581 4839

Art 29'98, Messe Basel, P.O. Box, CH-4021 Basel
Tel. +41 61 686 20 20, Fax +41 61 686 26 86
e-mail: art@messebasel.ch
Internet: www.art.ch

La Polka
Kossi Efoui

Ed. Le Seuil

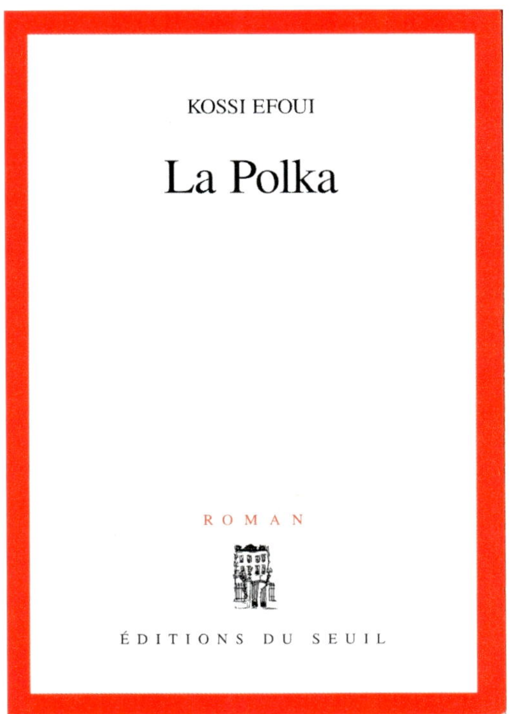

Le thème est connu : une guerre civile menée par des militaires ou des milices dans un pays sans nom, une ville détruite et ses habitants traqués dont certains disparaissent, des camps de réfugiés plongés dans une attente infinie. Mais Kossi Efoui ne raconte pas cette guerre. Les "événements" comme on dit pudiquement à la radio, la catastrophe, sont déjà arrivés. Il n'y a pas de héros ou de victimes mais des gens ordinaires qui essayent de survivre, de retrouver cette époque bénie de l'insouciance où la grande préoccupation était de préparer les soirées festives du vendredi et les nuits plus festives encore du carnaval.

De la guerre et de la destruction, le narrateur ne voit que ce qui l'a éloigné de cette vie heureuse et surtout de Polka, jeune fille aux tresses enfantines et à la tête inclinée, d'abord née d'une photographie sortie du sac de l'Homme-Papier, puis tombée du ciel sous le nom de Nahéma. Que peut-il faire d'autre que l'attendre, la rechercher et finalement la rêver ?

Avec ce premier roman et après plusieurs pièces de théâtre et nouvelles, Kossi Efoui nous donne un texte superbe, à la fois pudique et cruel, sobre et perforant, infiniment triste dans sa quête d'un bonheur d'avant la chute.

BT

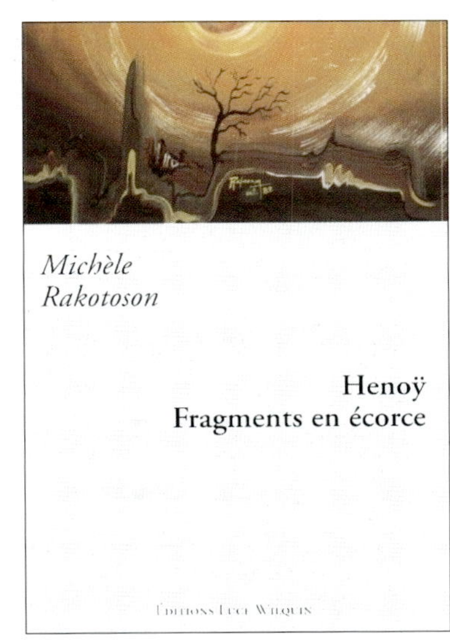

Henoÿ, fragments en écorce
Michèle Rakotoson

Ed. Luce Wilquin

C'est aussi après une catastrophe que se situe ce quatrième roman de Michèle Rakotoson, mais une catastrophe lente et inexorable : la consomption de son île. Dans les campagnes, la famine règne et tous les habitants semblent depuis longtemps avoir perdu leur rire. Mais sommes-nous dans la réalité ? Tiana-Orphée, revenant sur son passé, part à la recherche de Bono. Cette descente aux enfers lui fera retrouver toutes les figures mythiques de son jeune âge.

A la fois conte initiatique et quête erratique de ce qui ne sera plus, ce roman, comme les trois précédents de Michèle Rakotoson est tissé de la nostalgie d'une auteure à jamais exilée, semble-t-il, d'un pays qu'elle fait revivre par l'écriture. Et la force de ce roman tient précisément à une écriture économe dont le lyrisme et la poésie naissent de sa frugalité même. Par la douceur de son rythme, Henoÿ est une berceuse chantée pour apaiser la douleur de l'horreur.

BT

Sozaboy (Pétit minitaire)
Ken Saro-Wiwa

Ed. Actes Sud

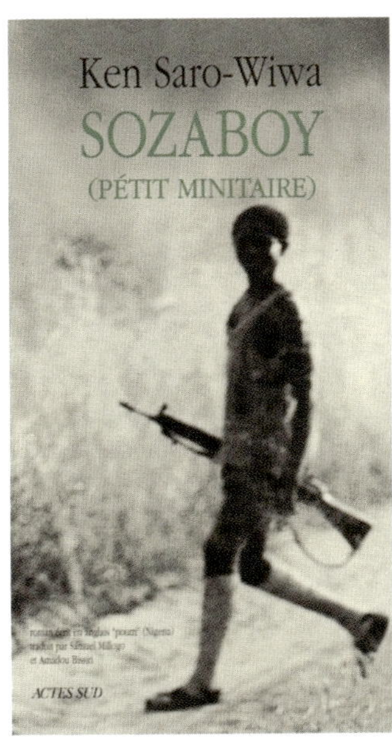

Encore une histoire de guerre et de folie meurtrière : celle tristement célèbre du Biafra qui déchira le Nigeria à la fin des années 60. Mais là aussi un regard différent, celui de Méné, le héros du livre, qui va en subir les absurdités sans vraiment les comprendre. Et surtout la langue étonnante dans laquelle s'exprime le héros narrateur, un "anglais pourri" qui est l'équivalent de notre "petit nègre" ou "français de Moussa". Il faut d'ailleurs saluer la prouesse des traducteurs, Samuel Millogo et Amadou Bissiri, qui ont su trouver le ton juste pour rendre l'humour destructuré de ce rotten english, tout en restant lisibles.

Car tout l'art de Ken Saro-Wiwa, ici, est bien d'utiliser une langue confuse maniée par un esprit désordonné pour montrer la confusion et le désordre d'une société vouée à une guerre incompréhensible.

Cette première traduction en français (à ma connaissance) d'un roman de cet auteur nigérian prolifique est une heureuse découverte et l'on espère que d'autres traductions suivront bientôt. En sachant, hélas que l'œuvre de Ken Saro-Wiwa s'est arrêtée le 10 novembre 1995. Président du Mouvement pour la survie du peuple Ogoni, il a été accusé de meurtre et condamné par un tribunal d'exception. Il a été pendu avec huit de ses compagnons.

BT

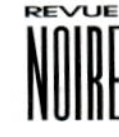

FIAC 25

7 - 12 octobre 98

Espace Eiffel-Branly • Paris

Pays à l'honneur : l'Autriche 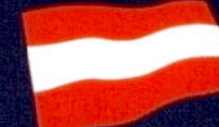

Tous les jours de 12h à 20h
Nocturne jeudi 8 octobre de 12h à 22h
Samedi et dimanche de 10h à 20h
Lundi 12 octobre de 12h à 18h

ACADEMIA (Salzburg) • APPLICAT-PRAZAN (Paris) • GALERIE DES ARCHIVES (Paris) • ARIEL (Paris) • ARLOGOS (Paris) • ARSFUTURA (Zurich) • ALFONSO ARTIACO (Naples) • ART & PUBLIC (Genève) • ARTRA (Milan) • BAGNAI (Sienne) • ALBERT BARONIAN (Bruxelles) • RAMIS BARQUET (New York) • ART BARTSCHI (Genève) • BAUDOIN LEBON (Paris)• BEAUBOURG (Vence) • CLAUDE BERNARD (Paris) • BORZO KUNSTHANDEL (Hertogenbosch) • THE BOX (Turin) • BROWNSTONE/ CORREARD & CIE (Paris) • JEANNE BUCHER (Paris) • BUCHMANN (Bâle) • CARINTHIA (Klagenfurt) • LOUIS CARRE & Cie (Paris) • BERNARD CATS (Bruxelles) • CHARIM KLOCKER (Vienne) • CHOBOT (Vienne) • COLON XVI (Bilbao) • CONTINI (Venise) • CONTINUA (San Gimignano) • CRANE KALMAN (Londres) • CRG (New York) • LAURENT DELAYE (Londres) • WILLY D'HUYSSER (Bruxelles) • DI MEO (Paris) • PATRICIA DORFMANN (Paris) • ERIC DUPONT (Paris) • LUCIEN DURAND-LE GAILLARD-JAVOGUE (Paris) • DURAND-DESSERT (Paris) • JACQUES ELBAZ (Paris) • JENNIFER FLAY (Paris) • ANGELA FLOWERS (Londres) • JEAN FOURNIER (Paris) • GALERIE DE FRANCE (Paris) • GANA ART (Séoul) • GENTILI (Florence) • GMURZYNSKA (Cologne) • KARSTEN GREVE (Paris) • NOHRA HAIME (New York) • HAMMERLE (Bregenz) • ERNA HECEY (Luxembourg) • THESSA HEROLD (Paris) • ERNST HILGER (Vienne) • MARWAN HOSS (Paris) • XAVIER HUFKENS (Bruxelles) • HUMMEL (Vienne) • GRITA INSAM (Vienne) • CATHERINE ISSERT (Saint-Paul De Vence) • RODOLPHE JANSSEN (Bruxelles) • J.G.M. (Paris) • GALERIE DU JOUR (Paris) • SAMY KINGE (Paris) • KRIEF (Paris) • URSULA KRINZINGER (Vienne) • JAN KRUGIER/DITESHEIM & Cie (Genève) • LAAGE-SALOMON (Paris) • LAHUMIERE (Paris) • YVON LAMBERT (Paris) • LANG WIEN - ART (Vienne) • FRED LANZENBERG (Bruxelles) • LAROCK GRANOFF (Paris) • LELONG (Paris) • GAM MARESCALCHI (Monaco) • MARLBOROUGH (New York) • GABRIELLE MAUBRIE (Paris) • MAYOR (London) • ANTHONY MEIER (San Francisco) • MENOTTI (Baden) • METTA (Madrid) • GALERIE 1900-2000 (Paris) • MODERNE (Silkeborg) • MONTENAY GIROUX (Paris) • NÄCHST ST STEPHAN (Vienne) • ENRICO NAVARRA (Paris) • JERÔME DE NOIRMONT (Paris) • NATHALIE OBADIA (Paris) • ONIRIS (Rennes) • GUILLERMO DE OSMA (Madrid) • YVONAMOR PALIX (Paris) • CLAUDINE PAPILLON (Paris) • ALICE PAULI (Lausanne) • F+A PAVIOT (Paris) • GILLES PEYROULET (Paris) • PIECE UNIQUE (Paris) • GUY PIETERS (Knokke-Le-Zoute) • PLESSIS (Nantes) • POLARIS (Paris) • PRAZ-DELAVALLADE (Paris) • RABOUAN MOUSSION (Paris) • ALMINE RECH (Paris) • MICHEL REIN (Paris) • DENISE RENE (Paris) • THADDAEUS ROPAC (Paris) • SAPONE (Nice) • MICHAEL SCHULTZ (Berlin) • SCHÜPPENHAUER (Cologne) • NATALIE SEROUSSI (Paris) • SOLLERTIS (Toulouse) • SPERONE WESTWATER (New York) • STEINEK (Vienne) • TEGA (Milan) • DANIEL TEMPLON (Paris) • ELISABETH & KLAUS THOMAN (Innsbruck) • PATRICE TRIGANO (Paris) • ROSA TURETSKY (Genève) • ULYSSES (Vienne) • GEORGES-PHILIPPE ET NATHALIE VALLOIS (Paris) • VEDOVI (Bruxelles) • VELGE & NOIRHOMME (Bruxelles) • ALINE VIDAL (Paris) • VIDAL-SAINT-PHALLE (Paris) • DINA VIERNY (Paris) • ANNE DE VILLEPOIX (Paris) • VIVITA (Florence) • SABINE WACHTERS (Bruxelles) • WADDINGTON (Londres) • XIPPAS (Paris) • SONIA ZANNETTACCI (Genève) • ZÜRCHER (Paris) •

Liste au 17/06/98

Il n'y a pas de parole heureuse
Tanella Boni

Ed. Le Bruit des autres

"Car le temps passe mon frère mon ami
Mais combien de temps nous faudra-t-il arracher
Des mains de la guerre infinie
Afin de construire cœur par cœur
La citadelle de l'Humanité"

La guerre n'est pas absente non plus de ce recueil de poésie de Tanella Boni. Mais c'est un conflit plus intérieur, plus intime : celui de l'homme et de la femme, de l'ancien et du nouveau, des mots et des sentiments. Un conflit, finalement dont on ne peut sortir que par la parole poétique.

BT

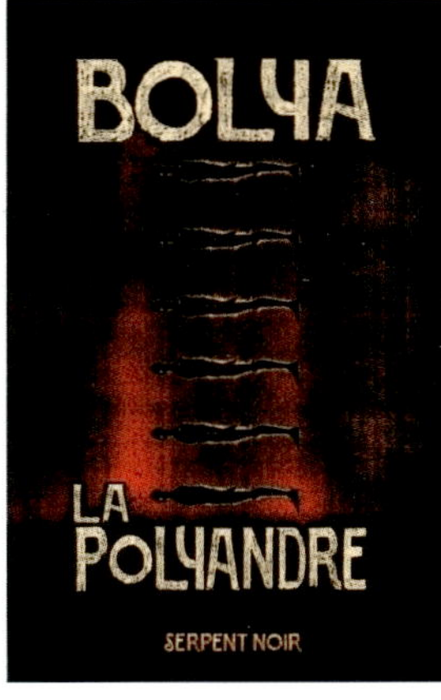

La Polyandre
Bolya

Coll. Serpent noir, Ed. Le Serpent à plumes

La princesse scénariste Oulématou, le journaliste Bourru et l'inspecteur Robert Nègre : ce trio emblématique est au cœur d'une sombre affaire d'émasculation, de polyandrie, de rituels étranges et d'expéditions punitives sur fond de sans papiers dans un Paris Black plus vrai que nature.
Avec la même truculence et la même férocité destructrice que dans son premier roman, Cannibale, Bolya se livre ici à un joyeux massacre. Tout le monde en prend pour son grade dans ce polar où l'imagination est au pouvoir. On en sort mi-rigolard, mi-ébaubi après l'avoir avalé d'une traite comme une pilule de Viagra. Avis aux amateurs.

BT

La Danse aux amulettes
Caya Makhélé

Acoria Editions

Auteur de théâtre, mais aussi romancier et nouvelliste plusieurs fois primé, Caya Makhélé vient de lancer une petite maison d'édition, Acoria, qui publie du théâtre, des contes et des romans.
Première de la collection "Scènes sur scène", sa dernière pièce de théâtre, La Danse aux amulettes, met face à face, pour une nuit qui annule toutes les précédentes, Picpus tout juste sorti de l'asile où il avait été interné pour meutre et Sybille la prostituée. Humour tragique du quiproquo, amour à mort de la folie.
Dans cette même collection : Antoine m'a vendu son destin, une très belle pièce de Sony Labou Tansi et Il nous faut l'Amérique, née de la plume incisive de Koffi Kwahulé.
Signalons également la sortie d'un recueil inachevé de Sony Labou Tansi (décédé en 1995) : Le quatrième côté du triangle.

BT

Acoria éditions, renseignements : 01 40 94 98 48

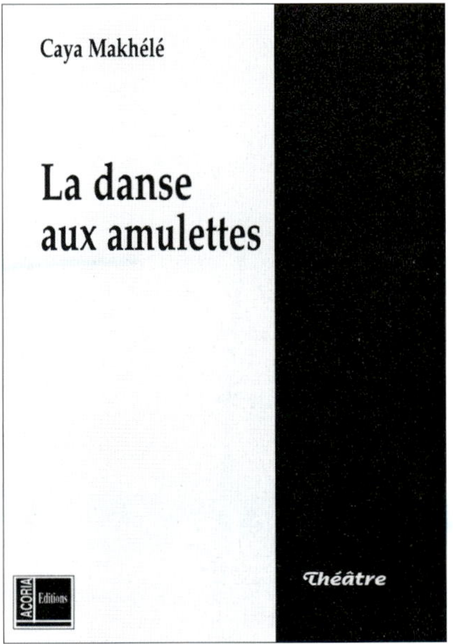

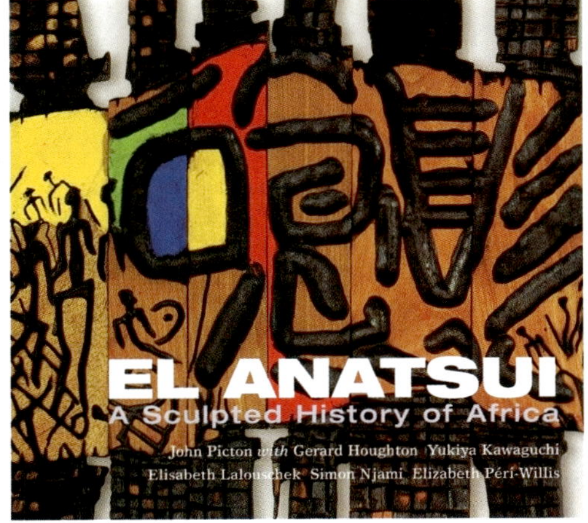

El Anatsui, A Sculpted History of Africa

Saffron Books, Londres, 96 pages, £14.95

La parution d'une monographie constitue, pour tout artiste, si ce n'est un aboutissement, du moins la reconnaissance d'une œuvre. Dans le cas d'un artiste africain, l'événement est à saluer doublement. Car, tout un chacun le reconnaîtra, il est extrêmement difficile de trouver ce genre de référence dans l'art africain contemporain, si l'on excepte le travail de Revue Noire. des publications ponctuelles, éphemères sont les traces dont on dispose sur des artistes dont les œuvres ont pourtant fait le tour du monde. A Sculpted History of Africa, voulu et mis en œuvre par la October Gallery de Londres reprend une dizaine d'années de travail du sculpteur ghanéen. Une trentaine d'illustrations dont la majorité en couleur et des textes de John Picton, Gerard Houghton, Yukiya Kawaguchi, Elisabeth Lalouschek, Elizabeth Péri-Willis et Simon Njami. Un ouvrage qui, dans le débat fatiguant et dépassé entre modernité et tradition, apporte une réponse qui se passe de commentaires. Il était temps qu'El Anatsui, sans doute l'un des sculpteurs contemporains les plus importants du continent noir, reçoive cette manière d'hommage.

P. B.

Agenda

Australie

Bienale of Sydney
43-51 Cowper Wharf Road, Woolloomooloo NSW 2011 Sydney (T: 61/29 36 81 411)
18 sep 98 – 08 nov 98 : 11e Bienale of Sydney. Avec la participation de P.M. Tayou

Autriche

Kunsthalle Krems
Steiner Landstrabe 8, A-3504 Krems-Stein (T : 43/2732/826 69 19)
26 juil 98 – 18 oct 98 : Afromediart & photographie avec Bouna Medoune Seye

Côte d'Ivoire

African Queen Productions
04 BP 2247 Abidjan 04 (T & F : 225/44 07 55)
09 au 12 Dec 98 : Festival international du court métrage d'Abidjan
Date limite des inscriptions : 31 mai 98

Cuba

Centre d'art Contemporain Wifredo Lam
San Ignacio 22, esq. a Empedrado, Plaza de la Catedral, La Habana Vieja
(T : 537/61 20 96 ; F : 537/33 84 77)
15 au 18 dec 98 : IIIe Rencontre Internationale sur l'Art Contemporain

France

Maison de la Faïence
rue Jean Macé, Desvres
04 avr 98 – 28 sep 98 : Mahjoub Ben Bella, céramique

Musée de l'Homme
17 place du Trocadéro, 75016 Paris
10 avr 98 – 06 sep 98 : De terre, de paille et de bois – la symbolique de l'architecture africaine

Espace d'Art Contemporain Lycée Xavier Bernard
86480 Rouillé (T & F : 33/05 49 43 62 59)
12 juin 98 – 20 dec 98 : Nabisco

Musée Municipal Tour Abbatiale
Saint Aman les Eaux
26 juin 98 – 27 sep 98 : Mickael Bethe Selassié

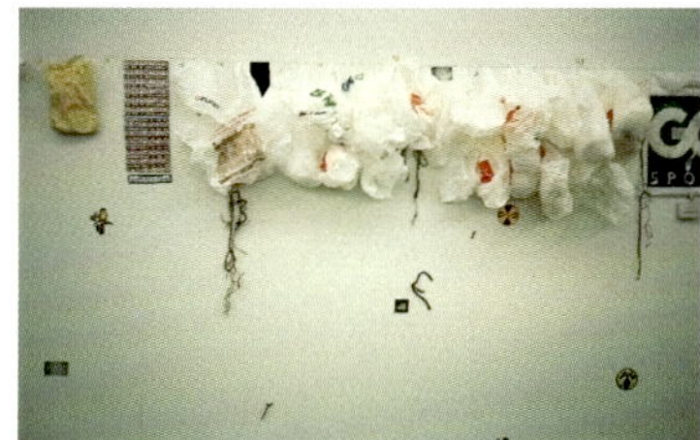
Pascale Marthine Tayou © Photo D.R.

Centre Régional d'Art Contemporain
26 quai Aspirant Herber, 34200 Sète
(T : 33/04/67 74 94 37)
16 juil 98 – 04 oct 98 : Cet été là, avec Pascale Marthine Tayou

Galerie L'arbre de Lune
29 boulevard Gambetta, 30700 Uzes
(T & F : 33/04/66 03 29 81)
07 août 98 – 30 sep 98 : Etyé Dimma Poulsen, sculptures

Visa Pour l'image
Perpignan
29 août 98 – 06 sep 98 : 10e festival International de photojournalisme

Halle Saint Pierre
2 rue Ronsard, 75018 Paris
(T : 33/01/42 58 72 89)
14 sep 98 – 25 juil 99 : Art outsider et folk art des collections de Chicago

Théâtre de Colombes
96-98 rue Saint Denis, 92700 Colombes
(T : 33/01/47 82 42 70)

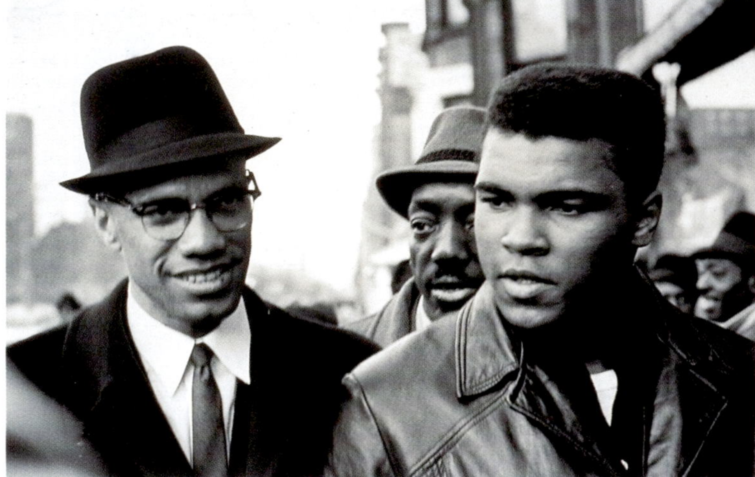
10 e Festival de photojournalisme © Photo Howard Bingham

20 sep 98 : danse hip hop par la Cie Trafic de Styles
10, 11 et 14 oct 98 : conte oriental par la Cie Le Telps de Vivre
17 oct 98 : concert Paris Bagdad de Fawzy Al Aiedi
25 au 30 oct 98 : 28e rencontres de danse de la Toussaint
05 nov 98 : ram Dam par la Cie Maguy Marin

Festival International des Francophonies en Limousin
11 avenue du Général de Gaulle, 87000 Limoges (T : 33/05 55 10 90 10)
24 sep 98 – 04 oct : 15e rendez-vous des théâtre francophones

Parc de la Vilette
211 avenue Jean Jaurès, 75019 Paris
(T : 33/01/40 03 75 17)
01 oct 98 – 01 nov 98 : Rencontres des Cultures Urbaines

Musée d'art et d'histoire
11 rue des Pierres, 92210 Meudon
(T : 33/01/46 23 87 13)
16 oct 98 – 22 nov 98 : André Lhote et Sayed Darwiche

Théâtre Gérard Philippe de St-Denis, Centre dramatique national,
59 Bd Jules Guesde, 93207 St-Denis Cedex
(T : 33/01 48 13 70 00)
17 au 19 oct 98 : Pour Antigone, ballet de Mathilde Monnier
27 au 30 dec 98 : Figninto, ballet de la Cie Salia nï Seydou

Novembre 98 : Mois de la photo à Paris

Théâtre de Beauvais
Place G. Brassens, 60000 Beauvais
(T : 33/03/44 06 08 20)
27 nov 98 : Les damnés de la terre, Cie Azanie – Danse

Unesco
Place Fontenoy, 75007 Paris
19 au 30 oct 98 : Une autre histoire du Burundi, textes et photographies
dec 98 : Memórias intimas marcas, exposition multimedia itinérante avec Fernando Alvim et Paulo Capela (Angola), Sandra Ceballos et Carlos Garaicoa (Cuba), Wayne Barker, Lien Botha, Moshekwa Langa, Colin Richards et Gavin Younge (Afrique du Sud)

Germany

Iwalewa-Haus
MÜnzgasse 9, 95444 Bayreuth
(T : 49/921/553 681)
July 98 – Sep 98 : Afrikaforschung

Triennale der Kleinplastik
SüdwestBL Forum, Am Hauptbahnhof 2, 70 173 Stuttgart
17 oct 98 – 17 jan 99 : Triennale de la petite sculpture avec des œuvres de Pume (Zaïre), Pascale Marthine Tayou (Cameroun)

Japon

Tobu Museum of Art
1-11-1 Nishi-Ikebukuro, Toshima-Ku 171-0021 Tokyo (T: 81 3 53 91 32 20)
10 sep 98 – 24 nov 98 : Contemporary African Art Scene

Maroc

Institut Français de Marakech
Jbel Guéliz BP 566, 40001 Marakech
(T : 212/4/44 69 30)
11 sep 98 – 09 oct 98 : Faouzi Laatiris

Netherlands

Museum de Stadshof
Blijmarkt 18-20, Zwolle (T : 31/38/423 26 16)
03 apr 98 – 27 sep 98 : Allina Ndebele, Afrique du Sud

Niger

nov 98 : FIMA Niger, Festival international de mode africaine dans le désert ; colloque, conférences, défilé de mode
Rens. Paris T & F : 33/01 43 67 84 95 ;
Niamey T : 73 29 80 F : 73 55 87

Portugal

EXPO 98
22 mai 98 – 30 sep 98 : Exposition Universelle de Lisbonne sur le thème des océans
25 juin 98 : journée du Mozambique
03 juil 98 : journée du Cap Vert
01 au 07 sep 98 : Capitango, théâtre São Tomé
03 sep 98 : journée de São Tomé & Principe
15 au 18 sep 98 : Na Nzuá e Amirá, théâtre Angola
17 sep 98 : journée de l'Angola
19 au 24 sep 98 : Neta e Seu Madrileno,

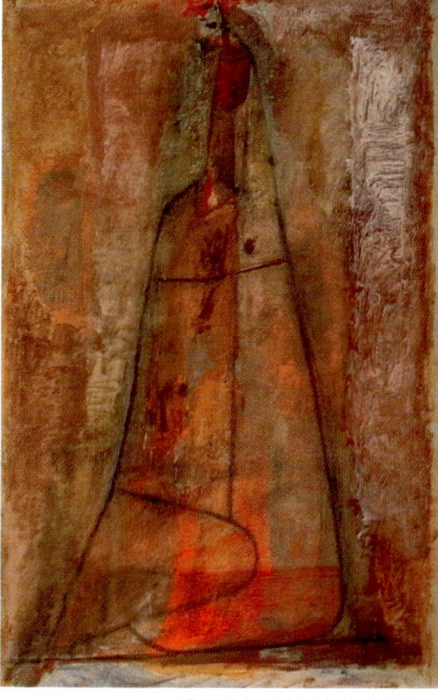
Sayed Darwiche © Photo D.R.

Diary

théâtre Guinée Bissau
24 sep 98 : journée de la Guinée Bissau
26 sep 98 : Jounée de la Communauté des Pays de Langue Portugaise

South Africa

Cape Town
17 to 20 nov 98 : Southern African International Film & Television Market

Durban Art Gallery
Po Box 953, Durban
10 au 31 dec 98 : Artists of 30 countries celebrating the 50th anniversary of the Universal Declaration of Human Rights

Suisse

Musée Barbier-Mueller
10 rue Jean Calvin, CH-1204 Genève
(T : 22/312 02 70)
07 mai 98 – 15 sep 98 : Picasso l'africain

U.K.

Brithish Museum
Great Russell street, London WC1B 3DG
(T : 44/171/323 85 25)
12 oct 98 – 01 apr 99 : Medieval trading cities of the Niger ; Gao and Timbuktu
22 oct 98 – 14 feb 99 : Artists and artisans ; perspectives on tunisian culture

Institute of International Visual Arts
Kirkman House 12-14 Whitfiels street, London W1P5RD (T : 44/171/636 1930)
oct 98 : Yinka Shonibare

Mid Pennine Gallery
Yorke Street, Burnley (T: 44/1282/421986)
01 aug 98 – 12 sep 98 : Face the day

Usa

The Museum for African Art
593 Broadway, NY NY 10012 (T : 1/212/966 13 13 ; F : 1/212/966 14 32)

New Museum of Contemporary Art
583 Broadway, New York 10012
(T : 1/212/219 12 22)
18 jun 98 – 20 sep 98 : Bili Bidjocka, Los Carpinteros et Rivane Neuenschwander

Miami Art Museum
101 West Flagler street, Miami Florida 33130 (T : 1/305/375 30 00)
23 jul 98 – 11 oct 98 : Marcos Lora Read, la casa del nómada

Siège des Nations Unies
New York
13 sep 98 – 15 oct 98 : The edge of awarness, exhibition

Art in General
79 Walker Street, NY 10013-35 23 New York
(T: 1/212/219 04 73)
12 sep 98 – 07 nov 98 : Personal Touch

Zimbabwe

SAFF
25 sep 98 – 01 oct 98 : Southern African Film Festival in Harare

Actualités News
Informez-nous Inform us

REVUE NOIRE
8 rue Cels 75014 Paris
tel : 33/01/42 20 92 00
fax : 33/01/43 22 92 60
Email : renoir@club-internet.fr
http://www.rio.net/revuenoire